日本はなぜ貧しい人が多いのか

「意外な事実」の経済学

原田 泰

新潮選書

はじめに

多くの人は思い込みに囚われている。ある人々には都合のよい真実というものがあって、そのような思い込みを助長するような言論が盛んな場合もある。

例えば、「少年犯罪は増加している、若者は刹那的で貯蓄もしなくなっている、若者の失業は自分探し志向の強い若者の問題である、日教組の強いところは学力が低い、グローバリゼーションが格差を生んでいる、日本は平等な国である、人口が減少したら日本は貧しくなる、昔の人は高齢の親の面倒をきちんと見ていた、高齢化で医療費は増える、中国のシステムが優れているから高成長ができる、中国はすぐに日本に追いつく、円は安すぎる、経常収支黒字を溜め込めば損をする、国際競争力は豊かな日本のために必須のものである、07年まで企業は経営効率化に成功したから利潤を上げていた、90年代の停滞は日本が構造改革しなかったからである、低金利が続いているのは日銀が低金利政策をしているからである、銀行に資本注入をすれば経済は回復する、第2次世界大戦がなければ大恐慌は終らなかった、国債の減額は何より大事である、日本のエネルギー効率はダントツに高い」などの言説は、事実によっては支持されない。

少年犯罪は増加していないし、若者は貯蓄をしている。若者の資質は変らないが若年失業率は高まっている。日本は平等な国ではない。人口が減少しても貧しくはならない。昔の人は高齢の親の面倒をたいして見てはいなかった。医療費が増えるのは歪んだ技術進歩のためである。銀行に資本注入しても景気は良くならないし、第2次世界大戦がなくても大恐慌は終っていた。

若者を貶める言説は、大人の責任逃れだろう。グローバリゼーションが格差を生むというのも責任逃れだろう。若者の資質が変らないのに若者の雇用が悪化したら、それは社会を動かしている大人の責任だが、若者の資質が低下したのなら、若年失業率が上がっても大人の責任ではないということになる。グローバリゼーションが格差を生むなら仕方のないことで、政府の責任ではないということになる。

もちろん、はっきりと分からないことも、単純な答えができないことも多い。グローバリゼーションは格差を生むかもしれないが、それが絶対に大きな要因だとは言えない、経常収支を溜め込んでも必ずしも損はしない、というのが本書の答えである。

本書は基本的には事実についての本であり、事実を抜きにしての主張は控えている。多くの人が思い込みに囚われているので、単純な事実を示すだけでも意外な面白さがあると思って、この本を書いた。対象は、多くの場合、経済現象であるが、より広範な社会現象についても扱っている。また、経済学を使ってはじめて、世にある言説が正しいかどうかが分かるものもある。ただし、ここで用いた経済学は、きわめて簡単なものであるので、理解するのに困難はないと思う。

本書は、6つの章に分かれている。各章は独立し、どの順序から読んでいただいても結構であるが、第2章以下では、各章内の個々の記述は中身がある程度連続している場合が多い。章のなかでは続けて読んでいただいた方が読みやすいと思う。専門用語などでくりかえし同じことが説明されている場合があるが、どの章から読んでも良いようにしているためであるのでご容赦願いたい。

誤った事実認識から正しい政策は生まれないが、正しい事実認識からは正しい政策対応が生まれる可能性がある。この可能性が現実になることを希望したい。

二〇〇九年九月

原田泰

目次

第4章　世界に開かれることは厄介なのか　153

第5章　経済の現状をどう見れば良いのか　191

日本はなぜ貧しい人が多いのか
――「意外な事実」の経済学

第1章　日本は大丈夫なのか

世界金融危機の影響で日本経済も危機的な状況にあるが、それ以前から、日本は大丈夫かと考えさせられることを度々聞かされてきた。教育が劣化している、若者が刹那的になっている、政治家の質が低下している、日本人が堕落しているなどなど様々なことがいわれてきた。そもそも、それらの言説は事実なのだろうか。また、事実としたら何が問題なのだろうか。

また、気が付きにくいが、日本は大丈夫と思われる事例も多い。若者の貯蓄率は上昇しているし、労働生産性の上昇率はたいして低下していない。少年犯罪は減少しているし、若者の社会的適応力が低下しているという証拠はない。人口が減っても、日本サッカーが極端に弱くなるとは考えられない。ただし、確かに大丈夫かと心配になる事例もある。教育をめぐる議論はめちゃくちゃで、学力格差を縮小しようというまともな議論もない。

以上述べたことは意外なことかもしれないが、すべて事実である。

1. 日本の地方にはなぜ豪邸街がないのか

２００８年9月のリーマンショックで一挙に深刻となった世界金融危機は、アメリカの返済信用度が低い人向け（返済信用度の低い人は、低所得者であることが多い）の住宅ローン、サブプライム・ローンを証券化した金融商品の破綻が重要な要因となっている。

サブプライム・ローンとは、融資審査基準は甘いが、金利が高いという住宅ローンだが、最初の2～3年は金利が安かった。2～3年後には金利が2倍になるが、住宅価格が上がり続けていれば担保価値が上がって、金利の低いローンに借り換えできるというものだった。しかし、住宅バブルの崩壊とともに担保価値が下がり、高い金利を払えずに家を手放さなくてはならない人が続出している。

サブプライム・ローンはアメリカの夢を表している

サブプライム・ローンで購入したという家を報道で見ると、日本でなら立派な家として通用するものだ。悲劇も多いが、２００４年までに買った人々の4分の3はなんとか返せているようだ。家族全員で必死に働けば、なんとか持ちこたえることのできる人も多いのだろう。サブプライム・ローンは、むしろ、アメリカにはまだ夢があることを示しているのではないか。

もちろん、サブプライム・ローンの住宅は、日本人から見れば立派な家でも、世界標準では豪邸とは言えない。アメリカで豪邸と見なされるのは、100万ドルクラスの住宅だ。図1は、日本で1億円以上、アメリカで100万ドル以上の価格で販売されている住宅の戸数を、都市ごとに示したものである。日米とも人口で1～10位、20、30、40、50、60、70、80、90、100位の都市を選び、2007年8月末と2009年4月初めにYAHOO!不動産で検索した結果である。大都市では

図1　米国で100万ドル以上、日本で1億円以上の価格で販売されている住宅の数

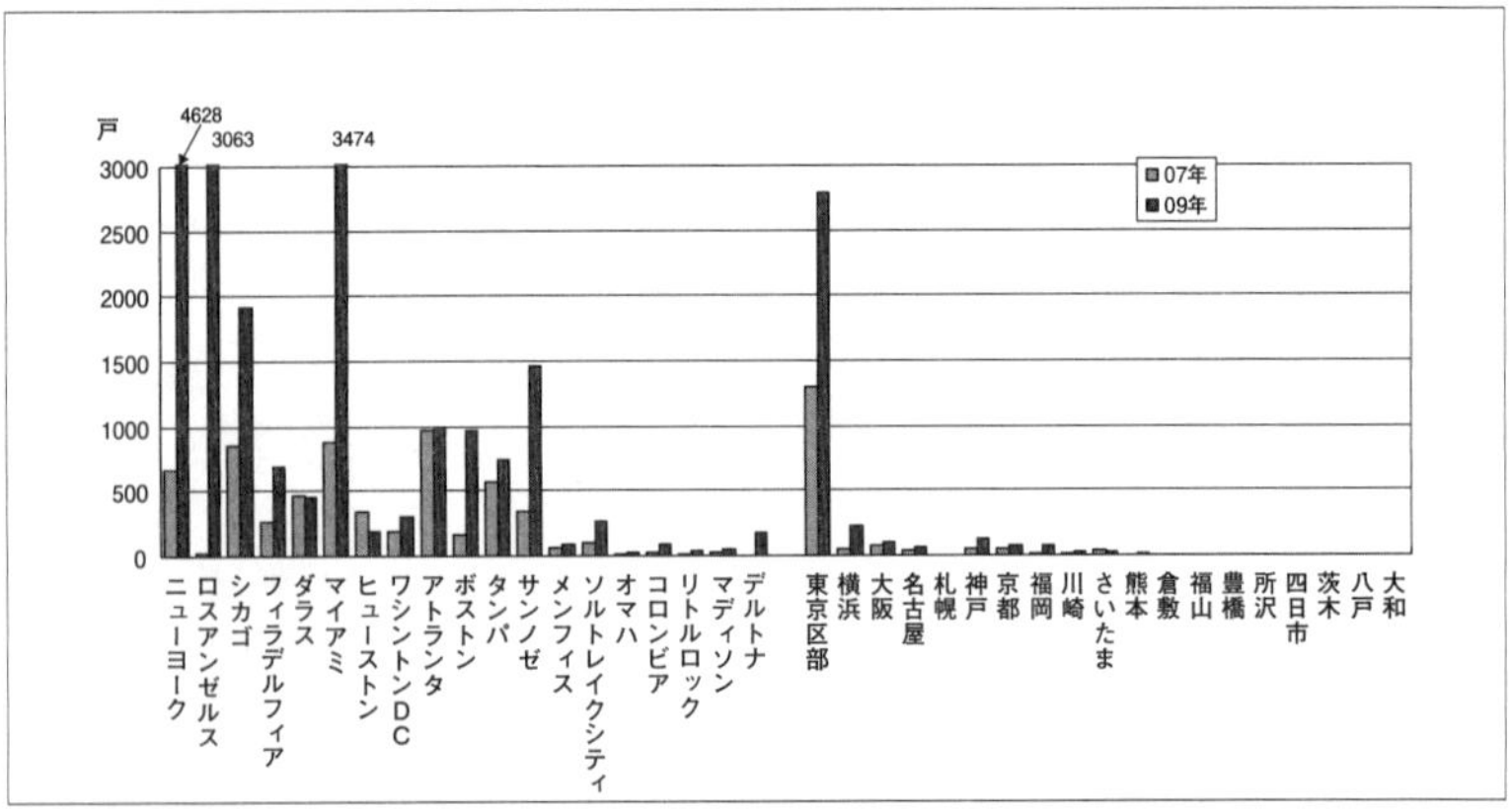

（出所）YAHOO! 不動産（http: //realestate. yahoo. co. jp/）、YAHOO! REAL ESTATE（http: //realestate.yahoo.com）より2007年８月末と2009年４月初めに検索した結果。

（注）1．日米とも人口で１～10位、20、30、40、50、60、70、80、90、100位の都市を選んでいる。高額物件の検出されない10位のデトロイトと40位のニューオーリンズは、それぞれ11位と41位の都市に代えた。合わせて日本も11位と41位にしている。

2．アメリカの都市の人口順位は人口集中地区での順位であり、周辺都市を含んでいる。ここでは表記の主要都市の中心部から15マイル以内の物件を選んでいる。

3．ロスアンゼルスは分散した都市なので25マイルまでとした。なお、50マイルまでを取ると100万ドル以上の物件は07年で1896件。

4．戸建てとコンドミニアム（マンション）の合計。

5．日本は新築マンション価格が範囲でしか示されていないので概数である。基本的に１億以上の価格帯があるもののうち３分の１を１億以上とした。

コンドミニアム（マンション）もあるが、アメリカの場合、ほとんどが戸建ての中古住宅である。一方、日本では東京が突出しているが、多くはマンションである。日本の新築マンションの場合、値段が各棟における販売価格帯（５０００万円〜1億５０００万円というように）でしか取れなかったので、戸数は全販売戸数と価格帯から推定した概数である。アメリカの住宅バブルは崩壊したと言うものの、09年の方が1億以上の豪邸が多数売り出されている。09年の方が多いのは、日本でも同じである。

豪華な住宅が流通しているから、繁栄が分散する

販売されている高額住宅の数を、都市の人口順に並べてみると、次のようなことが分かる。第1に、日本では東京が突出している。第2に、アメリカでは様々な都市で高額の住宅が販売されている。人口20万のソルトレイクシティでも、100万ドル以上の住宅が07年で107戸、09年では260戸も販売されている。第3に、日本では、東京以外では高額の住宅が販売されていない。人口260万人の大阪で販売されている1億円以上の住宅は、07年で72戸、09年で102戸にすぎない。熊本の人口は67万人だが、1億円以上の住宅は販売されていない。最後に、言わずもがなだが、同じ1億の住宅でも、日本とアメリカでは雲泥の差がある。ニューヨークではそうでもないが、人口120万人のダラスになると、ため息をつきたくなるような豪華な住宅になる。ネットの画像で見ただけだし、私の好みにすぎないが、アメリカの豪邸は趣味が良い。

これらの事実は何を意味しているだろうか。第1には、アメリカには高額の住宅を購入できる

豊かな人々が様々な地域に住んでいる。第2に、豊かな人々が様々な地域に移り住んでいる。高額の住宅が販売されているのは、豊かな人が同じ場所にいないで、住む場所を変えているということだ。第3に、豊かな人がその所有する豪華な住宅を盛んに売却している。落ちぶれたのかもしれないし、さらに豊かになって一層豪華な住宅に移り住んだのかもしれない。09年の方が豪邸の販売戸数が多いのは、住宅バブルの時に豪華な家を建てて持ちこたえられなくなった人々が多いからかもしれない。最後に、アメリカの豪邸の趣味が良いのは、転売が多いからだろう。ステップアップするにしろ、ステップダウンするにしろ、自宅の転売を考えれば、多くの人が欲しがるような住宅を建てる必要がある。以上をまとめてみれば、繁栄はニューヨーク一極集中などではなくて、様々な地域に広がり、その地域の経済もアップダウンを繰り返しているだろうということだ。

私は、この現象を逆の因果関係としてとらえたい気持ちになる。様々な地域に豪華な趣味の良い住宅が流通しているから、豊かな人々、地域を豊かにできる能力のある人々が様々な地域に移り住むのではないだろうか。日本とアメリカほどの差はないが、ニューヨークとソルトレイクシティでは同じ100万ドルの住宅でもかなりの差になる。ソルトレイクシティに行って豪華な住宅に住みたいと考える人がいても不思議ではない。日本では、成功しても豊かさを味わえる住宅が地方にないことが、東京一極集中が続く一因になっているのではないか。

日本の地方で豪邸がない、特に豪邸が立ち並んだ豪邸街がないということは、さらに大きな意味を持つ。東京や関西には、アメリカの標準では豪邸ではないが、それでも豪邸らしい住宅が立ち並んだ地域があるが、地方にはない。地方にも豪邸はあるが、それは一軒だけで、立ち並んではいない。これは豪邸の住人には同格の者同士の競争がないということを意味する。アメリカではお坊ちゃま同士の競争があるが、日本の地方ではそれがない。二世政治家の実家を見ると、豪邸の場合にはその周りに家来のような家が並んでいる。それが、日本の政治家のレベルを引き下げているのではないだろうか。イタリアの都市国家、ベネチアやジェノバには豪邸街がある（ジェノバのものは世界遺産になっている）。豪邸街に住む貴族同士の競争のなかから共和国の指導者が生まれ、彼らが700年から800年続いたイタリア都市国家の繁栄をもたらした。日本民主制の繁栄は、戦後復興から１９９０年まで（それ以降は「失われた十年」と世界金融危機の時代である）、わずか40年しか続かなかった。

2. 日本にはストライカーがいないのか

２００９年6月6日のウズベキスタン戦で、日本代表が、ワールドカップ・南アフリカ大会出場を決めたことは素晴らしかったが、サッカーのワールドカップでも、その予選でも、いつもいらいらするのは、なかなか点が取れないことだ。しかし、日本の弱さは、多くの人々が言うように、得点を取る決定力が足りないからなのだろうか。

日本の敗因は守備力

私はサッカーについては、まったくの素人だが、データを見る限り、ワールドカップ2006年ドイツ大会の予選リーグで、得点力がないから惨敗したとは言えない。日本が取った点は2点、失った点は7点である。

表1は、予選リーグでの平均得点と平均失点について、予選リーグ突破国と予選リーグ敗退国とに分けて整理したものである。予選リーグを1位で突破する必要はないし、日本と同じ組にブラジルがいたのだから、1位突破は無理な話だ。2位突破国の平均得点は4・0点、平均失点は2・8点である。日本が足りない得点は4引く2で2点、余計に失った点は7引く2・8で4・2点である。日本はあと2点余計に取って、あと4点取られないようにする必要があった。

個別にみると、4点取って3点しか取られていない国は、すべて予選リーグを突破している。そして、3点取って2点取られたスウェーデンも、予選リーグを突破している。日本がペナルティー・キックを取っておかしくない場面もあったのだから、足りなかった得点は1点だったとも言える。したがって、日本により必要なのは得点力ではなくて守備力ではないか。

2006年ワールドカップでブラジルから得点を奪ったのはフランスと日本だけだ。しかも、フランスのフォワードはプレミアリーグ得点王だったアンリ選手だ。世界最高のフォワードと同じことを日本の玉田選手が成し遂げた。さらに言えば、日本は流れの中で点を取ったのに、フランスはセットプレーからだ。日本はフォワードを誇りにしていい。ついでに言うと、日本のフォワードが決定機を逃したシーンはネットで公開されていたが、駒野選手がペナルティー・キックを得られなかったシーンは公開されていなかったようだ。これは「自虐史観」ではないだろうか。良いことも悪いこともまず事実を収集することが、より良い未来のために必要だ。

もちろん、いくら私が素人でも、守るだけでは駄目だというのは分かる。攻撃していれば点は取られない。守備だけで消耗しては、かえって点を取られやすくなる。点を取ることによって前がかりになる相手から追加点を取りやすくなるというのも分かる。しかし、サッカーとはそう簡単には点の入らないゲームだ。7点も取られるのはやはり、守備の問題なのではないだろうか。

勝つためにすべきことを冷静に考えてみる

日本経済がさらに発展するためには、新しい産業が必要だと多くの人が言う。日本は、自動車や電子

表1　ワールドカップ・ドイツ大会予選リーグでの順位と得点と失点

リーグ順位	国名	平均得点	平均失点
1位突破国	ドイツ、イングランド、アルゼンチン、ポルトガル、イタリア、ブラジル、スイス、スペイン	6.3	1.1
2位突破国	エクアドル、スウェーデン、オランダ、メキシコ、ガーナ、オーストラリア、フランス、ウクライナ	4.0	2.8
3位敗退国	ポーランド、パラグアイ、コートジボワール、アンゴラ、チェコ、クロアチア、韓国、チュニジア	2.6	3.9
4位敗退国	コスタリカ、トリニダード・トバゴ、セルビア・モンテネグロ、イラン、アメリカ、日本、トーゴ、サウジアラビア	1.8	6.9

（出所）http://members.jcom.home.ne.jp/wcp/06germany.htm から計算。

製品では常に新しい流れを巻き起こして世界で勝負している。これらの産業は、日本の誇るストライカーだ。しかし、ストライカー産業を育てようと科学技術予算を増やしたら、研究費不正受給のスキャンダルが続出してしまった。

ストライカー産業をどう育てたら良いかは、実は分からない。分からないことに予算を使うべきではない。むしろ、ストライカー産業のコストである投入産業（運輸、通信、電力、金融、工業団地、工場用水などを提供する産業）の効率を高め、そのコストを引き下げてはどうだろうか。これは、守備のラインを高くして早めに圧力をかけ、ストライカーを助けることだ。投入コストは産業のコストだけではない。中央と地方の政府が無駄なお金を使わなければ税コストが低下する。土地利用を合理化すれば土地コストが下がる。投入産業の規制を緩和し、競争を促せば効率は高まり、あらゆるコストが低下する。

投入コストを下げるとは、ストライカー産業がシュートしやすい絶妙なパスを出すということだ。遅いパスを出せば敵に取られてしまう。速いパスを出せば味方も取れない。ジダン選手は敵に取られず味方に優しい絶妙なパスを出すが、これはジダン選手だからこそできる技だ。しかし、国内コストが下がることは、日本国内のすべての企業が有利になることで、海外にある企業には絶対に有利にならない。国内の投入コストを下げることが、ストライカー産業を育てるための最良の方法ではないか。

3. 人口減少でサッカーも弱くなるのか

人口が減少する日本では、経済力が低下するだけでなく、野球もサッカーもその他のオリンピック種目も、やがてダメになるのではないかという心配がある。運動能力に優れた人材のプールが減少してしまうからだ。すべての競技について考えることは不可能なので、ここではサッカーだけについて考える。

古くから、所得分配の不平等な国ほどサッカーが強いという説がある。サッカーは、ボール以外に道具を必要とせず、場所を選ばず、なんとかサッカーらしいことができる。ボールを扱う技はストリートで磨かれるのであって、路地や空き地でサッカーに興ずる貧しい子供たちが、その強さを支えている。所得が不平等に分配されていれば、そのような子供たちが多く、したがってサッカーも強くなるというのである。日本とアメリカでサッカーが弱いのは（アメリカの場合、他のスポーツに比べて）、サッカーママが芝生のグラウンドに子供を連れて行ってあげているからだという説もある。では、本当に、所得分配の不平等な国ほどサッカーが強いのだろうか。

データはそろっている

幸いなことに、国別のサッカーの強さについては、ＦＩＦＡ（Fédération Internationale de

Football Association：国際サッカー連盟）が世界205カ国について、ランク付けをしている。1位はブラジル、日本は48位である（直近でワールドカップが開催された2006年8月のデータ）。FIFAの順位が本当にサッカーの強さを表わしているかには批判もあるようだが、ここではこれを信頼できるものとしておこう。所得分配については、世界銀行がジニ係数を計算している。ジニ係数とは、所得が全く平等に分配されていた場合に比べて、どれだけ不平等かを表す指数で、1に近いほど不平等になる。

そこで、FIFAと世銀"World Development Indicators 2006"のデータから、FIFAランクを縦軸に、不平等度を横軸に描いてみたが、不平等度が高まるほどFIFAランクが上昇するという関係は見られなかった。

考えてみると当然だ。サッカーの強さを不平等度だけで見るのは無理がある。所得分配が不平等で、サッカーの強い中南米諸国でも、ワールドカップで優勝経験があるのはブラジルとアルゼンチンだけだから（ウルグアイは1930年の第1回と1950年の第4回の大会で優勝しているが、参加国はともに13カ国しかなかった）、人口規模が決定的に重要なのは明らかだ。サッカー好きの子供の比率がいくら高くても、分母となる人口がいなければ、強いサッカーチームは作れない。

また、所得分配と別に、豊かであるほどサッカーが強いという説もある。豊かであれば、子供がサッカーに興ずる時間を確保できる。貧しすぎれば、子供は働かなければならず、スポーツなどしていられない。豊かなヨーロッパの方が、結局は南米よりもサッカーが強いではないかというのだ。

　では、サッカーについては、人口が多いほど、１人当たりの所得が高いほど、所得分配が不平等であるほど、強いと言えるだろうか。もちろん、これ以外に多くの要因を考えることができるだろう。人種による基本的な体力や体格の違い、サッカー以外の人気スポーツの有無、文化的・伝統的事情などである。しかし、これらの説明要因を多くの国について集めてくることは難しく、特に文化的・伝統的事情については不可能だろう。

　そこで、人口、１人当たり所得、所得分配についてのみ考えることにする。人口と１人当たり所得も世銀のデータにある。１人当たり所得は、為替レートで計ったものではなく、その国の物価水準を調整して真の生活水準を比べることができる購買力平価でみる。

　ここで用いるＦＩＦＡランキングは２００６年８月現在のものである。世銀“World Development Indicators 2006”から、人口、１人当たり購買力平価ＧＤＰ、ジニ係数を取るが、全てのデータが存在する国は129カ国である。そこで、分析の対象をこの129カ国とする。ただし、世銀のデータ集では、日本のジニ係数が１９９３年時点と古い数字が掲載されている。そこで、原則として、ＯＥＣＤ諸国のジニ係数に関

表２　サッカーの強さは何で説明できるか

	係数	t値
人口	−0.234	−4.388
1人当たり所得	−0.409	−5.821
所得格差（ジニ係数）	−0.003	−0.331

（注）被説明変数はFIFAランク（2006年8月）。ジニ係数以外は対数。いずれも100倍してある。

しては、おおむね２０００年時点のデータが掲載されているＯＥＣＤデータを用いることにした。

人口が減少しても大丈夫

経済学の計量的手法によって、人口、１人当たり購買力平価ＧＤＰ、ジニ係数という３つの変数が、ＦＩＦＡランクにどのように影響を与えるかを計算することができる。結果は、表２のようになる。表でｔ値というのは、係数がどのくらい確からしいかを示す値である。この絶対値が大きければ、特に２以上であれば、当てになると判断できる。係数とｔ値から判断して、人口が多いほど、１人当たり所得が高いほどサッカーは強いが、所得分配が不平等でもサッカーは強くならないことが分かる。

表の係数から、日本のＦＩＦＡランクは、日本の人口が10％減少すれば表の人口の係数マイナス０・２３４とマイナス10％をかけると約２なので２位下落し、日本の１人当たりＧＤＰが10％増大すれば表の１人当たり所得の係数マイナス０・４０９をかけると約４なので４位上昇すると分かる。ジニ係数はその係数の値がわずかなので、サッカーが強くなるために所得分配を不平等にする必要はない。人口が倍になるより、１人当たりＧＤＰが倍になった方がサッカーが強くなるとは、人口が減少する日本にとっては心強い結果だ。（本節は、大和総研の取越達哉主任研究員の協力を得た。）

4. 日本は投資しすぎなのか

日本は投資をしすぎているという説がある。国内総生産（ＧＤＰ）に対する民間設備投資の比率は、近年では米国が10％余りであるのに対して日本は15％程度である。ところが、日本の成長率は米国より低い。これは日本の投資の効率が悪く、投資が過大であることを示すという説がある。

成長の要因を分解して考える必要

確かに、米国より多くの投資をしながら米国より低い成長しかできないというのは情けない。しかし、成長の要因は投資だけではない。多くの投資をしているのに成長率が低いのはなぜかを理解するためには、成長の要因を分解して考える必要がある。この分解については、成長会計という確立した方法がある。実質経済成長率を、資本と労働の増加の寄与とそれ以外の要因、すなわち、全要素生産性（ＴＦＰ）の上昇率とに分ける方法だ。

ＴＦＰとは、生産の増加のうち資本と労働の投入の増加では説明できない部分である。同じ量の資本と労働を投入したときに、より多くの生産ができれば技術が進歩した結果と考えられる。すなわち、ＴＦＰによって、広い意味での技術進歩を計ることができる。幸いなことに、先進国では資本、労働のデータが整備されており、成長会計によって、成長要因を分解できる。

ただし、資本や労働については稼働率を考慮する必要がある。不況になれば稼働率が低下する。すると資本の量は変わらないのに生産が減少して、TFPが低下することになる。労働についても同様である。仕事がなくても労働者をすぐに解雇することはできないので、不況になっても労働投入はそれほど減少しない。すると、不況になればTFPは低下することになる。TFPを長期的な生産性の上昇を表す指標とするためには、稼働率を調整しなければならない。しかし、稼働率の調整の仕方はデータの制約などから恣意《しい》性を免れない。そこでここでは、長期のデータを用いることによって稼働率の問題を無視できると考えることにする。景気変動は長期的にはならされ、稼働しない資本と労働は長期的にはリストラされるからである。

日本の成長を底上げした資本投入

表3は、1970年から2006年までのデータを用いて、各国の実質経済成長がどの要因によるものかを分解したものである。1970年から2006年までの全期間と、日本の成長率がアメリカより低くなった90年で2つの期間に区分したものと、合わせて3つの期間について成長要因を分解している。ドイツがないのは、東西ドイツの統合により、長期の継続したデータを得ることができないからである。

まず、全期間から見ていこう。日本とアメリカの実質GDPの年平均成長率は3%前後、欧州諸国の成長率は2%余りである。TFPの上昇率を見るとオランダがやや高くて1・6%だが、アメリカとイタリアが、それぞれ０・８％、０・６％と低い。日本はほぼ平均である。資本の寄与を見ると、日本とイタリアが１・６％でやや高い。アメリカは１・３％とほぼ平均である。労働の寄与を見ると、アメリカの１・１％を除いていずれの国も０％前後である。日本と欧州は人口が停滞し、労働も伸びていない。日本とイタリアは、労働投入の伸びの低さを資本の投入で補っている。オランダは資本投入の伸びの低さをＴＦＰ上昇率の高さで補っている。

日本とアメリカの違いも明らかになる。成長率はほぼ同

表３　世界の実質 GDP 成長率の要因分解

(1)　1970〜2006年

	日本	アメリカ	フランス	イギリス	イタリア	オランダ	スウェーデン	7カ国平均
実質GDP成長率	2.9%	3.1%	2.5%	2.4%	2.3%	2.6%	2.2%	2.6%
資本の寄与	1.6%	1.3%	1.3%	1.1%	1.6%	0.9%	0.8%	1.2%
労働の寄与	0.0%	1.1%	-0.2%	0.0%	0.1%	0.2%	0.1%	0.2%
TFP上昇率	1.3%	0.8%	1.5%	1.3%	0.6%	1.6%	1.3%	1.2%

(2)　1970〜1990年

	日本	アメリカ	フランス	イギリス	イタリア	オランダ	スウェーデン	7カ国平均
実質GDP成長率	4.2%	3.2%	3.0%	2.3%	3.1%	2.7%	2.1%	2.9%
資本の寄与	2.1%	1.2%	1.5%	1.0%	2.0%	0.8%	0.8%	1.3%
労働の寄与	0.4%	1.3%	-0.3%	0.0%	0.0%	-0.2%	0.3%	0.2%
TFP上昇率	1.7%	0.7%	1.8%	1.4%	1.2%	2.1%	1.0%	1.4%

(3)　1990〜2006年

	日本	アメリカ	フランス	イギリス	イタリア	オランダ	スウェーデン	7カ国平均
実質GDP成長率	1.3%	3.0%	1.9%	2.5%	1.3%	2.5%	2.3%	2.1%
資本の寄与	1.0%	1.3%	0.9%	1.2%	1.2%	1.0%	0.9%	1.1%
労働の寄与	-0.5%	0.8%	0.0%	0.1%	0.2%	0.6%	-0.1%	0.2%
TFP上昇率	0.8%	0.8%	1.0%	1.2%	-0.1%	0.9%	1.6%	0.9%

（出所）National Accounts, Economic Outlook Statistics and Projections, Labour Force Statistics, OECD, Statistical Compendium 2008-2

（注）1．実質 GDP 成長率＝ TFP 上昇率＋資本分配率×資本の成長率＋労働分配率×労働の成長率

2．TFP 上昇率＝実質 GDP 成長率－（資本分配率×資本の成長率＋労働分配率×労働の成長率）

3．労働分配率は実際のデータより計算した各年の数値の平均。資本分配率＝１－労働分配率。７カ国平均は単純平均。

じだが、日本は資本の投入とＴＦＰ上昇率の高さで労働投入の伸びの低さを補い、アメリカは資本投入とＴＦＰの伸びの低さを労働投入の寄与で補って、ほぼ同じ成長率を達成している。アメリカの労働投入が増えているのは移民もあって人口が増加しているからであり、日本や欧州の労働投入が増えていないのは人口が増加していないからだ。そして人口を簡単に増やす方法はない（第3章「4．子供の方程式で何が分かるか」参照）。

日本が米国並みの投資しかしなければ、日本の実質成長率は欧州並みになっていただろう。資本の効率が低くなっていたとしても、より多くの投資をして成長していたことは良かったのではないか。もちろん、日本もオランダのようにＴＦＰが高くなればもっといいのは確かであるが。

以上は、全期間での評価である。１９７０年から90年ではどうだろうか。この期間では日本は優等生で、実質ＧＤＰの成長率と資本の寄与は、他国よりも一段と高い。ただし、ＴＦＰの上昇率は１・７％でやや高いが、オランダの２・１％と比べ、格段に高いという訳ではない。アメリカのＴＦＰ上昇率は０・７％とやはり低い。

１９９０年から２００６年の期間は、日本では、90年代の「失われた十年」と２００２年からの復活の期間を含む。この期間では、日本の実質ＧＤＰ成長率は１・３％でイタリアとともに7カ国で最低となる。ＴＦＰの上昇率を見るとスウェーデンとイギリスが高いが、オランダは低下していた。スウェーデンとイギリスが高いのは、福祉の見直しをすすめたからかもしれない。日本は平均なみであるが、前期と比べると大きく低下している。資本の寄与を見ると、日本はほぼ平均であるが、前の期間と比べると大きく低下している。労働の寄与は、日本がマイナス０・５

%と低下している。これは前期と比べても下がっている。

以上から、1990年代以降、日本の成長率が低下した理由が分かる。日本の成長率は4・2%から1・3%へと2・9%ポイントも低下しているが、その内訳はTFPの上昇率が1・7%から0・8%へと0・9%ポイント下がったこと、資本の寄与が2・1%から1・0%へと1・1%ポイント低下したこと、労働の寄与が0・4%からマイナス0・5%と0・9%ポイント低下したことによる。すなわち、TFP、資本、労働の寄与がほぼ同じだけ低下して、成長率の低下を招いたことになる。TFPの低下はあるが、90年以降の日本のTFPの上昇率は、7カ国平均とほぼ同じである。資本の寄与もほぼ同じなので、労働の寄与の低下が、日本を7カ国のなかで一番成長率の低い国にした要因である（90年代以降の日本の成長率の低下は大きな問題なので、第5章「4.『大停滞』の犯人は見つかったのか」も参照されたい）。

5. 日本の労働生産性は低下したのか

日本経済は90年代以降停滞しているが、1990年から世界金融危機が起きる前の2007年まで、日本の労働生産性の上昇率は、実はほとんど低下していなかった。実質GDPの成長率が低下しているのに何故と思う方も多いだろうが、正しい労働生産性は、労働者1人当たりではなく、労働者が実際に働いた時間当たりの実質GDPで計らなければならない。

表4は、1980年以降、2007年までの通常の実質GDPと労働生産性（労働時間当たり実質GDP）の年平均成長率を示したものである。表に見るように、通常の実質GDP成長率は、バブル崩壊後、1%余りへと低下し、バブル期を除いた80年代前半の成長率3・1%に比べても1・6%〜2・1%ポイントも低下している。ところが、労働時間当たり実質GDPの成長率は、バブル崩壊後も1・9%〜2・2%となっており、80年代前半の成長率2・5%から0・2〜0・6%ポイントしか低下していない。日本の労働生産性は、バブル崩壊後の大停滞期においても、2%前後という伸びを示してきたのである。これは、日本経済の基本的な力が、大停滞期においても維持されてきたことを示している。

ただし、世界金融危機の影響を受けた2008年までのデータを入れると、2005〜08年の年平均成長率は、実質GDP成長率で1・3%、労働時間当たり実質GDPでは0・9%と大きく低下してしまう。

表4　年平均成長率　(%)

年	実質GDP	労働時間当たり実質GDP
1980〜85	3.1	2.5
1985〜90	4.8	4.3
1990〜95	1.5	2.3
95〜2000	1.0	2.0
2000〜05	1.3	2.2
2005〜07	2.2	1.9
2005〜08	1.3	0.9

（出所）内閣府「国民経済計算」、厚生労働省「毎月勤労統計」

（注）1．全労働時間は産業別就業者数×産業別労働時間数。

2．2008年は常用雇用指数×総実労働時間指数により推計。

労働生産性の上昇率がなぜ経済の基本的な力を表すかといえば、労働力は有限だが、労働生産性の上昇率が生み出すものは無限だからだ。例えば失業者が300万人いたとして、その半分の150万人が仕事に就けても、約6300万人の就業者数は2・4％しか上昇しない。もちろん、生産が2・4％しか増大しないという訳ではなくて、現実には、不況ゆえに社内で低稼働になっている人がいるので、2・4％以上に生産が拡大するだろう。しかし、それにしても、働いていない人が働くことによって増える生産物には限度がある。

それに対して、2％の労働生産性上昇率とは、いくらでも生産物を増やしていくことのできる数字である。失業者が減少することによって得られる生産物の増加分よりも長期的に大きいのは自明である。

「100年単位」で見ればどちらが重要か

2％の生産性上昇率が50年続けば、実質GDPは2・7倍になる。失業率の高さは10年単位の経済停滞を説明する上では重要だが、100年単位の経済成果を問題にするときには生産性の上昇の方が重要だ。

もちろん、ここ10年の問題が重要でないわけではない。なぜ90年代以降の日本経済が低迷してきたかと言えば、需要が減退し、労働投入が減少してきたからである。90年代を通じて、労働投入の減少によって10％余り、生産が縮小したと思われる（労働投入がなぜ減少したかについては、第5章「4．『大停滞』の犯人は見つかったのか」参照）。

6．少年犯罪は増加しているのか

子供の数が減少しているとき、子供がより高い能力を身につけ、より生産性が高くなっているかが重要になる。少年犯罪が多いとは、子供がより高い能力を身につけていない（あるいは誤った能力を身につけていた）ということになる。ところが、少年犯罪が増加しているという説と増加していないという説がある。重要な問題であるにもかかわらず、基本的な事実においてさえ、認識が一致していない。前田雅英『日本の治安は再生できるか』（ちくま新書、２００３年）と本田由紀・内藤朝雄・後藤和智『「ニート」って言うな！』（光文社新書、２００６年）を読んで初めて分かったのだが、違いはこういうことだった。

「増加していない説」は少年検挙者が減少していることから増えていないと言っている。しかし、検挙してみないと少年かどうか分からない。「増加している説」は、犯罪検挙率が落ちたから、少年犯罪は実は増えているという。

少年犯罪数を推定する

「増加していない説」と「増加している説」のどちらが正しいかを示すためには、少年犯罪者数

が必要だが、それは分からない。少年に関して分かるのは、検挙者数だけである。そこで、

少年犯罪者数＝少年検挙者数×（1／検挙率）

とする。これではあまりにも乱暴なので、犯罪の種類ごとに少年犯罪者数を推定すればよい。検挙率が低ければ右の式は当てにならないが、高ければ当てになるだろう。

必要なのは、少年刑法犯の検挙者数と、検挙率（＝検挙数／認知件数）の、罪名別データである。認知件数とは、警察が犯罪として認知した数である。たいした犯罪でなければ、警察の方針や忙しさなどによって、実際に事件が起きていても、事件として認知されないこともある。しかし、凶悪な犯罪であれば、警察の方針によって認知率が変わるということはあまり考えられない。警察が凶悪犯罪としているのは、殺人、強盗、放火、強姦《ごうかん》なので、少年の凶悪犯罪のみを考えることにする。犯罪少年とは犯行時および処理時の年齢がともに14歳以上20歳未満の少年である。

ただし、凶悪犯罪のうち強盗は、警察の方針によって認知率が変わる可能性がある。強盗とは、典型的には、凶器をもって家屋に押し入ることだが、自転車でのひったくりも被害者がけがをすれば強盗になる。少年強盗のほとんどが路上強盗だが、ひったくり（窃盗になる）に分類されていた犯罪が、かすり傷でも強盗に分類されるようになった可能性がある。これは、ひったくりで被害者が大けがをするなどの事件が増加して、警察が対策を強化したためであると思われる。

大人の強盗も少年の強盗も増えている

少年犯罪の推計結果は、図2のようになる。殺人犯については90年代末に多少増加しているようでもあるが、その後減少している。しかも、少年の殺人犯は年100人以下である。強姦犯についても、90年代末に増加した後、減少している（強姦は昔は泣き寝入りすることも多かったと言われているので、これが減少していることは、現実には数字に表れている以上に減少していることを示すだろう）。

検挙率が低下していると言っても、殺人の検挙率は1930年代からほぼ95%以上である。

図2　少年凶悪犯の推移

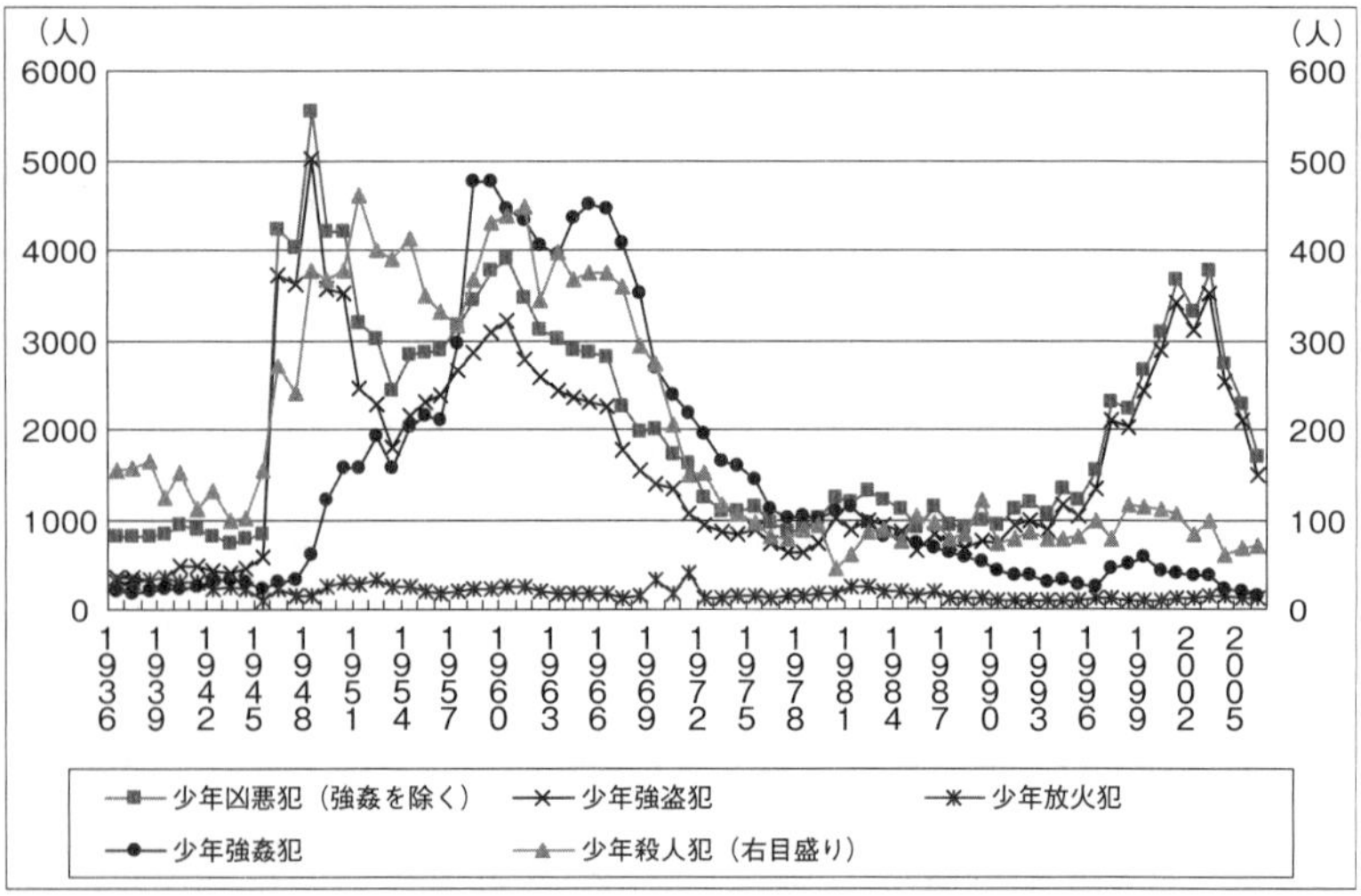

（出所）総務省統計局ホームページ「日本の長期統計系列 第28章 司法・警察　28-1　刑法犯の罪名別認知及び検挙件数（大正13年〜平成17年）」「28-3 一般刑法犯犯罪少年の罪名、年齢別検挙及び補導人員（昭和11年〜平成17年）」、原資料は、警察庁刑事局刑事企画課「犯罪統計書」

（注）1．1955年以前は、14歳未満の者による触法行為数を含み、56年以降は含まない。
2．強姦の1948年以降の急増は、親告罪が非親告罪に改められたことによる。
3．「犯罪少年」とは、犯行時及び処理時の年齢が共に14歳以上20歳未満の少年を言う。
4．凶悪犯とは、殺人、強盗、放火、強姦を犯したもの。

放火については9割から7割に低下している。強姦についても9割から6、7割に落ちている。以上を総合すると、殺人については、少年の犯罪はあまり増えていない。放火と強姦についても、増えていないとみられる。

問題は強盗である。少年強盗犯は1990年代末に急激に増加した。しかも、96年まで8割以上であった検挙率は、2001年に5割以下に低下している。

検挙率が低下する中で、犯罪に慣れていない少年の検挙率が特に上がり、その結果、少年犯罪が増加しているように見えるというのが第1の解釈である。少年は他の都道府県など遠方に逃げることが少ないので捕まりやすいと言われている。ただし、路上強盗は少年によることが多く、かつ、検挙率が低い犯罪なので、少年犯罪が実際に増えている可能性もある。大人の犯罪も増えたが、少年の犯罪も増えたというのが第2の解釈である。第3の解釈は、認知件数が上がったのであって、犯罪はそれほど増えていないというものである。

本当のことは十分には分からない。しかし、おそらく、少年の殺人、放火、強姦は増えていない。少年の強盗は多分増えているが、大人の強盗も増えているというのが実態ではないか。少年だけでなく、大人も悪くなっている。少年だけが悪いという言説は間違いだろう。

もっとも、2004年以降、強盗は急激に減少している。これは、警察が2000年ごろから路上犯罪対策を強化し、巡回を多くしたこと、また監視カメラを設置したことにもよると思われる。日本の治安は悪化したが、このような路上強盗対策の効果もあって、ここ数年、改善していると考えられる。(駒澤大学の村松幹二准教授から有益なコメントをいただいたことを感謝します。）

7．給食費を払わないほど日本人のモラルは低下しているのか

日本人が劣化しているという議論が盛んである。例えば、子供の給食費を払わない父兄がいるという文部科学省の調査が２００７年1月24日に公表され、話題になった。給食費を払わない理由を小学校に尋ねたところ、「保護者としての責任感や規範意識の欠如」と答える学校が、「保護者の経済的な問題」と答えた学校よりもずっと多かったという（２００７年1月25日付各紙）。

払えない？　払わない？

給食費未納の要因を別の方法で考えてみよう。一般に所得が低ければ、給食費を払えなくなることが多いだろう。ただし、給食費はそれほど高いものではないので、平均の所得が高いか低いかよりも、ある程度以下の所得の人が多いかどうかが問題になるはずだ。すなわち、ある程度以下の所得の人が多い地域ほど、給食費を滞納する人が多いということになるだろう。

ただし、この指標を得ることは難しい。より簡単に、失業率はこの指標に近いものと考えられる。失業している人は当然に所得の低い人だから、失業率が高いほど、ある一定以下の所得の人

が多いことを意味する。

図3は、都道府県ごとの給食費未納率、1人当たり県民所得、失業率を示したものである。給食費未納率は、払うべき金額に対する未納額の割合である。また、1人当たり県民所得は、未納率と同じ方向に動くように、所得の低いほうがグラフの値が高くなるように指標化している（計算方法は図の注参照）。

図を一見して分かるように、給食費未納率と1人当たり所得との関係はやはり、あまり密接ではない。例えば、東京は所得の分散が大きく、1人当たり所得では全国平均を大きく上回っている（図では下に位置する）が、未納率自体は0・4%で全国平均の0・5%と大差ない。一方、失業率を見ると、未納率と同じ方向に動く傾向が見て取れる。給食費未納率を県民所得と失業

図3　給食費不払いの訳

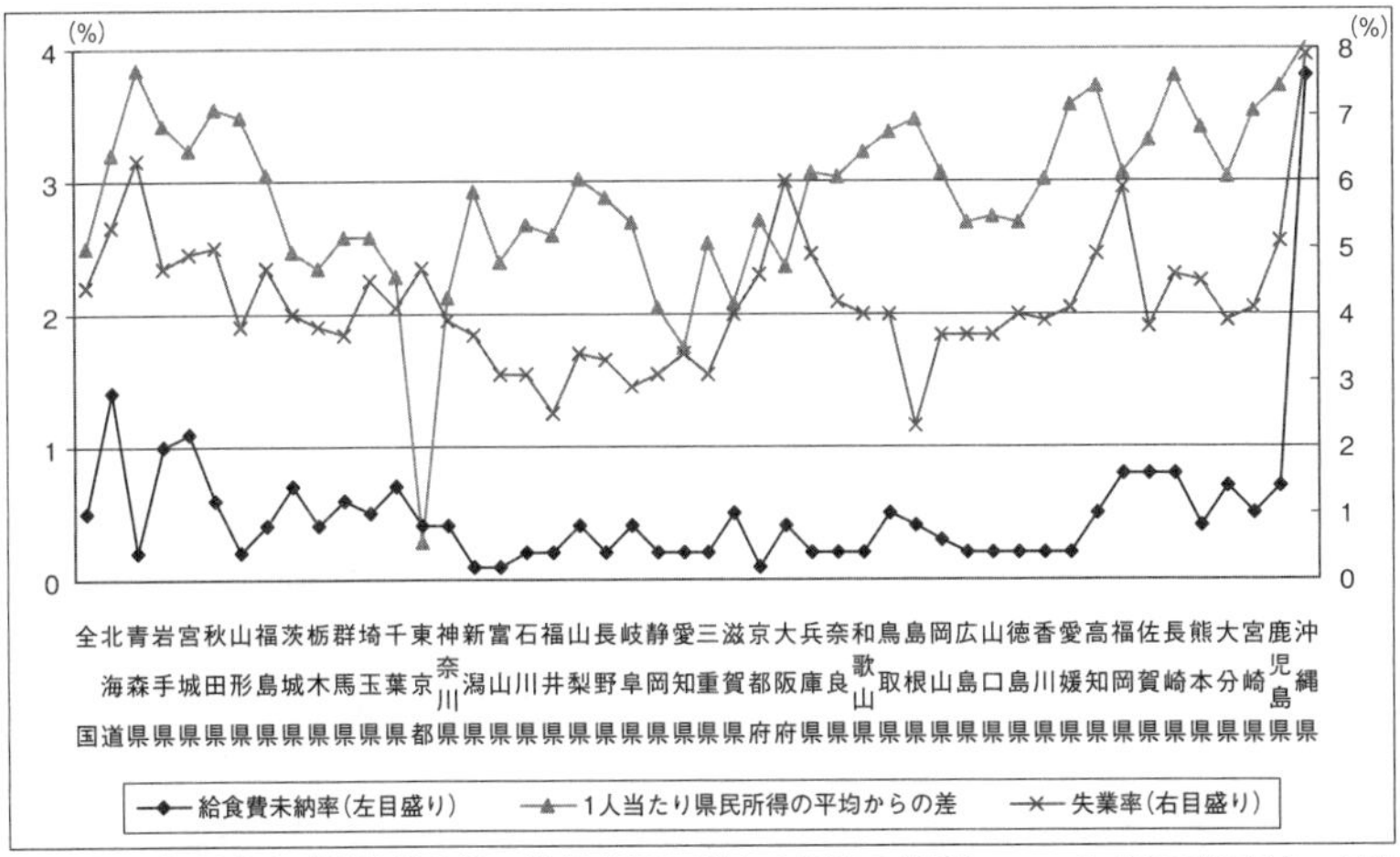

（出所）文部科学省「学校給食費の徴収状況に関する調査の結果について（2005年度）」、内閣府「県民経済計算（2003年）」、総務省「労働力調査 都道府県別結果（2005年）」

（注）1．県民所得についてはグラフを見やすくするために、以下の指標を用いている。
1人当たり県民所得の平均からの差＝5×(各県の県民所得－平均)／平均＋2.5
2．未納率と県民所得の決定係数は0.11、未納率と失業率の決定係数は0.42となる。

率が、それぞれどのくらい説明しているかを統計的に調べると、県民所得は未納率変動の11％しか説明していないが、失業率は42％を説明しているという結果になる（図3の注2参照）。

もちろん、42％説明していても、残りの58％は説明できていないわけで、図を見ても青森、新潟、四国の県などは、失業率に比べて未納率が低いようだ。東京、京都、大阪、兵庫などの大都市圏も、失業率に比べると意外と未納率は高くない。これらの都府県は県民性が律儀ということなのかもしれない。

個人に配る予算は意外に無駄が少ない

給食費を払わない父兄がいることが、日本人のモラルが危機的状況にある証拠のように報道されているが、本当にそうだろうか。

払われるべき給食費4210億円のうち、未納の金額は22億円で0・5％にすぎない。しかも、そのうちの相当程度（42％）は、失業による経済的困窮という、正当な理由によって説明できる。失業によって説明できない部分がすべてモラルの問題だとしても、その未納額の比率は、せいぜい0・3％にすぎないということだ。

日本の予算は、公共事業や地方への補助金のように、組織に配るものが多い。しかし、談合で水増しされる公共工事の額は20～30％と報道されることが多く、とうてい0・5％ではすまないし、無駄な公共工事で22億円使ってしまった例などいくらでもあるだろう。自分のためではなくて組織のためだと思えば、無駄に使うことへの倫理観が麻痺《まひ》しやすい。

組織よりも個人のモラルのほうがマシであるならば、個人に直接配る社会福祉の方が、不正な申請などによって生じる無駄が少なくてすむのではないだろうか。北欧の国々の福祉支出は、個人に直接配り、組織には配られない。実際、北欧の国々の方が、90年代以降では日本より成長率が高かった。

22億円という金額はモラルの低下がひどいことではなく、22億円しかモラルが低下していないことを示すのではないだろうか。

8. なぜ「新しい世代」ほど貯蓄率が高いのか

多くの人々は、古い世代は貯蓄好きで、新しい世代は消費好きだと考えているだろう。日本の高い貯蓄率は貧しい時代を勤倹貯蓄の精神で生き抜いてきた古い世代によって支えられてきたもので、新しい世代になれば低下するとも言われている。

ナンセンスな貯蓄の文化決定論

世代別の貯蓄率を見ると、実は新しい世代ほど貯蓄率は高い。図4は、家計調査の貯蓄を可処分所得（所得から税や保険料を差し引いた金額）で割った貯蓄率について、生まれた年ごとに示したものである。もちろん、子供の教育などで出費がかさむ年齢というものがあるので、世代ごと年齢ごとに比較する必要がある。

図4で、例えば、50〜54歳の時の貯蓄率を比べると、1917年から21年に生まれた世代は20・9%であるが、1947〜51年生まれの世代では26・1%となっている。さらに新しい世代でも同じである。30〜34歳の時の貯蓄率は1947〜51年生まれの世代だと21・2%であるが、1967〜71年生まれの世代では34・1%である。要するに、多少の例外はあるが、世代が新しくなるほど貯蓄率は高くなっている。

以上の事実は、古い世代は貯蓄好きで新しい世代は消費好きという、なんとなく思われていることとまったく異なる。貯蓄についての文化決定論はまったくのナンセンスということだ。

貯蓄率を決定づける「消費平準化」行動

では、貯蓄率は何で決まるのだろうか。これについては、恒常所得理論とライフサイクル理論という確立した経済理論がある。

ところで、多くの教科書が、この2つの理論を恒常所得仮説とかライフサイクル仮説とか、「仮説」と呼んでいるのは不思議である。理論はすべて仮説であるが、かなり正しそうな仮説は理論と呼ぶのが普通の言葉の使い方である。万有引力の理論を万有引力の仮説という人はいない。恒常所得理論もライフサイクル理論も、ともに多くの理論的検討と実証分析によって、ほとんど正しいと見なされた理論である。もっと怪しげな仮説を理論と呼んでいる場合があるのに、なぜ仮説と呼ぶのか、私には納得がいかない。

さて、恒常所得理論とは、人々は、現実の所得ではなくて、恒常所得に応じて消費をするという理論である。現実の所得は、人々が恒常的に得られる所得と一時的な変動所得からなっている。人々は、この恒常所得部分を消費し、変動所得の多くを貯蓄するという理論である。

ライフサイクル理論とは、人々は若くて働ける期間に貯蓄をし、高齢で働けなくなった時にそれを消費するという理論である。若くて働ける期間の所得も変動所得であると考えれば、ライフサイクル理論も恒常所得理論も同じであり、貯蓄の目的は消費を平準化することである。恒常所得を消費し、変動所得の多くを貯蓄すれば、生涯にわたって消費を平準化することができる。所得が高いときにす

図4　世代別の貯蓄率

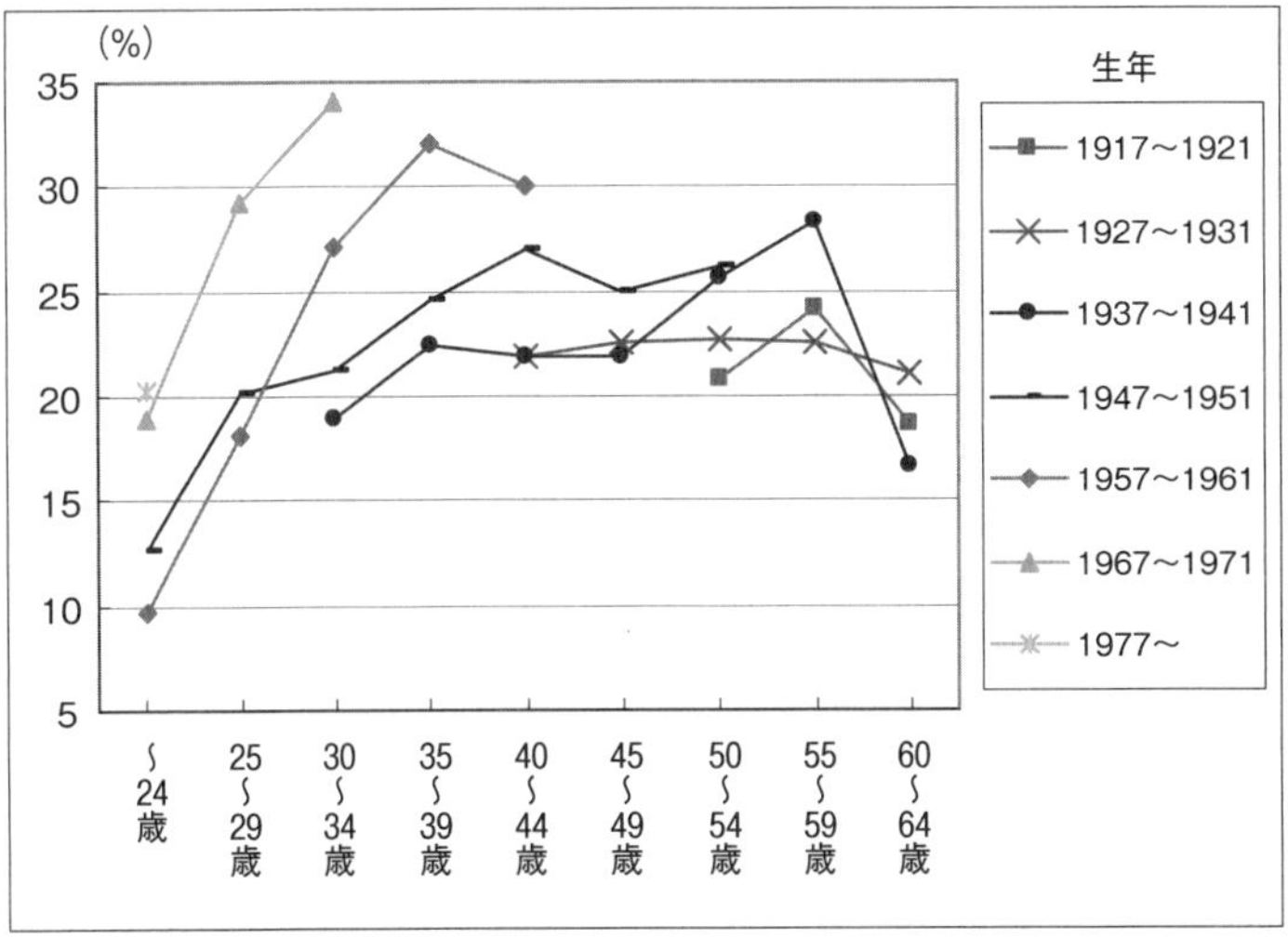

（出所）総務省統計局「家計調査年報」各年版。2006年以降は、5歳ごとのデータはない。
（注）貯蓄率＝貯蓄÷可処分所得

べてを使ってしまえば、所得が下がったときに惨めな思いをすることになる。だから、消費を平準化することが生涯の経済的効用を最大にすることになるというのだ。

そんなこと当たり前だと思われるだろうが、この当たり前の理論は、貯蓄好きだから貯蓄するという文化決定論よりもずっと強力である。

新しい世代ほど高まる〝所得の変動度〟

なぜ新しい世代ほど貯蓄率が高まっているのだろうか。その理由を恒常所得理論とライフサイクル理論で考えてみれば、第1に所得の変動度が高まっている、第2に恒常所得が低下している、第3に高齢化で働けなくなる期間が長期化している――等の現象が起きているからだということになる。現実に、これらのことがすべて起きている。近年の成果主義の高まりにより所得の変動度が高まっている。成果主義は、中間管理職よりも新しい世代により厳しく適用されていると指摘されている。また年金はすべての人にとって、老後の恒常所得の一部だが、それが将来減少するのではないかと不安に思われている。さらに、寿命が延びて働けなくなる期間が長期化すると予想されている。新しい世代ほど貯蓄率が高まるのは当然だろう。（本節は、大和総研の鈴木準主任研究員の協力を得た。）

9．若年失業は構造問題なのか

1990年代以降の大停滞期に、若年（15〜24歳）失業率は大幅に上昇した。金融システム危機、アジア経済危機の起きた翌年、98年のマイナス成長期には7・7％に跳ね上がり、2003年のピーク時には10・1％にまで達した。その後、2002年からの景気拡大によって若年失業率は08年に7・2％にまで低下した。08年以降の世界金融危機の影響により、再び上昇するだろうが、08年の平均では低下していたのだ。

若年失業だけが特殊なのか？

失業を景気動向で上下する「需要不足失業率」と、需給のミスマッチによる「構造的・摩擦的失業率」に分け、その水準を特定しようとする議論がある。特に、若年失業者についてはニート、フリーターともイメージが重なることから、日本という国の大きな社会問題、構造問題であると解釈されることが多かった（そのような言説は、本田由紀・内藤朝雄・後藤和智『「ニート」って言うな！』光文社新書、2006年、に批判的に紹介されている）。

しかし、若年失業率は景気とともに変動している。若年失業率の上昇も下降も、構造問題というよりも、多くは経済全体の景気状況で説明できるものだ。もちろん、豊かな社会で若者の社会適応力が低下している、実業を重視しない教育が若者を職場から遠ざけている、自分探し志向が地道な職業観をゆがめているなどの社会問題、構造問題があることを否定しているわけではない。しかし、多くは、景気の影響で説明できると考えられる。

図5は、年齢ごとの失業率の推移を表したものであるが、若年失業率は全体の失業率と同様に上昇し、下降している（若年失業率を若年失業者も含む全体の失業率と対比するのはおかしいので、図には若年失業者を除いた全体の失業率も示してある）。若者の失業率は2003年をピークに下降しているが、2003年を境に若者の社会適応力が急に上昇したり、実業を重視しない教育が改まったり、若者の自分探し志向が変わったりし

図5　若年失業率と全体の失業率は同じように動いている

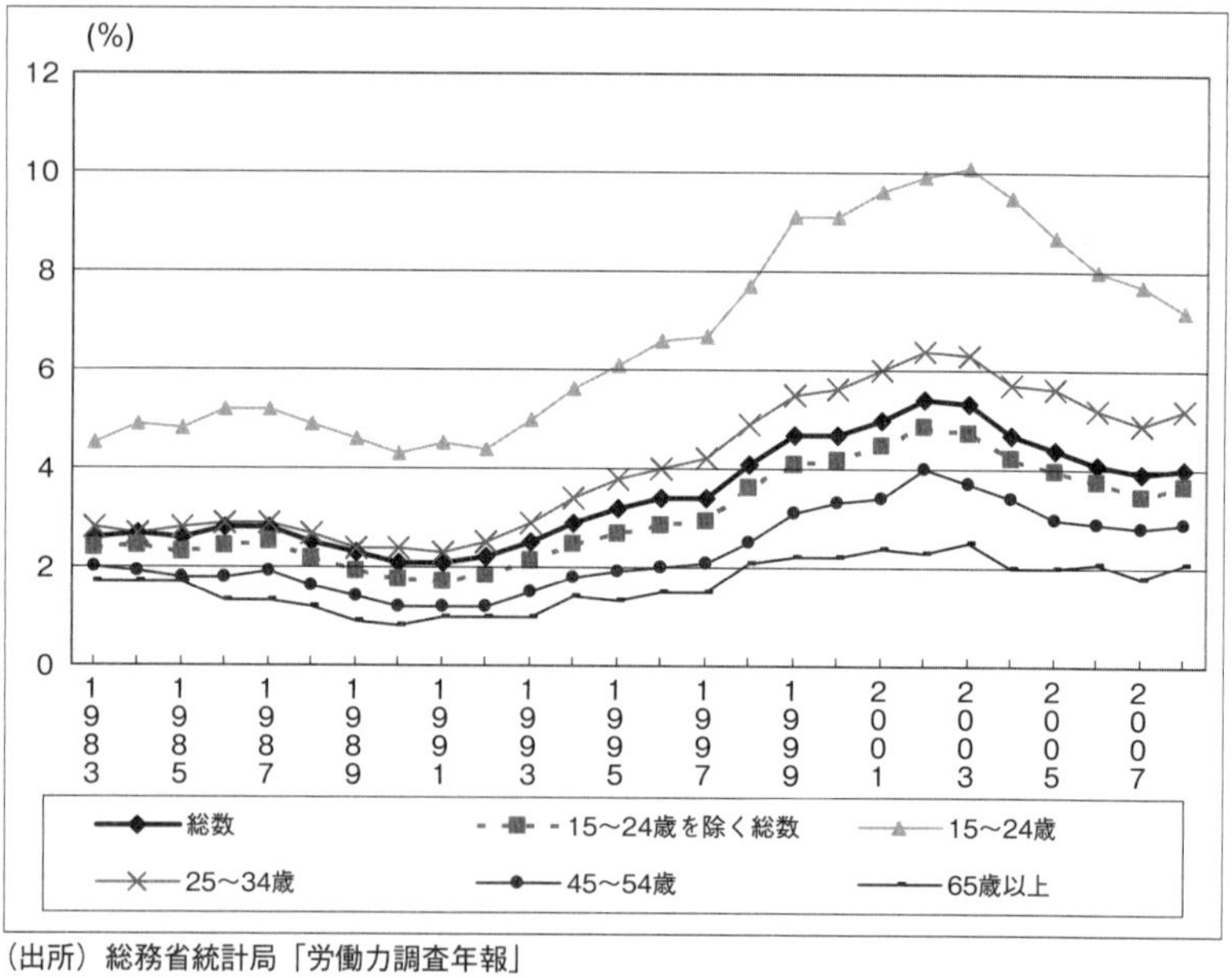

（出所）総務省統計局「労働力調査年報」

たはずはない。若者の性格や教育システムが、そんなに簡単に変えることのできるものなら、そもそも構造問題というほどのことではないだろう。

若年失業率の変化がそれ以外の失業率の変化でどのくらい説明できるかを統計的に検証する方法がある。回帰式を作って、若年失業率の変動を全体の失業率の変動で説明できる部分と説明できない部分に分け、説明できる部分が全体の何％かを見る方法である。この方法によると、97％が説明できるとなる。失業率全体の変化によらない若者固有の構造問題、社会問題で説明できるのは、残りのわずか3％でしかないということになる。若者の失業率については、構造問題としての側面を強調する議論が流行っていたが、大部分は全体の失業率と同じメカニズムで動いている。

経済環境の好転が若年失業率を引き下げる

15～24歳の若者の失業率は多少高くても、深刻な社会問題ではないかもしれない。25～34歳の失業率を見ると、それは全体の失業率よりも1％前後高いだけである。20歳代の前半に失業していた若者も、後半になって必死に仕事を見つけていたということだろう。そして、それを手助けしたのは、経済情勢全般の改善であって、若者固有の構造問題や社会問題の解決ではなかった。

若年失業について言えることは、ニートやフリーターにもあてはまるだろう。ニートになってしまう若者は、どんな経済情勢でも同世代の一定比率はいるかもしれない。このような若者を支援することは重要である。しかし、現在ニートとなっている若者の中にも、経済情勢さえよければ、仕事を見つけ、仕事の中に自分の居場所を探し、世間の波にもまれて社会適応力を身につけていったに違いない若者も多いのではないか。

なにもかもが構造問題だというのは、むしろ社会問題の解決を妨げることになる（より厳密な議論は、原田泰・阿部一知「ニート、フリーター、若年失業とマクロ的な経済環境」樋口美雄＋財務省財務総合政策研究所編著『転換期の雇用・能力開発支援の経済政策』日本評論社、2006年、参照）。

10. 日本の教育論議は、なぜ「信念の吐露」にすり替わるのか

経済協力開発機構（OECD）の生徒の学習到達度調査（PISA、57カ国・地域の15歳対象）で、日本の高校1年生の学力が低下している。調査が始まった2000年に2位だった科学的応用力、8位だった読解力、1位だった数学的応用力が、06年には、それぞれ6位、15位、10位に低下した。トップレベルだった科学的応用力、数学的応用力が低下し、低かった読解力がさらに低下している。

わずか6年で、これほど大きく変化するものか、私は疑問も持つ。参加する国が増えたこと、試験を受ける高校生のサンプルが変わったこと、問題の傾向が変わったことによって順位が低下

した可能性もある。生徒の大学進学率などで学校のレベルを区分した場合の成績も公表してほしいものだが、実態が分からないので、サンプルの誤差などはこの際ないことにしよう。だが、参加する国が増えたことによる順位の変動は調整できる。

表5には、00年の調査に参加していなくて、03年実施の前回調査、06年実施の今回調査に参加した国に影を付けてある。これらの国を除くと多少順位は上がるが、低下していることに変わりはない。あまり慰めにならないかもしれないが、科学的応用力は2位から3位に、読解力では8位から12位に、数学的応用力では1位から6位に下がっただけである。

混乱している学力低下論争

この結果を巡る新聞各紙の議論の多様性は不思議である。フィンランドがトップだから、フィンランドをまねようというのはわかるが、フィンランド型の教育をするには「教師の増員や予算確保など、越えなければならない課題は多い」という議論もある。失敗すると予算が増えるのを役所の焼け太りというが、日本の子供の成績が低下したのは教育に携わる役所の失敗である。こういう議論は、予算が獲得できなければ責任はないと主張しているに等しい役所の責任逃れに協力しているのではないか。さらに、「日本の教育全体がこれまでのスタイルから抜け出す必要がある」という議論もある。

私は、常識ある人間は、学力が低下したのなら、低下する前に戻ればよいと考えるのが普通だと思う。もちろん、日本は同じ速度で走っているのだが、他の国がより速く走るようになったの

表5　OECD 学習到達度調査における日本の順位の変遷

順位	科学的応用力 2006年 国名	得点	2003年 国名	得点	2000年 国名	得点
1	フィンランド	563	フィンランド	548	韓国	552
2	香港	542	日本	548	日本	550
3	カナダ	534	香港	539	フィンランド	538
4	台湾	532	韓国	538	イギリス	532
5	エストニア	531	リヒテンシュタイン	525	カナダ	529
6	日本	531	オーストラリア	525	ニュージーランド	528
7	ニュージーランド	530	マカオ	525	オーストラリア	528
8	オーストラリア	527	オランダ	524	オーストリア	519
9	オランダ	525	チェコ	523	アイルランド	513
10	リヒテンシュタイン	522	ニュージーランド	521	スウェーデン	512
11	韓国	522	カナダ	519	チェコ	511
12	スロベニア	519	スイス	513	フランス	500
13	ドイツ	516	フランス	511	ノルウェー	500
14	イギリス	515	ベルギー	509	アメリカ	499
15	チェコ	513	スウェーデン	506	ハンガリー	496
	平均	498	平均	497	平均	491

順位	読解力 2006年 国名	得点	2003年 国名	得点	2000年 国名	得点
1	韓国	556	フィンランド	543	フィンランド	546
2	フィンランド	547	韓国	534	カナダ	534
3	香港	536	カナダ	528	ニュージーランド	529
4	カナダ	527	オーストラリア	525	オーストラリア	528
5	ニュージーランド	521	リヒテンシュタイン	525	アイルランド	527
6	アイルランド	517	ニュージーランド	522	韓国	525
7	オーストラリア	513	アイルランド	515	イギリス	523
8	リヒテンシュタイン	510	スウェーデン	514	日本	522
9	ポーランド	508	オランダ	513	スウェーデン	516
10	スウェーデン	507	香港	510	オーストリア	507
11	オランダ	507	ベルギー	507	ベルギー	507
12	ベルギー	501	ノルウェー	500	アイスランド	507
13	エストニア	501	スイス	499	ノルウェー	505
14	スイス	499	日本	498	フランス	505
15	日本	498	マカオ	498	アメリカ	504
	平均	491	平均	492	平均	493

順位	数学的応用力 2006年 国名	得点	2003年 国名	得点	2000年 国名	得点
1	台湾	549	香港	550	日本	557
2	フィンランド	548	フィンランド	544	韓国	547
3	香港	547	韓国	542	ニュージーランド	537
4	韓国	547	オランダ	538	フィンランド	536
5	オランダ	531	リヒテンシュタイン	536	オーストラリア	533
6	スイス	530	日本	534	カナダ	533
7	カナダ	527	カナダ	532	スイス	529
8	マカオ	525	ベルギー	529	イギリス	529
9	リヒテンシュタイン	525	マカオ	527	ベルギー	520
10	日本	523	スイス	527	フランス	517
11	ニュージーランド	522	オーストラリア	524	オーストリア	515
12	ベルギー	520	ニュージーランド	523	デンマーク	514
13	オーストラリア	520	チェコ	516	アイスランド	514
14	エストニア	515	アイスランド	515	リヒテンシュタイン	514
15	デンマーク	513	デンマーク	514	スウェーデン	510
	平均	499	平均	496	平均	493

(出所) 文部科学省「OECD 生徒の学習到達度調査　Programme for International Student Assessment (PISA) 2006年国際調査結果の要約」2007年12月4日発表

(注) 1．2000年のオランダ、2003年のイギリス、2006年のアメリカは、国際的な実施基準を満たさなかったため除いている。

2．平均は2003年以降参加した国を除いた平均。

で、日本が遅れるようになったと考えるべきかもしれない。しかし、日本の場合、走る速度が遅くなったという明らかな証拠がある。ゆとり教育がいつ始まったかには様々な説があるようだが、02年度から「教科内容が3割削減」された学習指導要領が小中学校で施行されており、これをゆとり教育の始点と考えるのが主流のようだ。そうすると、06年の高校1年生は間違いなくゆとり教育の影響を受けている。学力低下がゆとり教育のせいであるなら、ゆとり以前に戻すだけでよいはずだ。

問題は、00年に比べて日本

の高校1年生の学力が低下したことではなかったのか。であれば、低下する前に戻すことが解決策ではないだろうか。ところが、議論はこのような単純なものにはならない。人々は、教育についての自分自身の信念を持っている。あらゆることを、自分の信念を開陳する機会ととらえるようだ。しかし、必要なのは信条の表明ではなく、事実に基づき、科学的に考えることだ。

学力が低下しているのは教育関係者

国際学力調査は、学力を国際比較するとともに、時系列的にも比較できる。前述のように、科学的応用力はあまり低下していないが、数学的応用力は低下しており、読解力は低かったものがさらに低下している。過去に比べて低下したものは以前の状態に戻し、もともと高くなかったものは、高い国の教育に学んで引き上げるというのが、まともな対応ではないだろうか。

日本で特に問題がありそうなのは、読解力と数学的応用力だが、韓国を見ると読解力は上昇し、数学的応用力は低下していないが、科学的応用力は低下している。どうして読解力が上昇したのか、まず隣の国から調べることが科学的応用力ではないか。

日本の高校生の科学的応用力の低下は限定的かもしれないが、教育関係者のそれは深刻である。しかも、低下したのではなくて、もともと低い可能性が高い。

11. なぜ教育が必要なのかを語らないのか

前節では、日本の教育を巡る議論が混乱していることを指摘した。この混乱は、人々がなぜ教育が必要かを議論しないことによるのではないだろうか。

教育がなぜ必要かという観点から議論すれば、教育についての不毛の議論を止めることができる。社会が本当に必要としている教育とは何だろうか。

「知」を生むために必要な「知識」

豊かな社会のためには、技術開発や制度の設計などの知的活動が必要になる。勉強することによって、この知的活動が行えるようになる。日本が豊かな社会であるために必要な社会の求める知があり、それを習得するために強制的にでも勉強をさせることが必要なのではないかと問いかけてみるべきだ。

強制的にでも勉強させるとは、広い意味においてだ。中学生に「2次方程式の解の公式」「進化」「元素の周期表」「月の満ち欠け」や「梅雨になる理由」も教えなくて良いというのが、これまでの文部科学省の主張する〝ゆとり教育〟だった。これらのことを教えるのは、自然の神秘を解明し、それを利用して豊かな社会を作ってきた人類の歩みを教えることである。これらの「知識」なしでは、新しい「知」も生まれないだろう。強制的にも勉強させて「知識」を蓄積することが、新しい「知」を生み出すためには欠かせない。

ある程度の知識とそれに基づく知を備えた人間が社会全体の生産性を高めるなら、そうした人間は必要である。また、勉強や学校が、このような意味での〝有能な人間〟を作ることができるなら、勉強や学校は必要だ。しかし、〝有能な人間〟が社会全体の富を拡大するのではなく、自分たちの取り分を増やしているだけなら、教育は社会にとってはプラスとは言えない。

社会の富を拡大するために必要な能力

では、社会の富を拡大するためには、どのような能力が必要なのだろうか。そもそも、学校はそのために必要な能力を身に付けさせることができるのだろうか。この疑問はあまりに漠然《ばくぜん》としており答えることが難しい。しかし、問題を「企業がどんな能力を求めているか」に絞り込めば、答えが見つかるかも知れない。

もちろん、企業が求める能力と、社会全体の富を増大する能力は異なるという意見もあるだろう。確かに、今回の世界金融危機をもたらしたアメリカの金融機関の経営者たちは、長期的にはまったく儲かっていなかったのに、莫大な報酬を得ていた。彼らは、知的には優れていただろうが、その知力を、社会全体の富を増大させることではなく（それどころか、富を破壊し、株主と納税者に負担をかけて）、自分自身の富を増大させることに使っただけだった。これは高い教育を受けた、知的に優れた人々が、必ずしも社会全体の富を増やしてはいなかった典型例である。

しかし、トヨタやキヤノンなど、私たちが優良企業と思う企業の大部分は、社会全体の富と企業の富を同時に増大させてきただろう（労働条件の悪い、派遣労働者や請負労働者を使って企業の富を増大させてきただけではないかという議論もあるだろうが、失業しているよりは働いていた方が良いと考えれば社会の富を増大させてきたことになる）。したがって、現代の資本主義社会において、まともな企業が必要とする能力は、社会全体の富を拡大させる能力に近いと言ってもよいのではないだろうか。

学校に過大な期待はかけるべきでない？

それでは、企業が求めている能力とはなんだろうか。これまでの「先行組に追いつけ・追い越せ型」の産業構造では詰め込み型の教育でも良かった。しかし、「これからは個性や創造性や独創性が重要で、学校もそれに適応していかなければならない」という主張をよく耳にする。

しかし、実際に企業に「現在求められている人材能力は何か」と聞くと、図6（1）に示すように、「販売・営業力」が最も高くて54・2％である。確かに、2番目は「発想・企画力」（41・8％）だが、3番目は「コスト意識・財務センス」（40・1％）である。

「コスト意識・財務センス」は学校で教えられるかもしれないが、実感のないものになるだろう。さらに、「販売・営業力」を教えられるとは思えない。学校の先生とは、何かを売ったことのない人だからだ。「発想・企画力」は微妙だろう。教えることができるかもしれないが、学問の発想力とビジネスの発想力は異なるだろう。

図６(1)　求められる人材能力（３つまで複数回答）

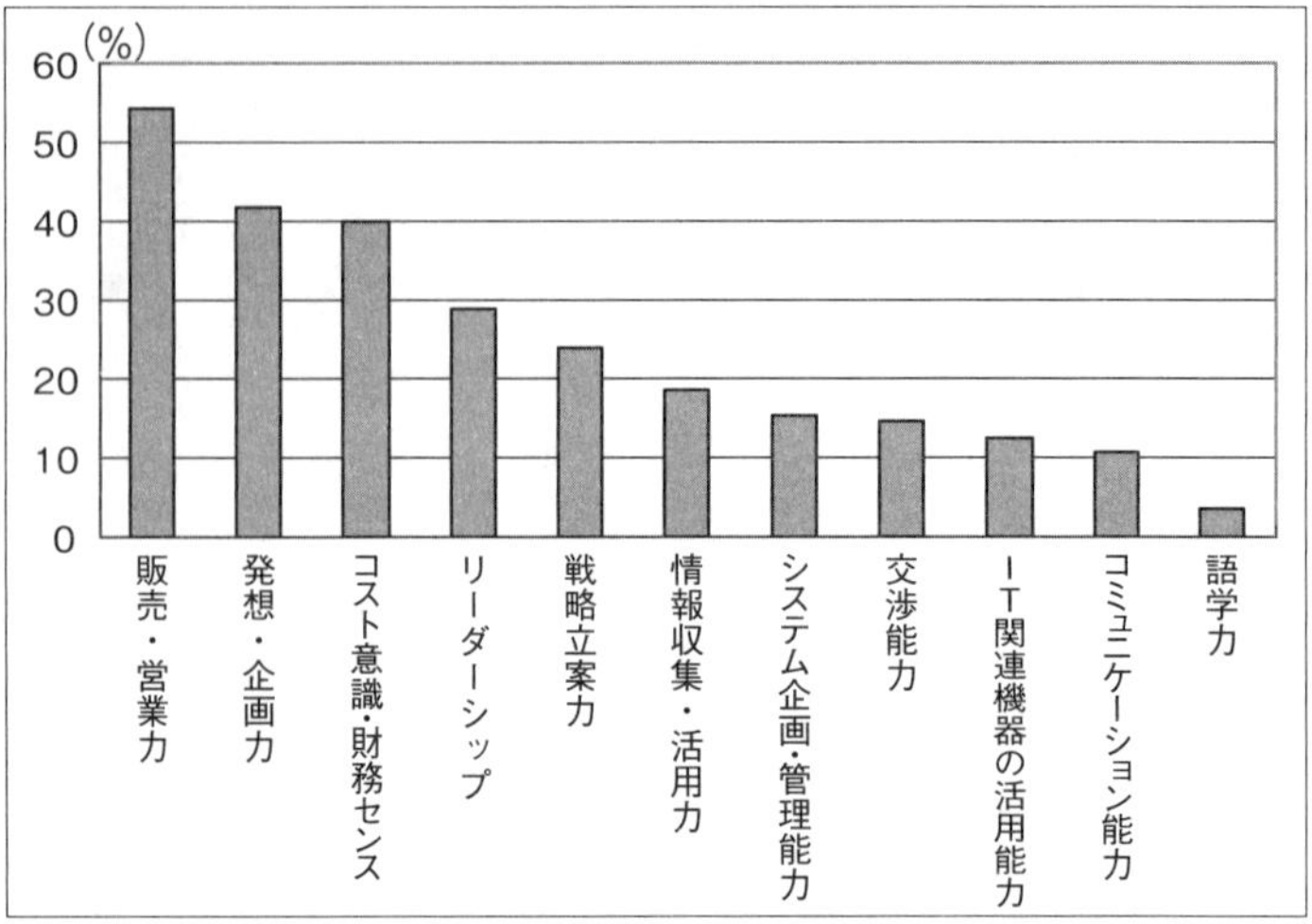

図６(2)　求められる人材能力の確保方法（２つまで複数回答）

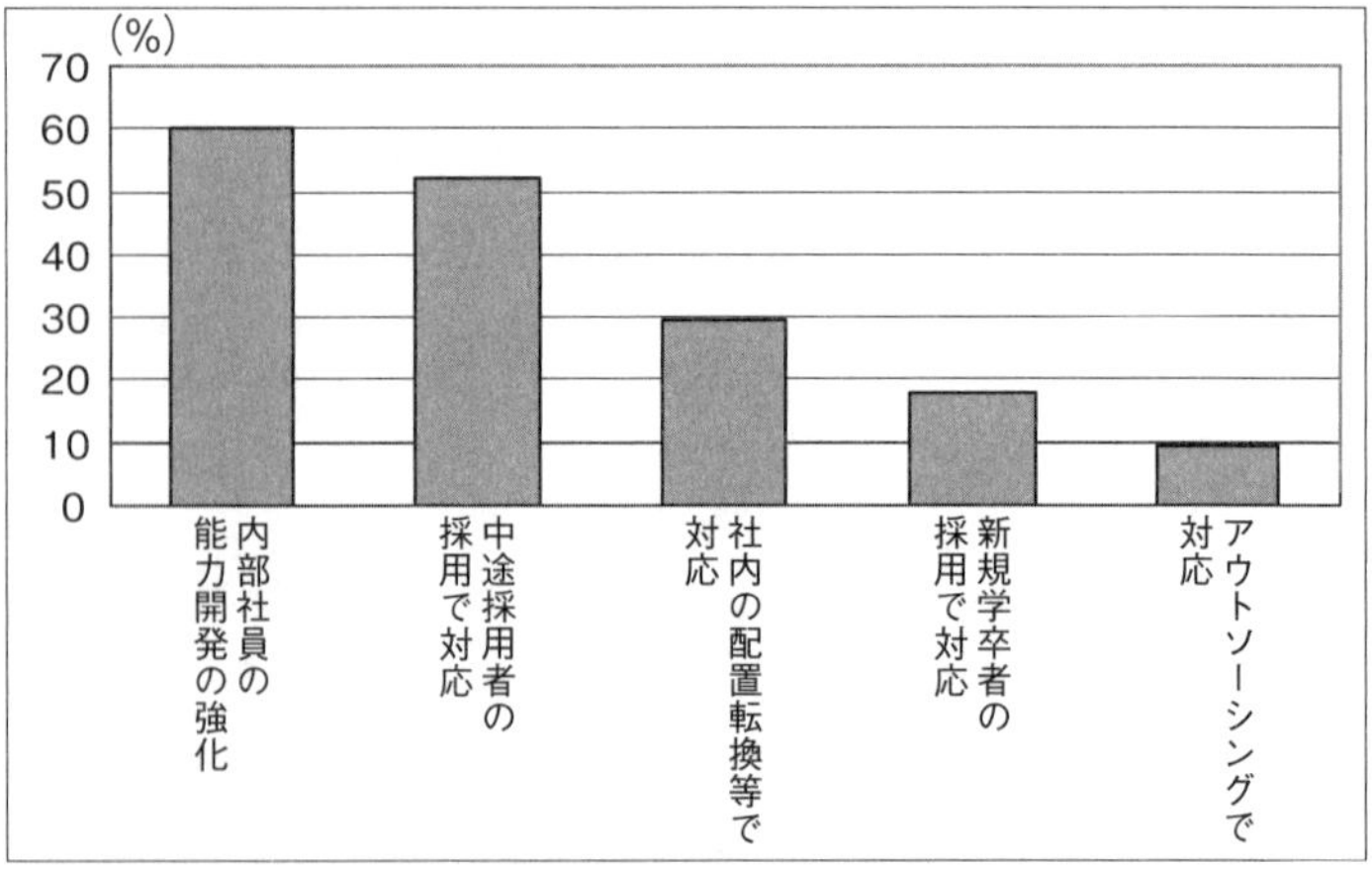

（出所）厚生労働省「平成13年産業労働事情調査」2002年７月８日

次に企業に、「そのような能力のある人材をどのように確保しているか」とたずねると、図6(2)に示すように、「内部社員の能力開発の強化」(60・2%)、「中途採用者の採用」(52・1%)、「社内の配置転換等で対応」(29・7%)の順となる。「中途採用者の採用」とは、すでに必要な能力のある人を連れてくるということだが、その能力は、学校ではなくて以前に勤めていた企業で身につけたものだ。

学校は過大な期待を持たされているが、現実にできることは限られている。できるのは、せいぜい「知」の基礎となる「知識」をたたきこむことぐらいだろう。教育論はその点を見落としている。

12. 学力格差をどう克服するか

「日教組の強いところは子供の成績が低い」と言って物議を醸し、2008年9月末に辞任した国土交通大臣がいた。国土交通大臣が文部科学省の話をしてもかまわないだろうが、職を賭してまでするのは本業の領域であって欲しいと私は思う。こんなことを言っていると、なぜエコノミストが教育に口を出すのかと言われてしまうかもしれない。それに対しては、経済学とは、社会のあらゆる事象をインセンティブの体系と捉え、それをモデル化し、統計的手法で分析する学問なのだから、何にでも口を出せるのだと言っておこう。

言論の自由はあるが、それは証拠に基づかなければならない。証拠に基づかない言論をするのは、自由の履き違えだ。そもそも、日教組の強いところは子供の成績が悪いとは、本当のことなのだろうか。

文部科学省は、巨額の予算を使って「全国学力・学習状況調査」を行ったが、それを使って、どのように子供の学力を引き上げるかについて、ほとんど分析がなされていないようだ。辞任した国土交通大臣には、自分の主張が正しいかどうかを、まず文部科学大臣に確かめてから、自分の発言を支持する分析が文科省にないのなら、その分析を依頼し、その結果に基づいて発言してほしかった。あらゆる政策は事実に基づいて立案されるべきで、そうでなければ巨額の税金が無駄になる。

日教組の強いところは学力が低いのか

国土交通大臣の主張が正しいかを分析してみたい。子供の成績には様々なことが左右する。考えられることは、遺伝と家庭および学校の環境である。これらは、両親の能力、教育熱心さ、熱心さに影響を与える親の学歴や親の社会的地位で分析できるだろう。また、同じ熱心さでも教育にお金をかけられるか否かが重要なので、親の所得が重要な説明変数になる。さらに、教師の質、同級生の資質などなど、様々な要因が影響を与えるだろう。

望ましくは、子供一人一人についてのこれらのデータが欲しい。そうでなくても、できる限り狭い地域範囲で、これらに関するデータが欲しい。しかし、そのようなデータはない。少なくとも、整理された形では公表されていない。

そこでごくごく大雑把になってしまうが、都道府県ごとの成績と都道府県ごとの1人当たり所得と教職員組合の組織率だけを考えることにした。1人当たりの県民所得は内閣府が整理して公表している。

文科省の調べた教職員の組合加入状況については、毎年『教育委員会月報』の12月号に掲載されている。教職員組合は、日教組の他にもあるが、ここではすべての組合の加入率と、文科省に協力的な組合の加入率を除いたものの両方を示した。

図7は、全国学力調査での都道府県別の小学生の結果と1人当たり県民所得と教職員組合の組織率を示したものである。ここで成績の結果について断わっておく必要がある。学力テストは、小学校、中学校ともに「国語A」「算数B」など各4科目で実施され、問題への得点配分はしていない。

文科省は科目ごとに平均正答数・率を公表しているが、科目の結果を足し合わせることについては、「通常の試験ならば、知識を問う問題は配点が低く、文章題は配点が高い。今回の調査結果を単純にプラスし、学力の状況を表すことができるか疑問だ」としているという（朝日新聞2007年10月25日）。しかし、他に方法もないので、4科目を単純に平均したもの（図の単純平均）を成績とした。図には、Bの応用問題に2倍のウエイトを付けて平均したもの（図の加重平均）も示してあるが、傾向は変わらない。図から見る限り、所得も組合組織率も成績とは関係がないように見える。茨城、福井、山梨、三重、愛媛、大分はどちらの組合加入率も高いが、成績は中位である（福井は成績が良い）。

関係がないことを統計的に確認する方法があるが、それによっても関係がなかった。所得に関係がないのは意外な結果だが、これは都道府県という地域が広すぎるからだろう。都内の区ごとで子供の成績と所得との関係を見ると、所得の低い地域で子供の成績が低いことが報告されている（中野英夫「教育の格差が日本の社会構造を変える」上村敏之・田中宏樹編『検証　格差拡大社会』日本経済新聞出版社、２００８年）。

子供の成績と組合の組織率に関係がないことは自然な結果に思える。いわゆる「左翼教師」が、その影響力を持続的に拡大したいのなら、成績の良い子に影響力を及ぼすのが当然の戦略である。そのような子供は、いずれ社会的影響力を持つからだ。政党党首の卒業大学の偏差値を見ると、左派の党首の方が、偏差値の高い大学を卒業している。いわゆる「左翼教師」の戦略が成功した結果なのかもしれない。

学校にやる気を出させるイギリスの工夫

「日教組の強いところは子供の成績が低い」騒動の本質は、誰もそれが真実であるかを問題にしなかったことだ。教育に限らず、日本の政策では、証拠に基づいて決められていることがほとんどない。また、学力調査をしても、それをどう役立てるのか、あまり考えられていないようだ。そのデータの詳細が公表されなければ、幅広い人々が分析し、政策を立案し、また批判することができない。

イギリスでは、親の所得が教育格差を生むことを認識し、低所得者の多い学校に重点的に予算が配分され、その予算は学校が自らの裁量で使うことができるという（中野英夫前掲論文）。それは、学校間の成績競争がなされているが、学校に教育の質を高める手段が与えられた上でなされている訳だ。

ただ学力調査で成績を調べて、その数字を発表されるだけでは、学校関係者が嫌がるのも無理はない。しかし、学力格差は親の所得格差から生まれるもので、そのハンディを克服するように、所得の低い地域にある学校により多くの予算が配分されるなら、学校関係者の意識も変わるだろう。教育格差をどのように縮小するかを考えない日

図7　成績、所得、組合組織率

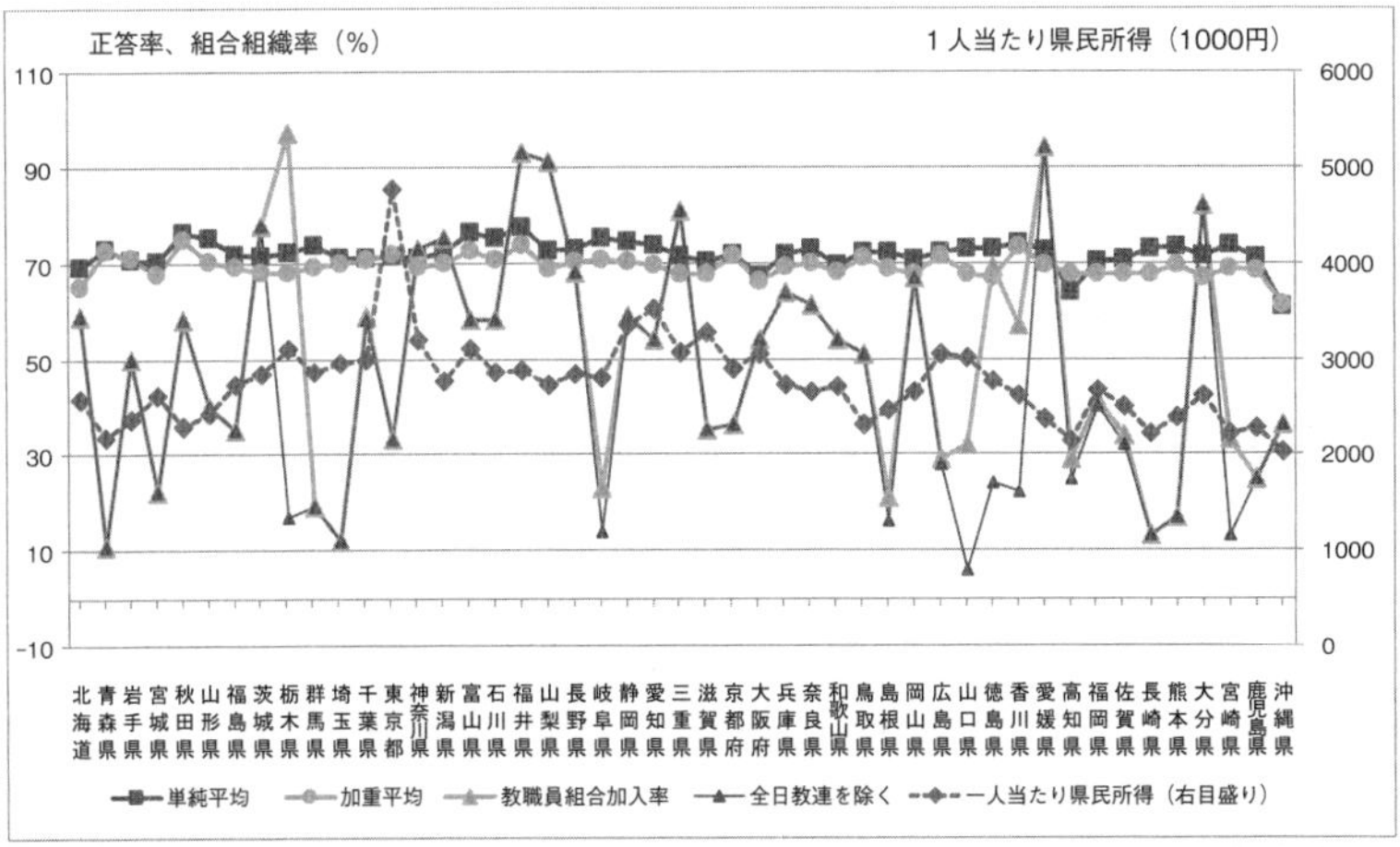

（出所）朝日新聞2007年10月25日、内閣府「県民経済計算」、文部科学省初等中等教育企画課「教職員団体の組織の実態について」資料4-2（義務）『教育委員会月報』2007年12月号

本と、考えるイギリスの違いは大きい。その違いは、真実を追求し、証拠に基づいて政策を立てるイギリスと、そうしない日本の違いである。

教育が劣化している、若者が刹那的になっている、政治家が劣化している、日本人が堕落しているなどなど様々な議論があったが、政治家と教育の劣化以外にはあまり証拠がないと思われる。日本はまだまだ大丈夫なのではないだろうか。ただし、気がつかないところで、日本が諸外国と異っているところに心配な部分はある。日本の地方に豪邸街のないことが、地方の発展を妨げ、日本の政治家の質を引き下げている。

また、政治家についても、昔は政治家の私生活や政治資金の入手法について寛大だっただけで、今のモラルで判断すれば、昔の政治家の方が酷かったということになるだろう。確かに、明治の政治家は、その私生活はともかく、国家を運営する上では立派だったと私は思うが、昭和初期の政治家は、どうしようもない誤りを繰り返し、日本を戦争に引きずり込んだ。今の政治家が劣化していると思うのは、人々の要求水準が上がっているだけとも思われる。

第2章　格差の何が問題なのか

格差が問題になっている。なぜ格差が問題なのだろうか。富の創造に貢献した人としない人の所得に差があるのは当然ではないかという意見もある。しかし、それを認めた上で、豊かな人々の富が、日本全体の富を増進させるものではなく、その富が、略奪、詐取、たんなる運によって得られたものではないかという意見もあるだろう。確かに、努力しても報われないことは多いし、富への貢献と所得は比例していない場合が多い。世界金融危機で明らかになったように、会社を破綻させ、株主と納税者に負担を与えていながら、自分だけは巨額の報酬を得る経営者はとんでもない存在だ。

本章では、格差を生み出す要因――高齢化、若年雇用の悪化、グローバリゼーション、女性の社会進出について議論したのち、地域間の格差の何が問題なのかを考え、その上で、格差を縮小するための若干の提案をしている。

1. 世界はいつ不平等になったのか

世界には豊かな国と貧しい国がある。たとえば世界銀行の統計（World Development Indicators database, World Bank, April 2009）では、1人当たり国内総生産（GDP）は、購買力平価で、1位ルクセンブルクの6万1860ドル、11位アメリカの4万5840ドル、29位日本の3万4750ドルに対して、120位の中国は5420ドル、153位のインドは2740ドル、201位の中央アフリカ共和国は710ドル、208位のリベリアは280ドルと、大きな開きがある。しかも、所得を推計できる国はまだ良いのであって、その下に、所得の推計も難しい、さらに貧しい国があると見てよいだろう。208位のリベリアは、1位のルクセンブルクとの間で221倍もの差がある。日本と比べても124倍の差がある。日本をインドと比べると13倍、中国と比べても6倍の差がある。なぜこれほどの差があるのだろうか。このような差はいつ生まれたものだろうか。

産業革命を経て拡大した格差

図1は、グローニンゲン大学のアンガス・マディソン教授の作成したデータ（http://www.ggdc.net/maddison/）により、日本、アメリカ、ドイツ、フランス、イギリス、イタリア、メキシコ、中国、インド、トルコ、エジプトについて、紀元1年より2006年までの1人当たり

実質ＧＤＰ（１９９０年の購買力平価ドルで表示）を示したものである。各国の一番右の棒グラフが２００６年の値を示しており、世界には豊かな国と貧しい国があることがはっきりと分かる。これらの国のうち、２００６年時点で一番貧しいのはインドだが、アジアやアフリカにはもっと貧しい国がある。そのような国を入れなかったのは、紀元１年から１８２０年までのデータがなかったからである。

次に、一番左の棒グラフを見てほしい。紀元１年の１人当たり実質ＧＤＰを示している。紀元１年ではほとんどの国が400～600ドルで、イタリアがローマ帝国のおかげで809ドルと倍の水準にあったにとどまる。世界の所得格差はたかだか２倍に過ぎなかった。１０００年にはローマ帝国の衰退によりイタリアも450ドルになり、世界の所得格差はほとんどなくな

図１　豊かな国と貧しい国の出自

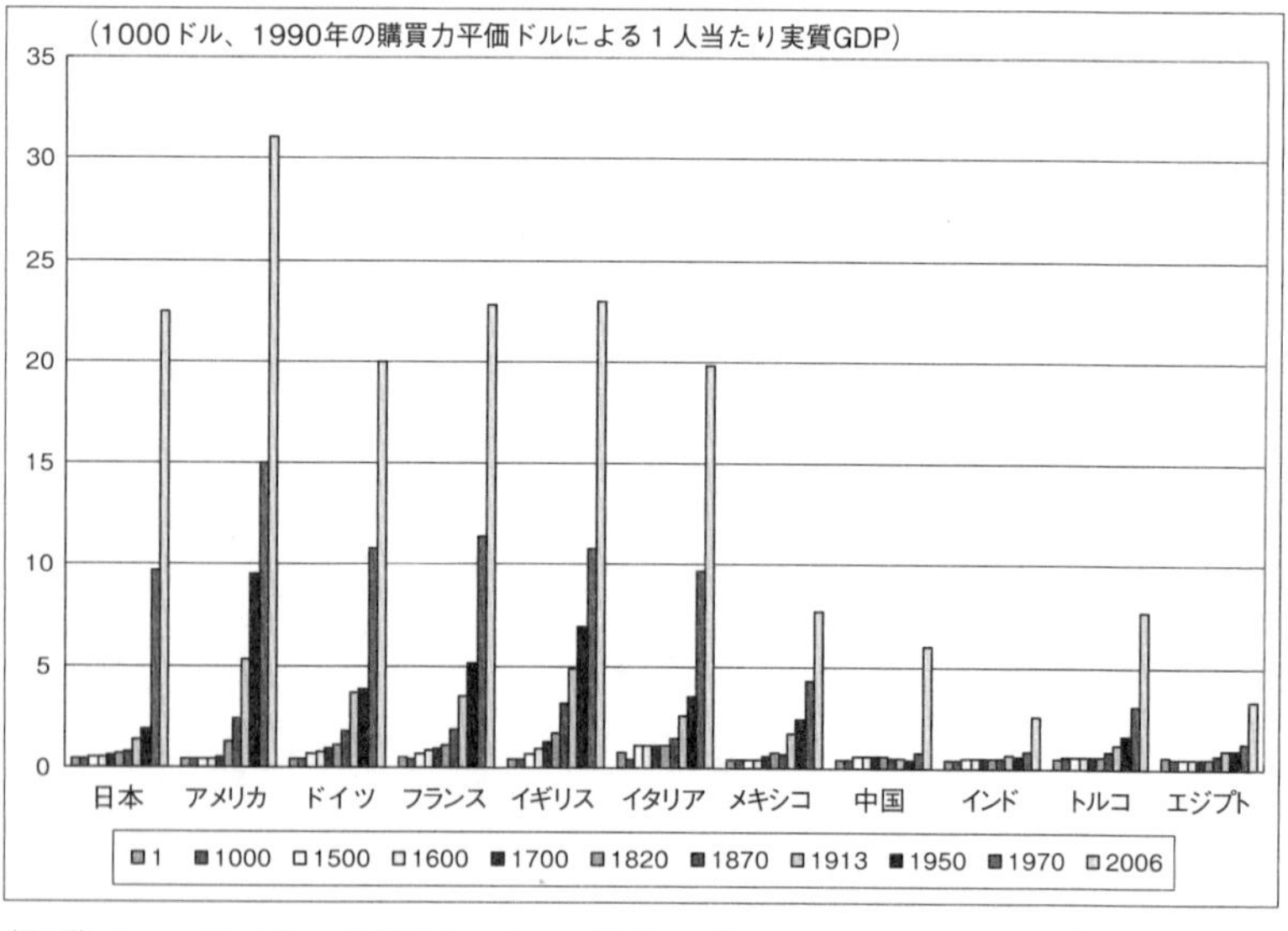

（出所）Angus Maddison 教授のホームページ（http://www.ggdc.net/maddison）

connection 連絡、関係、

っていた。１５００年、１６００年、１７００年では、ヨーロッパの所得が伸びていったが、１７００年で、図中でもっとも高いイギリスともっとも低いエジプトを比べても２・６倍にすぎなかった。１８２０年には、イギリスは産業革命を通過していたが、それでもイギリスの所得はエジプトの３・６倍にすぎなかった。ところが、その差がどんどん拡大し、２００６年では、図中で最も豊かなアメリカと最も貧しいインドでは12・０倍の開きがある。

豊かさは搾取によって生まれたわけではない

要するに、１７００年ごろまで、世界はほとんど一様に貧しかった。ところが、その後の300年で、世界のある国は豊かになり、他の国は貧しいままだった。これは、豊かな国が豊かなのは、他の国を貧しくしたからではないことを示唆する。貧しい国は貧しいままだったのであって、豊かな国に貧しくされたわけではない。豊かな国が変わったのに、貧しい国は変わらなかっただけだ。

豊かな国には、豊かになることが守られる制度があった。国家が、個人の努力によって得た富を没収することはなかった。また、他国の優れた技術を学ぶことは勧奨されていた。豊かでない国を見ると、豊かになることが保護されず、海外の優れた技術や制度を学ぶことができない国が多い。没収とまではいかなくても、富の創造は奨励されず、有能な人々はビジネスに参加するよりも、役人や軍人になることを選ぶ。このような国では、富は権力とのコネクションによって生まれる。

停滞していたころの中国を考えてみよう。いつ人民の敵と言われて財産を没収されるか分からなかった。国は閉ざされ、海外の優れた技術を学ぶことはできなかった。ところが、1970年代の末に、改革開放路線が打ち出され、個人の富が保護されるようになり、海外の優れた技術を学ぶことは称賛されるべきことだとされて、中国は急速に発展を始めた。

豊かな国が豊かなのは、他の国を貧しくしたからではないということは、現在、話題になっている個人間の所得格差を縮小する方策にも示唆を与える。その方策は、豊かな人を貧しくするのではなく、豊かでない人が技術や技能を修得できるように、援助することだろう。

2. 格差問題の本質は何か

日本の所得格差が拡大していると言われ、問題になっている。しかし、多くの統計的な検証によると、それは高齢化に伴う現象で、高齢化の影響を調整してみると、格差はそれほど広がっていない。職業や地位による所得の差は年齢が上がるにつれて開いていくため、もともと高齢者は他の年齢層に比べて格差が大きい。高齢化で所得のばらつきが大きい人々が増えれば、社会全体の格差も広がるという（大竹文雄『日本の不平等』第1章、日本経済新聞社、2005年）。

図2は、年齢ごとのジニ係数を見たものである。ジニ係数とは所得が全く平等ならばゼロ、1

人の人がすべての所得を得ていれば1となる不平等度の指標である。指標が大きいほど格差が大きいことになる。これによると確かに、30歳未満を除いて、年齢ごとの格差はむしろ縮小している。特に、60歳代、70歳以上の高齢者の格差は、1989年を除いては、大きく縮小している。年齢ごとの格差がむしろ縮小しているのに、社会全体での格差（図の平均）が大きくなっているのは、格差の大きい高齢者が増えたから、すなわち、日本の高齢化が進んだからだということになる。

高齢化以外にもある所得格差の要因

しかし、こうした検証結果は実感に合わないところがある。私たちが

図2　年齢別のジニ係数——年齢とともに格差が広がる

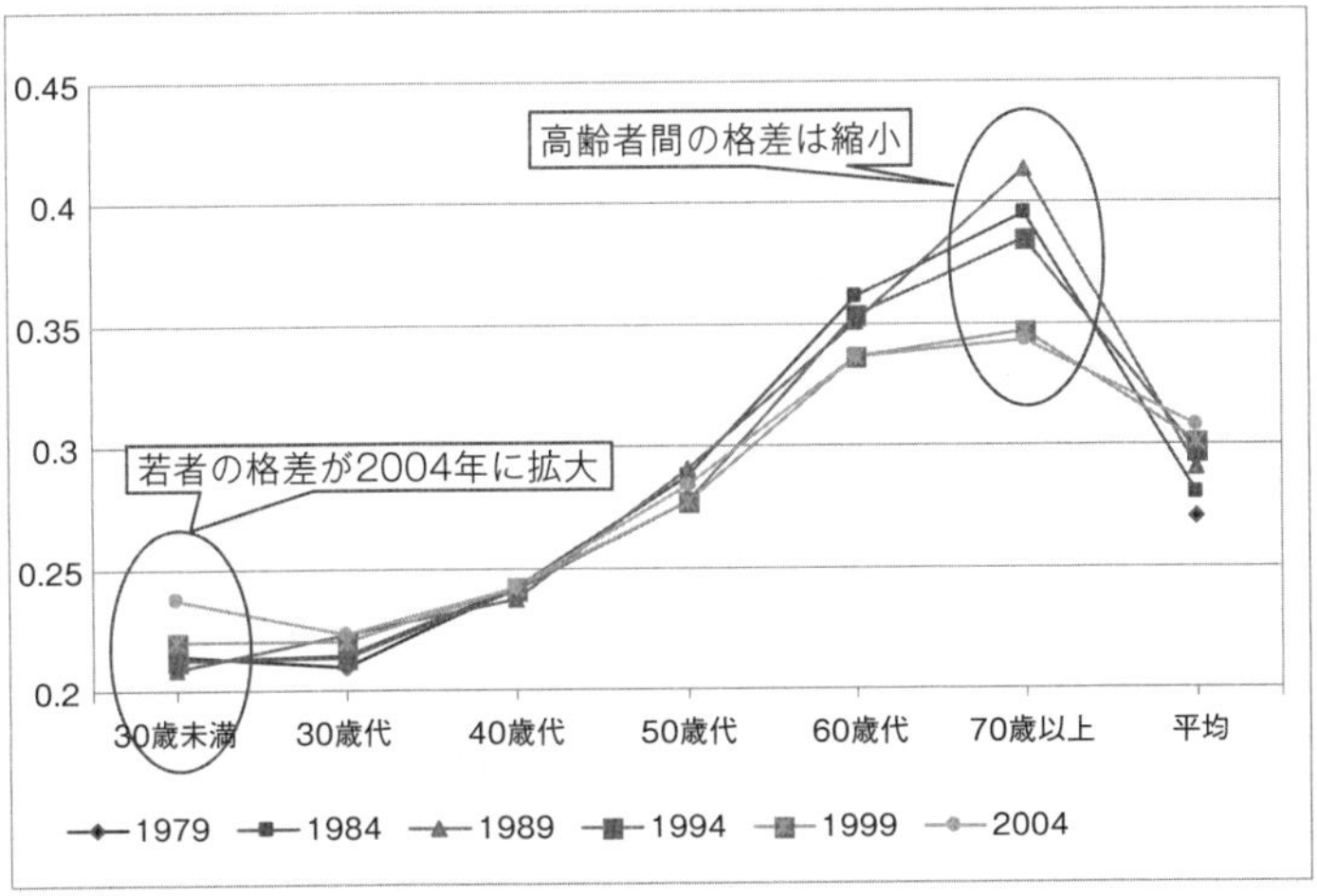

（注）1．２人以上の一般世帯。2004年は速報。
2．1979～94年の各年齢世帯階級の値は２つの５歳階級の値を平均した値。
3．1979年の60歳以上、70歳以上の値は欠落している。
（出所）総務省統計局「全国消費実態調査」各年および要約

格差を意識するのは、若くして成功した人々がいる一方で、なかなかきちんと就職できない若者たちを見ているからではないだろうか。確かに、図からも明らかなように、30歳代以下、特に30歳未満での格差が2000年代になって拡大している。

日本総合研究所の太田清主席研究員の「フリーターの増加と労働所得格差の拡大」（ESRIディスカッション・ペーパー№140、内閣府経済社会総合研究所、2005年5月）によれば、1990年代後半以降、若年層の所得格差拡大が顕著になっている。その最大の理由は、正社員になれた若者とフリーターのままの若者の所得格差が大きかったことだ。正社員同士の格差より、正社員とフリーターの格差の方が大きいから、正社員になれない若者の比率が高まれば、所得格差は拡大する。しかも、若年失業者も増えている。失業者の賃金はゼロだから、当然、所得分配は一段と不平等になる。

若者が正社員とフリーターやニート、失業者に分化したことには、どう対処すべきだろうか。労働に対する意欲や社会人としての自覚の弱さなど、若者自身にも責任はあるのかもしれない。しかし、若者が正社員とフリーターなどに分化した最も大きな理由は、80年代は景気が良くて、90年代には経済が停滞していたことだ。10年で若者の資質が大きく変わるとは考えられない。景気が良ければ、より高い比率の若者が正社員になれ、悪ければ、より低い比率の若者しか正社員になれないし、若年失業者も増える。これは、若者の資質にはかかわりのないことだ（第1章「9．若年失業は構造問題なのか」参照）。

90年代の若年層の格差拡大の主因は、若者が正社員になれなかったことだ。90年代から最近まで、若者が正社員になることが難しかったのは経済が停滞していたからだ。小泉改革と格差拡大とは何の関係もない。

2002年から2007年までは、経済の回復とともに、若者の雇用が改善していた。格差は景気回復の持続とともにいくらかは縮小に向かっていた。しかし、世界金融危機の広がりとともに、再び不況に戻っている。不況が作り出す若者の不安定雇用こそ、克服すべき格差である。

3. グローバリゼーションは格差をもたらすのか

日本の所得格差が拡大している理由として、グローバリゼーションが挙げられることが多い。グローバル化した世界では、先進国の労働者は、世界のもっとも貧しい国の労働者とも競争しなければならない。その結果、日本のような先進国の労働者には賃金を低下させる圧力が働く。ただし、この圧力は先進国の単純労働者に強く働き、技能労働者にはそれほど強くは働かない。貧しい国には単純労働者は多いが、技能労働者は少ないからだ（そもそも、技能労働者がいないから、貧しい国は貧しいのだとも言える）。このことが日本国内の単純労働の賃金を引き下げ、所得分布を不平等にするという。しばしば聞かされる議論だが、これは本当なのだろうか。

グローバル化の進展が喧伝されたのは、ソ連崩壊が契機になっている。今まで、鉄のカーテンに閉じ込められていた人々が、ソ連崩壊で、国際競争に参加する。その人々の数は4億人である。これらの新しい労働者の国際市場への参加は、当然に国際競争を激化させる。もちろん、それ以前から、ASEANや中国やインドの影響も大きいはずだったが、喧伝されたのはソ連が崩壊した1991年以降のことだ。そこで1990年と現在との賃金格差を比べてみよう。

どの国で格差が拡大したのか

図3は、OECDのデータから、1990年と2006年(データの制約から、国によってその前後の年を取った場合がある。図の注参照)の男性労働者の賃金格差を示したものである。必要なデータが得られたのは、元のデータ23カ国のうち、図の15カ国だった。

男性労働者の賃金を取り上げたのは、女性労働者のうちで単純労働者が少なくなっていることや、一部の女性が高賃金の労働に進出しているなどの構造変化がありうるからである。このような構造変化ではなく、純粋に格差の問題を考えるためには、男性労働者の賃金格差のみを見た方が良いと考えられる。

賃金格差の指標は、賃金を十分位に分けた場合の上位2番目の賃金の平均が上位第10十分位(すなわち最下位の分位)の平均の何倍かで表している。上位1番目の層を除外しているのは、この層が多様で、平均で把握することが難しいからだろう。さらにその上は、賃金をもらう労働者ではなくて経営者になる。アメリカにおいては、経営者と平均的労働者との格差が問題とされることが多いが、日本ではその域にまで達していないだろう。この指標は、所得の低い労働者と比較的恵まれた労働者との格差を問題にしていることになる。横軸が1990年の格差指標、縦軸が2006年の格差指標である。90年の格差指標と06年の格差指標が同じであれば図の45度線にのっている。06年に格差が拡大していれば45度線の上方に、縮小していれば下方にあることになる。

日本のデータは、厚生労働省「賃金構造基本統計調査」から取ったものである。この調

図3　賃金格差（上位第2十分位平均賃金／第10十分位平均賃金）の変化（1990年⇒2006年）

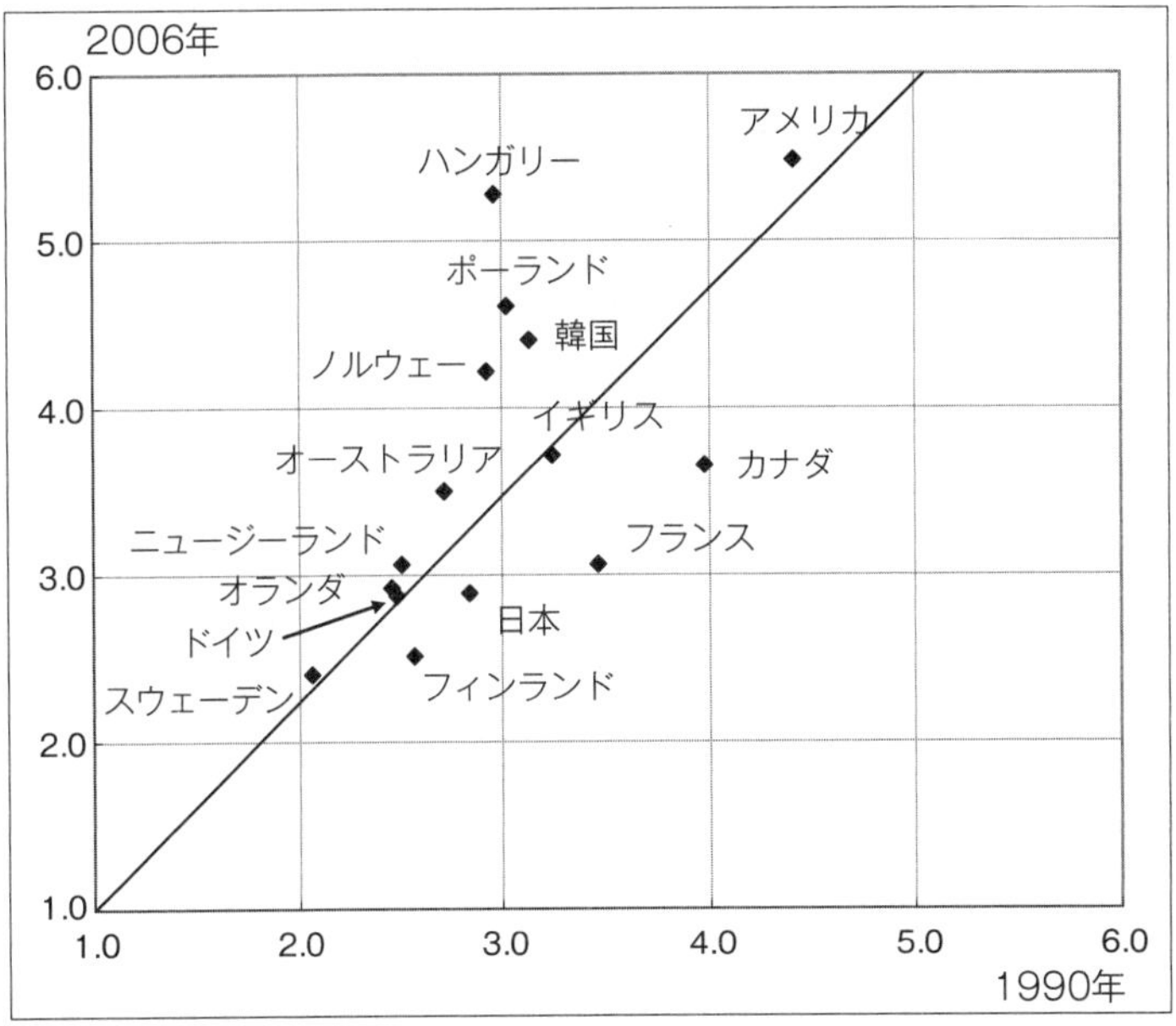

（出所）OECD Employment Statistics Database

（注）1．'90データ：ハンガリーは89年、韓国、ノルウェー、ポーランドは92年。

2．'06データ：オーストラリア、フランス、ドイツ、オランダは2005年、フィンランド、ノルウェー、ポーランド、スウェーデンは2004年。

査は、10人以上の事業所を調べたものであり、非正規の職員を含んでいる。したがって、日本については、非正規労働者の増加による格差という問題も捉えていることになる。

図を見ると、フィンランド、フランス、カナダでは賃金格差は縮小している。日本もほとんど拡大していない。極端に拡大しているのは、ハンガリー、ポーランドのような旧共産圏にあった国である。他に、オーストラリア、ノルウェー、韓国、アメリカで格差が拡大している。

格差は高賃金国ではなく中低賃金国で拡大している

グローバリゼーションで格差が拡大していると言うが、格差は高賃金国ではなく、ハンガリー、ポーランドのような中低賃金国で拡大している（韓国も低賃金ではないが高賃金国ではない）。OECDのデータはないが、低賃金国の中国も格差が拡大している国だ。

グローバリゼーションで格差が拡大するメカニズムは、低賃金国の発展で、その低賃金労働が輸出を通じて、先進国の非熟練労働者の賃金を引き下げるということだった。しかし、グラフで目立つのは、アメリカ、ノルウェーなど高賃金国での格差拡大とともに中低賃金国での格差の拡大である。ハンガリー、ポーランドが資本主義になって格差が拡大するのは当然とも思うが、資本主義諸国の平均になるのではなくて、アメリカに次ぐ格差社会になっている。おそらく、共産主義体制の悪平等の反動と、これらの国が混乱の中にあってヨーロッパ型の福祉国家になる余裕がないからだろう。

日本では、賃金格差は、ほとんど拡大していない。ただし、この統計にはごく小さな事業所のデータが入っていない。直感的に考えて、日本で格差の原因となっているのは、流通や外食や介護などの低賃金のサービス労働の拡大だと思われる。これらサービス業の事業所の中には、日本の統計で調査されていないものが多いだろう。しかし、これらの産業は海外とは競争していない。グローバリゼーションが格差の原因とするには、まだ検討の余地がある。

また、グローバリゼーションには、格差を縮小させる効果もある。貧しい国が工業化して安価な製品を輸出するようになれば、豊かな国の買うものが安くなる。100円ショップやユニクロの服や安価な家電製品によって先進国の貧しい人々の実質所得は高まる。日本が食糧の輸入も自由化すれば、さらに豊かになるだろう。所得の低い人は、エンゲル係数も高いので、食料品が安くなれば、実質所得は高まる。これはアメリカの低所得者についても当てはまることだ（ただし、この効果は、普通の統計には出てこない）。

グローバル格差論の危険

グローバリゼーションが格差の原因といえば、それはやむを得ないものに聞こえる。政府に責任はないというニュアンスが生まれることは、政府にとって都合の良いことかもしれないが、同時に、国を閉ざそうという発想を生む。これは貿易や、新しい技術や経営方法をもたらす資本流入の利益を否定することであり、危険なことではないだろうか。

格差が生まれても政府に責任はないというニュアンスをもたらすのは、「2．格差問題の本質は何か」で述べた高齢化格差も同じである。ただし、私は、これは仕方がないことと思っている。

高齢化に伴って格差が生まれるのは、年齢が上がると共に、人々の才能と努力と運の結果が積み重なって、格差が拡大するからである。年齢ごとの格差が一定でも（現実には、高齢者間の格差は、時系列的に縮小している）、格差の大きい高齢者が増大すれば、社会全体の格差は拡大する。これは仕方のないことだ。人々が自らの意志で努力し、リスクを負担するのを制約すれば、高齢社会に向かう日本は、貧しくつまらない国になってしまうだろう。必要なのは、セイフティネットを作ることで、無理やり格差をなくすことではないだろう。

格差という現象は人々の感情を刺激するようだ。しかし、グローバル格差という考え方には、慎重であるべきだ。格差を問題にする時には、それがなぜ発生しているのか、それが事実なのかをまず考えるべきだ。グローバリズムが、豊かでない人々にも恩恵を与えることを忘れてはならないだろう。

4.「均等法格差」は生まれたのか

「男女雇用機会均等法格差」ともいうべき格差がある。これまで大企業のサラリーマンの妻は専業主婦が多かった。日本では、夫の所得の高い妻ほど就業率が低い傾向がある。ところが、1985年の均等法成立以来、夫婦とも総合職で働くカップルが増えてきた。年間所得1000万円の夫の妻が専業主婦で、所得600万円の夫の妻が300万円で働いていれば、家計の所得は1000万円と900万円である。ところが、1000万円の夫の妻も総合職で1000万円稼げば、家計所得は2000万円となる。これは当然に家計所得を不平等にする。このことが、日本をどのくらい不平等にしているかについては、確実な研究はないようだが、それはありうることである。

夫の所得が高いほど妻の有業率は低いが、30歳未満では逆転する

仕事柄、私は、夫婦でエコノミスト、アナリスト、コンサルタント、投資銀行家、ジャーナリスト、大学教授、弁護士、大企業勤務、官僚などという、比較的高所得のカップルに出会う機会が多い。したがって、均等法格差というべきものが確実にあると思っていたのだが、それを示すデータは乏しかった。私の知っているサンプルは例外的で、日本全体の中では、実は極めて少数だったようなのだ。しかし、少しずつ、格差の誕生を裏付けるデータが現れてきた。

図4は、縦軸に妻の有業率、横軸に夫の所得をとり、夫の年齢別に折れ線で表したものだ。夫の年齢が30歳以上では、いずれの線も右下がりで、夫の所得が上がるほど妻は働かないという伝統的なパターンに従っている。ところが、夫の年齢が30歳未満の線では、夫の所得が高くなると妻も働いているというパターンが現れている。今後、時間がたって、夫の年齢が高くなっても、この新しいパターンは持続するだろう。するといずれは、夫の所得が高くても、妻の有業率は低下しない（あるいは上がる）というパターンが、すべての年齢層でみられることになるだろう。

夫の所得が低ければ妻は働き、高ければ妻は働かないというのは、ダグラス・有沢の法則と呼

ばれる。1970年代までのアメリカと近年までの日本でみられた現象で、夫の所得が社会的に十分と見なされれば妻は働かず、そうでなければ働くというものだ。しかし、現在のアメリカではダグラス・有沢法則は成立せず、妻の有業率は夫の所得にかかわらずフラットになっている。同じことが、いずれ日本でも起きるだろう。

ダグラス・有沢法則の消滅が意味するもの

このことは多くの問題を提起する。第1に、格差対策を行うには格差の原因を究明することが必要だということだ。格差が悪いからといって、夫の所得の高い妻は働くなというわけにはいかない。女性の社会進出は彼女たちの自己実現であり、人口が減少する日本では、社会が必

図4　夫の年齢別・所得階層別の妻の有業率
—夫の所得が高いほど妻の有業率は低いが30歳未満では逆転する—

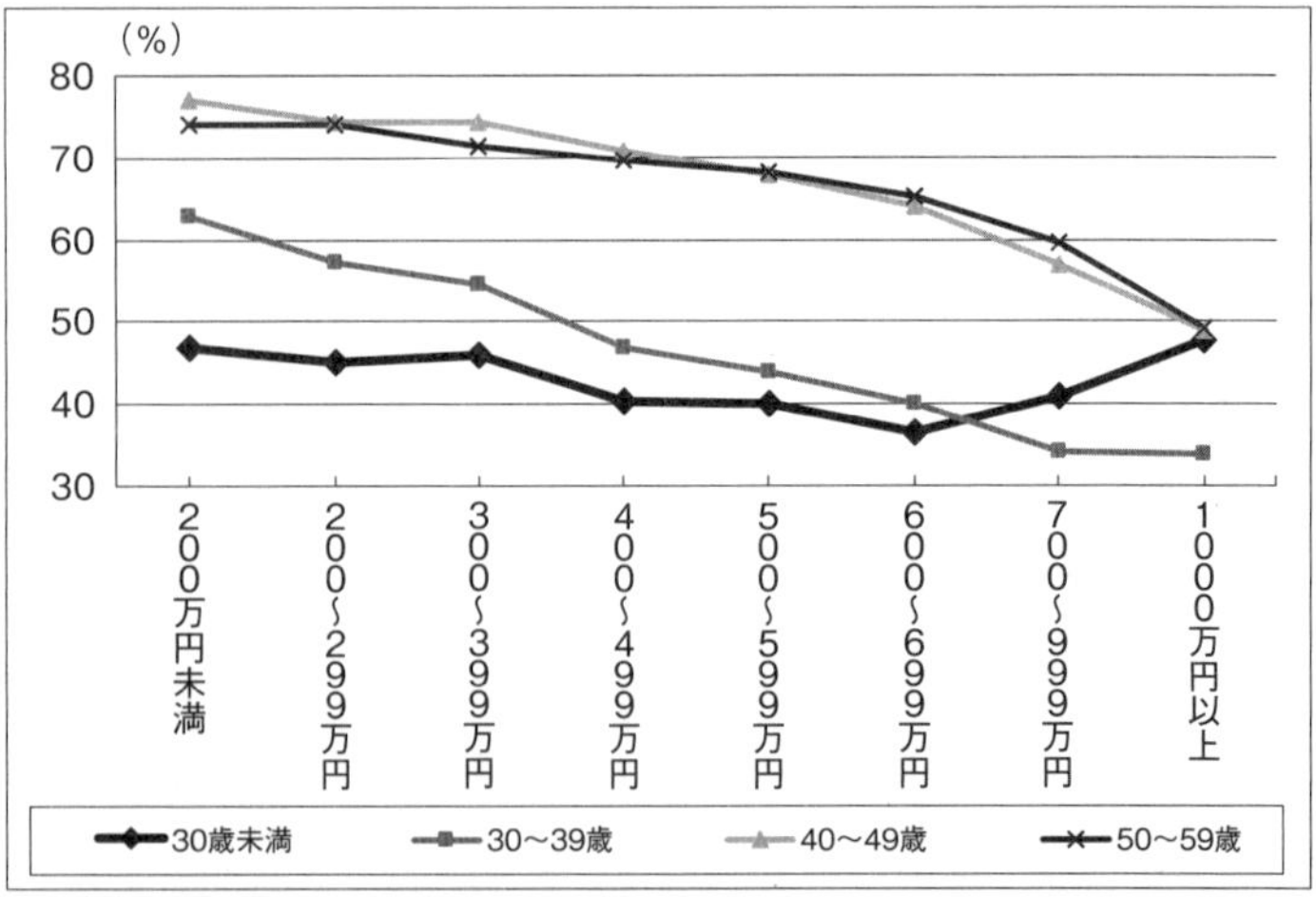

(出所) 内閣府「経済財政白書」2006年版、第3-3-21図、総務省「就業構造基本調査」
(注) 妻の有業率は、夫が有業者であるうちの妻の有業率を示す。

要としていることでもある。また、夫婦で稼ぐのは、労働時間を増やして所得を増やしているのと同じことだ。より多く残業している人と残業していない人の所得を比べて不公平だというのは奇妙である。

第2に、均等法格差という事実は、高所得カップルの子供を税金で面倒を見ることに疑問を生じさせる。現行の保育制度では、母親の所得が高くても（親の所得が高ければ保育料も高くなるが、その程度はわずかである）、実際にかかるコストの8割が税金で賄われている（原田泰『日本国の原則』日本経済新聞出版社、2007年、117頁）。むしろ、所得の高い家計からは実際にかかるコストに見合った保育料を徴収し、その資金で保育所を増設すべきである。また、コストの全額を負担する親の子供は優先して預かってはどうだろうか。所得の高い母親がより多く働けば、より多くの税収が得られる。これは社会全体の利益となる。

第3に、保育料は所得を得るための必要経費として、所得から控除することを認めるべきだ。出生率が2を超えているアメリカでは、これが認められている。

第4に、これは大都市の地価上昇を説明する。通常、サラリーマン／ウーマンが年収2000万円になるには、50代に入って重役の末端にならなければならない。2000万円が続くのは、ほとんどの場合10年程度であろう。ところが、30代で2000万カップルになれば、この年収が30年間続くことになる。億ションが買えるわけだ。一方、地方では、高所得カップルになれる仕事が少ない。

よって第5には、地方の発展には、男女とも働ける仕事が必要だということだ。

現在の政策、制度、慣行、認識は、均等法格差という現実に追いついていない。

5. 地域間の1人当たりの所得格差は拡大したのか

小泉内閣の構造改革路線の弊害で、地域ごとの所得格差が拡大したという議論がなされている。だが、そもそも、地域間の所得格差は広がっているのだろうか。また、事実だとすれば、それは何ゆえに生じたものだろうか。

格差拡大はまだ限定的

都道府県ごとの1人当たり県民所得の格差について、「ジニ係数」と「上位5県／下位5県の比」で見ると、図5のように、確かに2002年以降、差は拡大している。ここでジニ係数とは、都道府県の1人当たり所得が全く平等であればゼロ、不平等であれば1に近い数字を取る係数であり、数値が大きいほど不平等であることを示す。上位5県／下位5県の比とは、1人当たり所得について、上位5県の平均額を、下位5県の平均額で割った値である。この値が大きくなれば格差が拡大しているのは自明である。

ジニ係数と上位5県／下位5県の比の動きは微妙に異なっているが、80年代後半から90年にかけて上昇し（不平等になり）、１９９０年から２００１年まで傾向としては低下し（平等になり）、２００２年以降上昇に転じている（不平等になっている）。しかし、不平等になっているといっても、その程度は95年のレベルにすぎず、90年に比べればまだ平等である。

格差拡大の原因究明が先決

この変化がなぜ生じたかについては、小泉政権の構造改革路線のうち、特に政府投資を削減したことによって、地方が切り捨てられて疲弊し、その結果、格差が拡大したという説がある。効率の悪い公共投資に頼ってまで、無理やり格差を縮小すべきかどうかはさておき、この説が正しいかどうかを考えて

図５　１人当たり県民所得格差の推移

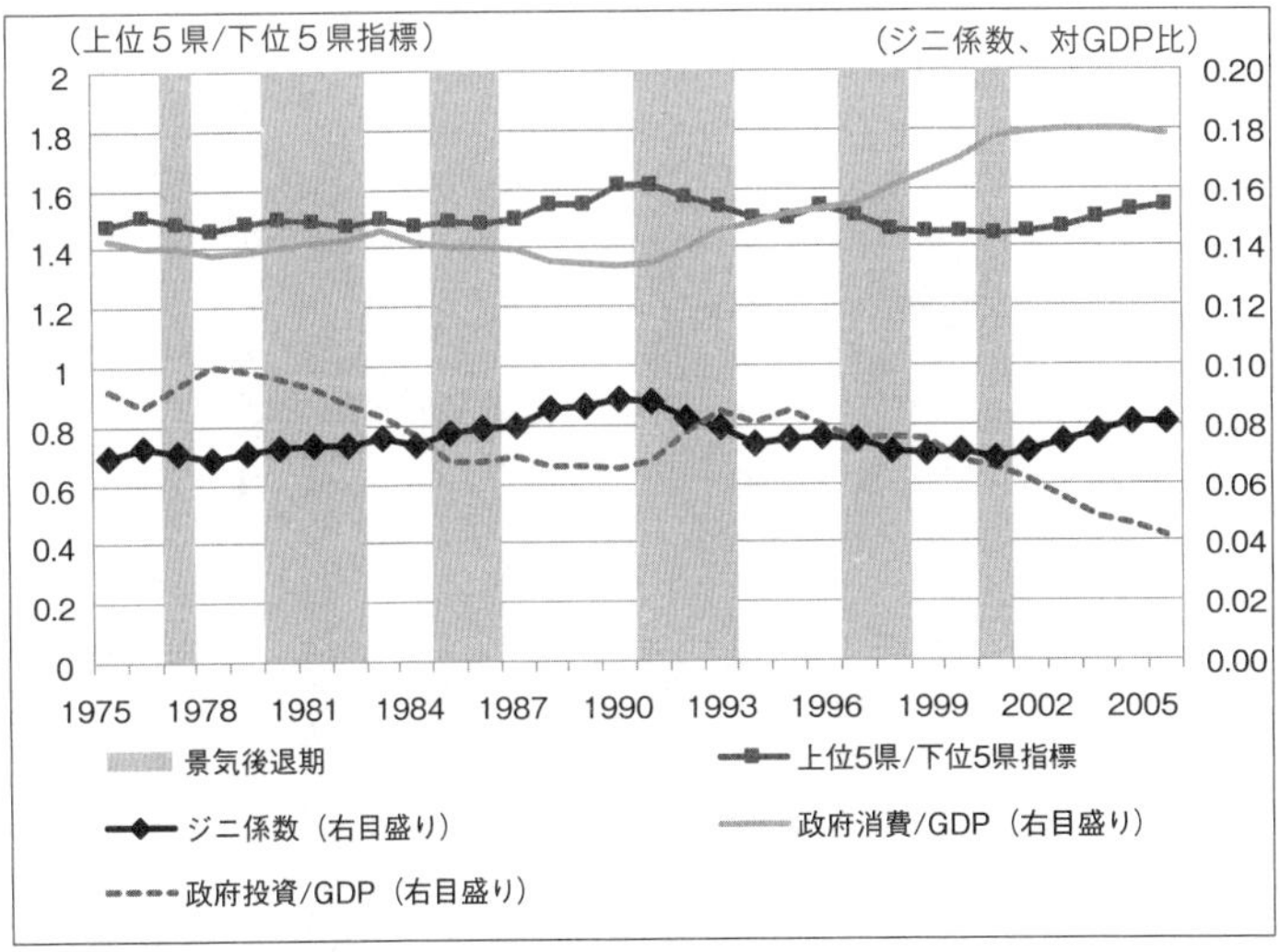

（出所）内閣府「県民経済計算」「国民経済計算」
（注）厳密には異なる系列のデータを接続している。名目値である。

みよう。

政府投資の対GDP比を見ると、70年代末から90年まで低下してきたが90年代前半は上昇し、その後低下した。政府投資の対GDP比が低下すると格差が拡大すると言えないこともない。

政府支出は投資だけではない。政府消費の対GDP比を見ると、1990年から2002年まで一貫して上昇する過程で、地域格差は縮小した。ただし、2002年以降は政府消費が横ばいで推移する中で、地域格差は拡大している。

景気との関係を見ると、景気後退期に格差が縮小しているようである。格差を縮小するためには不況にしないといけないとなれば、これは困ってしまう。

以上をまとめると、地域格差は2002年以降拡大しているが、その水準は90年当時よりも小さい。格差拡大の要因が、政府支出の削減と関係している可能性はあるが、その関係はそれほど明らかではない。地域格差を縮小することを目標にするとしても、議論の前提として、まず、その原因の究明が必要だろう。

6. 地域間の所得格差は拡大したのか

前節では、都道府県ごとの〝1人当たり〟県民所得の格差に焦点を当てた。これに対して、各地域の1人当たり所得がさほど不平等でなくても、地域の発展の度合いが異なるなら、それ自体問題だという意見もある。都道府県ごとの1人当たりの所得にあまり違いがなくても、都道府県全体でみた所得に差がついているのであれば、日本の中に、人々が別の地域に移って打ち捨てられた人口過疎の地域と、過密に悩む地域ができつつあることを意味する。ふるさとを破壊し、狭いマンションに住むことが本当に幸福なのか。国土の「均衡ある発展」（もしくは中央から地方への所得移転）こそ政策の重要課題ではないか、という訳だ。このことの是非について議論する前に、まずは事実を見てみよう。

図6　県民所得格差の推移

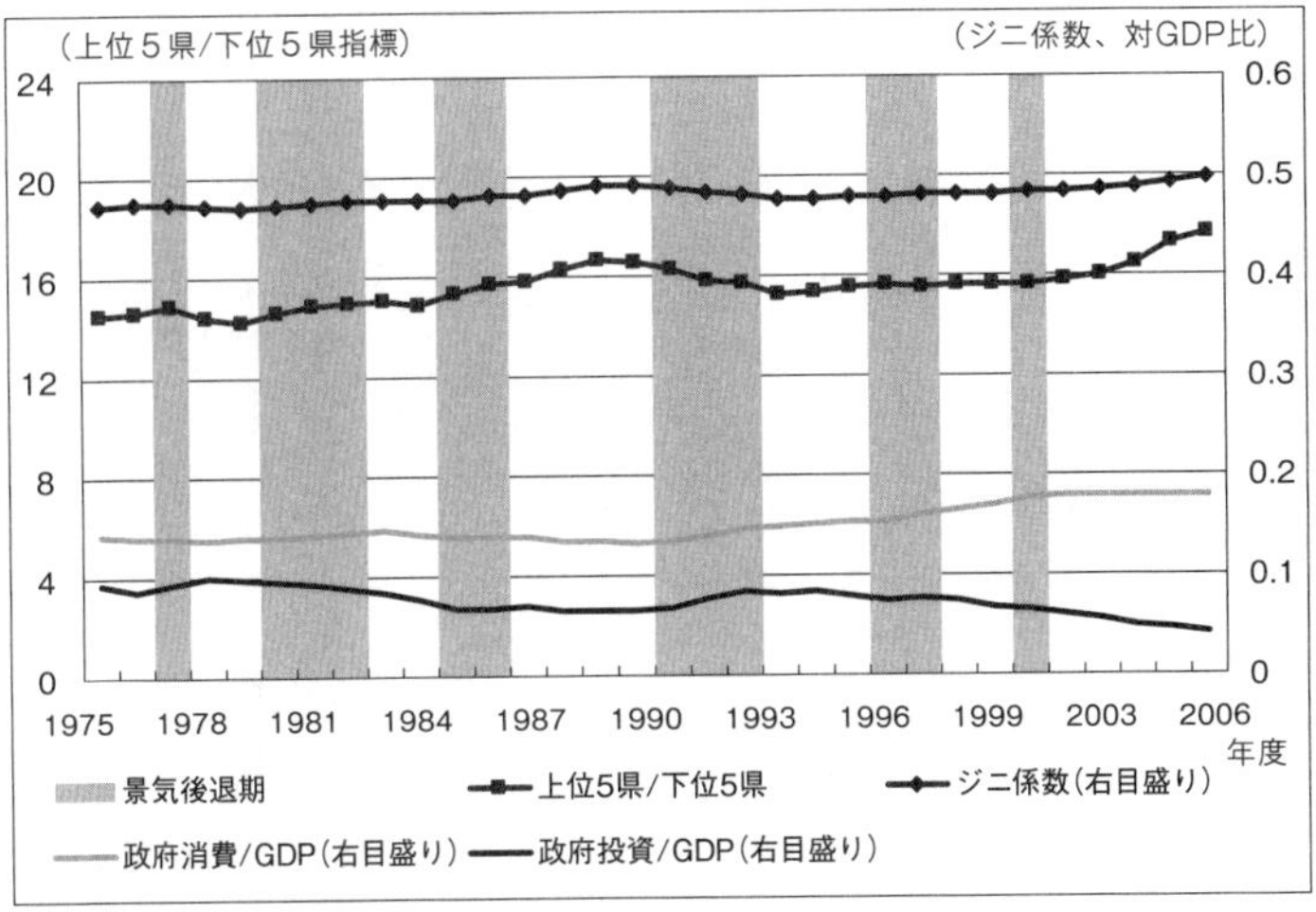

（出所）内閣府「県民経済計算」「国民経済計算」
（注）厳密には異なる系列のデータを接続している。名目値である。

経済力格差は拡大している

県民所得の格差について、1人当たりではなく、都道府県ごとの総額で、前節と同じように、「ジニ係数」と「上位5県／下位5県の比」を追ってみよう。図6で見るように、格差は2002年以降、拡大しているようである。ジニ係数も上位5県／下位5県の比も1975年から1990年にかけて大きくなっていたが（不平等になり）、90年代を通じて低下傾向に転じ（平等になり）、2002年以降再び大きくなっている（不平等になっている）。

格差拡大の原因はやはり明確ではない

この変化についても、政府投資を削減したから格差が拡大したという説がある。しかし、公共投資や政府消費の対GDP比と格差をみても、前節と同様、その関係はそれほど明らかではない。90年代には政府投資の増大とともに格差が縮小していたが、その後減少に転じても90年代では格差は拡大していない。ただし、2000年以降は政府投資の減少とともに格差が拡大している。政府消費の拡大は格差を縮小させるようである。

景気との関係を見ると80年代前半期までは景気拡大期に格差が縮小していたが、80年代後半以降、拡大期に格差が拡大し、後退期に格差が縮小しているようであるが、それほど明確ではない。

なぜ格差を縮小することが必要か

最初の命題に戻ろう。1人当たりの格差の拡大は、社会を不安定にするかもしれない。それがあまりに大きくなることは問題だろう。しかし、地域ごとの経済力格差の縮小はなぜ必要なのだろうか。

人々がより良い所得や就労機会を求めて移動するのはやむを得ないことだ。封建時代ではないのだから、人間を土地に縛り付けることはできない。また、無理やりに地域の産業を作ることはできないのは、北海道夕張市の破綻で明らかになったことだ。

以上の議論に対して、移動できる人間はいいが、移動できない高齢者はどうしたらよいのか、という反論が返ってくるかもしれない。しかし、年金制度が維持できていれば、高齢者はどこに住んでも所得を得ることができる。市町村の議員や公務員は移動できないが、だからこそ、地域の活性化のために働くのであって、彼らが本気になることを求められているということだ。

あるいは、人の集まる特定地域に不動産を持つ人々とそうでない人の格差が拡大することが問題だという意見があるかもしれない。しかし、その問題には、地価の上昇した土地に課税することで対処できる。

格差を問題にするなら、格差の有無や原因だけでなく、そもそもなぜ格差を縮小することが必要かを議論するべきだろう。

7．外車販売台数で地域格差を見ることができるか

地域ごとの格差について、少し異なった観点から考えてみよう。

外車は経済力の象徴

図7は、都道府県ごとの外車販売台数について、1995年、2000年、2005年、2008年で見たものである。外車といえば高価で、所得の高い人が乗るものというイメージがある。外車が売れる県ほど所得や消費のレベルが高いと推測できる。そこで、外車の販売台数で都道府県ごとの経済格差を判断できると考えた。もちろん、人口当たりの外車の数や、車に占める外車の比率で判断すべきという意見があるかもしれないが、ここでは外車の数そのもので考えた。台数そのものが、県ごとの経済力を表すと考えたからである。

年別・都道府県別の細かいデータは容易には得られないため、ここでの外車には、日本のメーカーの輸入車（逆輸入車）や、バスやトラックも外車として入ってしまうという問題がある。しかし、それらの数は合せても全体の1割以下なので、傾向としては正しいデータが得られていると考えられる。また、外車といっても、小型車も大型車もある訳だから、これでは正確に格差を測れないという批判があるかもしれない。しかし、小さくても外車は高価であることが多く、小

さな車に高い値段を払うのは豊かさ故であろう。では、実際にデータを見てみよう。

貧しくなるなかで拡大した格差

当然予想されるように、外車が一番売れているのは東京都である。以下、２０８年では、神奈川、愛知、大阪、兵庫、埼玉と続き、ボトムからは島根、鳥取、高知、佐賀、沖縄という順になる。

ちなみに、外車販売台数は、１９９５年38万８１６２台、２０００年27万５４５２台、２００５年26万８１１２台、２００８年21万９２３１台と、最近になるほど減少している。90年代の方が、日本は豊かだったのかもしれない。外車らしい外車として外国メーカーの乗用車だけを見ると、１９９５年26万389台、２００

図７　外車販売台数で見た都道府県格差

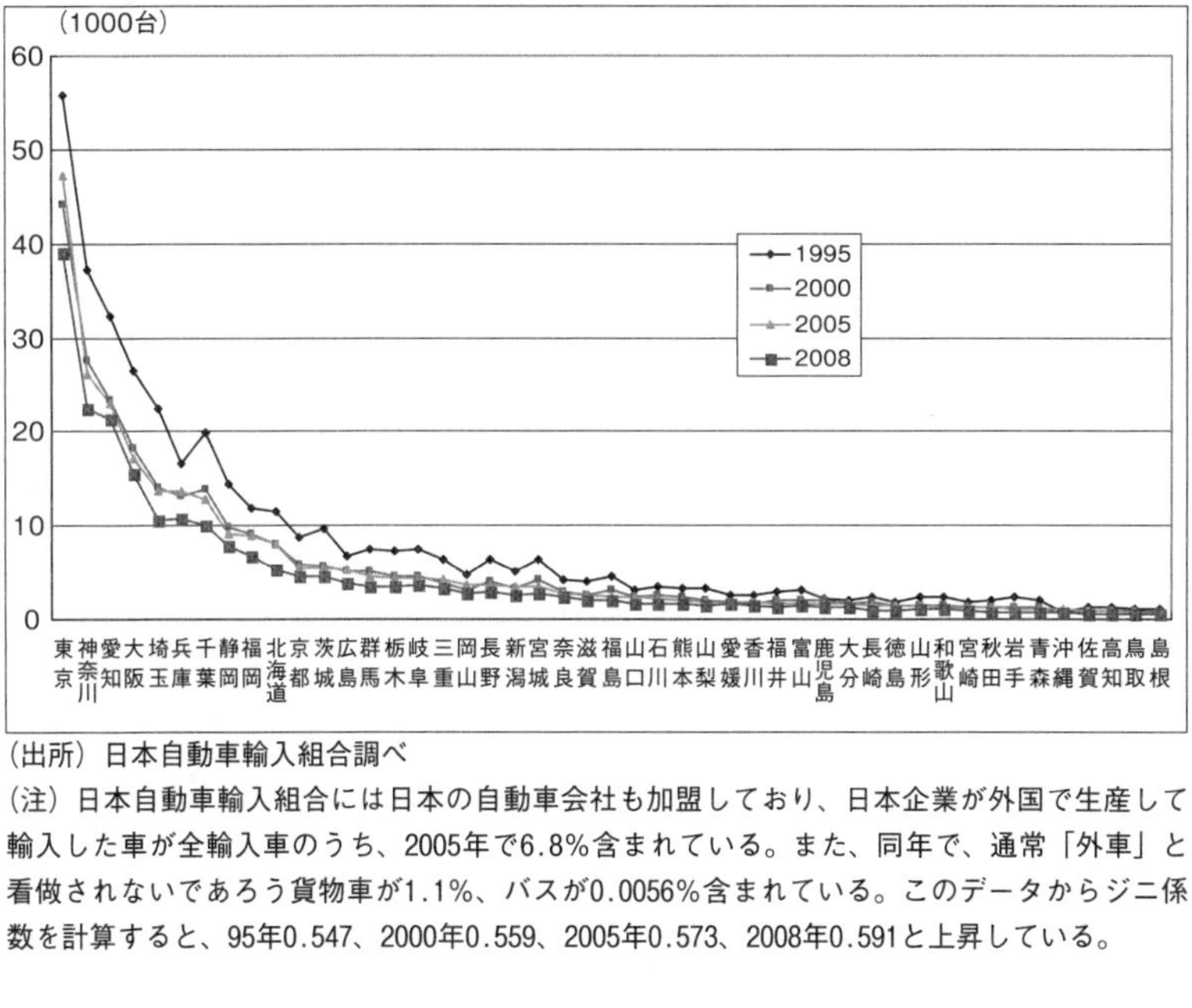

（出所）日本自動車輸入組合調べ

（注）日本自動車輸入組合には日本の自動車会社も加盟しており、日本企業が外国で生産して輸入した車が全輸入車のうち、2005年で6.8%含まれている。また、同年で、通常「外車」と看做されないであろう貨物車が1.1%、バスが0.0056%含まれている。このデータからジニ係数を計算すると、95年0.547、2000年0.559、2005年0.573、2008年0.591と上昇している。

0年24万7799台、2005年24万5610台、2008年19万2317台と、05年までの減少の度合いは小さくなるが、直近の減少は大きくなる。減少の度合いが小さくなるのは、95年に日本のメーカーの輸入車が多かったためで、外国メーカーの乗用車が最も売れたのは96年の31万1279台である。いずれにしろ、90年代以降の日本経済の停滞ぶりが、外車販売台数からもうかがえる。

外車の多い県の順位を見ると、それほど大きな変化はないが、兵庫や沖縄が順位を上げている。兵庫の上昇は、1995年の阪神・淡路大震災からの復活を反映しているのだろう。

では、この「外車格差」は過去に比べて拡大しているのだろうか、それとも縮小しているのだろうか。格差をジニ係数で見てみよう。

販売台数が全体的に減少しているため、図を見ただけでは分かりにくいが、外車地域格差のジニ係数は、95年0・547、2000年0・559、2005年0・573、2008年0・591と上昇し、より不平等になっている。全体で貧しくなっているなかで不平等度が高まっているわけだから、人々の格差への関心が高まっているのもなるほどと思える。

8. 日本の生活保護制度はどこが変なのか

日本の生活保護制度には、国際的に見て奇妙な特徴がある。制度を国際的に比較するのは難しいが、埋橋《うずはし》孝文・同志社大学教授の素晴らしい研究に基づいて比較をしてみたい（「公的扶助制度の国際比較」『海外社会保障研究』127号、Summer 1999年）。

給付総額は少なく、保護されている人はさらに少ない

日本の公的扶助支出額の国内総生産（GDP）に占める比率を見ると、わずか0・3％であり、経済協力開発機構（OECD）諸国の平均（2・4％）の約8分の1と極めて小さい（埋橋教授の研究は基本的にOECD加盟国のうち24カ国を対象としているが、ここでは平均を計算する際、通常先進国と思われている国に限定するために、トルコを除いた）。

当然のことながら、公的扶助を受けている人々（子供を含む）の総人口に占める比率も0・7％と低く、OECD諸国の平均（7・4％）の約10分の1にすぎない。

他の先進国との比較で考えた場合、日本の公的扶助支出額のGDPに占める比率は小さいが、公的扶助を受けている人口の総人口に占める比率と比べると、相対的には大きい。このことから、日本の公的扶助の支出総額は小さいが、公的扶助を受けている人、1人当たりへの支出額は、先進国の中では大きいのではないかと予想できる。

表1は、1人当たりの公的給付額を2つの方法で示したものである。第1の方法は、各国の現役勤労者の平均所得との比で見るものである。これで見ると、日本は54％で世界7位となる。日本の上にあるのは北欧の福祉国家、スウェーデン、ノルウェー、フィンランドなどである。

表１　扶助を受けている人、１人当たりの公的扶助手当の水準と順位

(%)

順位	国	対現役勤労者世帯の平均所得比	順位	国	購買力平価換算（給付平均からの差の割合）
1	スウェーデン	83	1	スイス	91
2	スイス	81	2	アイスランド	49
3	ノルウェー	71	3	ノルウェー	38
4	ルクセンブルク	61	4	ルクセンブルク	32
5	フィンランド	58	5	カナダ	26
6	オーストラリア	56	6	デンマーク	26
7	日本	54	7	スウェーデン	17
8	オランダ	52	8	オランダ	16
9	デンマーク	51	9	オーストラリア	15
10	イタリア	49	10	アメリカ（ニューヨーク）	8
11	オーストリア	47	11	日本	1
12	カナダ	47	12	ベルギー	1
13	ベルギー	46	13	イタリア	0
14	ニュージーランド	45	14	ニュージーランド	-4
15	アメリカ（ニューヨーク）	45	15	フィンランド	-5
16	イギリス	43	16	アイルランド	-15
17	ポルトガル	42	17	イギリス	-19
18	フランス	41		アメリカ（４州単純平均）	-21
19	アイルランド	41	18	アメリカ（ペンシルバニア）	-24
20	ドイツ	36	19	アメリカ（フロリダ）	-27
	アメリカ（４州単純平均）	33	20	フランス	-28
21	アメリカ（フロリダ）	32	21	オーストリア	-29
22	スペイン	31	22	ドイツ	-32
23	アメリカ（ペンシルバニア）	29	23	アメリカ（テキサス）	-40
24	アメリカ（テキサス）	25	24	スペイン	-45
25	ギリシャ	6	25	ポルトガル	-63
—	アイスランド	—	26	ギリシャ	-91

（出所）Social Assistance in OECD Countries, 1996, Volume 1, pp.130, 131, 139
埋橋孝文「公的扶助制度の国際比較」表４『海外社会保障研究』1999年127号より引用。

（注）アイスランドは対現行勤労者世帯の平均比のデータがない。

第2の方法は、購買力平価に換算した上で、OECD諸国の平均との差で比べるというものである。公的扶助額を購買力平価で換算すると、各国の物価水準の違いを調整した生活水準そのものになるわけだから、優れた評価方法である。また、為替レート換算のように毎年の振れが大きいということもない。購買力平価換算で比べると、アイスランド、カナダ、アメリカ（ニューヨーク）などが上位にきて、日本は11位となる。ただし、アメリカは地域の給付格差が大きいためニューヨーク、フロリダ、ペンシルバニア、テキサスが比べられており、その中でニューヨークの下にあるだけだから、国単位で考えれば、日本は10位ということになる。

また、日本より上位にある国は人口の少ない国が多い。人口1000万人以上の国で日本より上位にあるのは、カナダ、オーストラリア、オランダの3カ国だけである（第1の方法による比較ではオーストラリアのみ）。したがって、人口1000万以上の国の中では、日本の公的扶助給付額は、世界2位または4位ということになる。

日本の生活保護水準は高い

購買力平価に換算した1人当たりGDPで見て日本とほぼ同じ所得のイギリス、フランス、ドイツの公的扶助額は、日本より2〜3割低い。また、日本より所得の高いアメリカの公的扶助額の4地域単純平均は、日本より約2割低い。

イギリス、フランス、ドイツ、アメリカの公的扶助総額の対GDP比は、それぞれ4・1%、2・0%、2・0%、3・7%であり、日本は前述のように0・3%である。また、イギリス、フランス、ドイツ、アメリカの公的扶助を与えられている人の総人口に占める比率は、それぞれ15・9％、2・3％、5・2％、10・0％であり、日本は前述のように0・7％である（以上の数値は前掲埋橋論文による）。

要するに、日本の1人当たり公的扶助給付額は主要先進国の中で際立って高いが、公的扶助を実際に与えられている人は少ないということになる。これは極めて奇妙な制度である。日本に貧しい人が少ないわけではない。同志社大学の橘木俊詔《たちばなきとしあき》教授は、生活保護水準以下の所得で暮らしている人は人口の13％と推計している（『格差社会』岩波新書、2006年、18頁）。ところが、実際に生活保護を受けている人はわずか0・7％である。

私は、日本も、イギリス、フランス、ドイツ、アメリカのように給付水準を引き下げて、生活保護を受ける人の比率を高くすべきだと思う。これまで日本で奇妙な制度が続いてきたのは、おそらく、高い給付水準のままで実際の支給要件を厳しくし、保護を受ける人の比率を下げていた方が、給付総額が減るという財政的要請があるからだと思う。しかし、今後、65歳以上の無年金者が続出する中で、現在の制度は維持できないだろう。65歳以上の人は、支給要件の1つである「働けないこと」を容易に証明できるからだ。日本独自の制度をやめて、グローバルスタンダードに合わせるしかないのではないか。

9．日本はなぜ貧しい人が多いのか

日本は格差社会なのだろうか。また、そうであるとしたらどこに問題があるのだろうか。日本が不平等な社会であることを示して話題になったＯＥＣＤのレポート（*Economic Survey of Japan 2006*）を手がかりに、この問題を考えていこう。

このレポートによると日本のジニ係数は先進14カ国中5番目に不平等、相対的貧困率では2番目に不平等だというのである（相対的貧困率の定義は後述）。それまでの議論では、平等社会だった日本が不平等になっているという時系列での変化を問題にしていたのだが、このレポートは、日本が国際的に見ても不平等であるというのだ。日本は平等な社会だと思っていた人々には意外なことで、このレポートには、反論もある。

やはり日本は平等ではないようだ

まず、ＯＥＣＤが依拠した日本のデータは、２０００年の国民生活基礎調査であるが、これはおかしいという批判がある。同調査は、福祉事務所経由で調査が行われるので、そもそも所得の低い人の捕捉率が高くなり、それゆえ不平等度が大きくなるという批判である。確かに、家計調査や全国消費実態調査を用いた所得不平等度は、国民生活基礎調査よりも小さくなる。これはこれでもっともな批判でもあるが、そもそも、他の国のデータ事情も調べてみなければなんとも言えない。このOECDレポートが依拠したMichael Förster and Marco Mira d'Ercole, "Income Distribution and Poverty in OECD Countries in the Second Half of the 1990s,"（OECD Social, Employment and Migration Working Papers 22, February 2005）によれば、他国のデータの多くは、家計調査や全国消費実態調査に近いもののように思える。

実は、OECDの国際比較で国民生活基礎調査が用いられたのは2005年のことで、それ以前は、全国消費実態調査が用いられていた。全国消費実態調査でジニ係数を計算していたときは、日本は不平等の順位で12カ国中9位（1976年）、13カ国中8位（1997年）、20カ国中14位（2000年）であったが、2005年になって国民生活基礎調査を用いるようになって20カ国中10位になった（太田清「日本の所得格差」図表4、日本総合研究所『Business & Economic Review』2006年10月）。確かに、国民生活基礎調査の影響は認められるが、もともと北欧諸国は日本より平等で、日本は先進諸国の中でもっとも平等な国というわけではなかった。ただし、全国消費実態調査（1999年）を用いれば、ジニ係数は0・273と小さくなって、14カ国の中ではフランスと同位の9位となる（総務省統計局「全国消費実態調査トピックス――日本の所得格差について」2002年8月2日）。しかし、パリの大邸宅や農村地帯のシャトーを見ると、日本は本当にフランスと同じくらい不平等な国なんだろうかと疑問に思いたくなるのは当然である。

日本的不平等の本質

だが、日本にはジニ係数に比べて相対的貧困率が高いという問題がある。相対的貧困率とは、所得が低い人から高い人を並べてちょうど真ん中にある人の所得（中位所得）の半分以下の所得しかない人の比率である。一方、ジニ係数とは所得がまったく平等に分配されていたときに比べて、どれだけ不平等に分配されているかという指標で、まったく平等ならゼロ、1人の人にすべてが分配されていれば1になる。このような指標の性格からして、下が低くても上が高くても指標は大きくなる。一方、相対的貧困率は、貧しい人が多いか少ないかの指標である。

ＯＥＣＤのレポートによると、図8に見るように、日本はこの貧困率が税引き・社会保障給付後の可処分所得で、２０００年で、図中の14カ国中アメリカに次いで2番目に高い。図には１９９０年代央のデータもあるが、これで見ても、日本はアメリカ、イタリアに次いで3番目に相対的貧困率が高い。ジニ係数では金持ちが多くても貧しい人が多くても不平等度が高くなるが、相対的貧困率では貧しい人が多ければ不平等度が高くなる。すなわち、日本の格差の本質は、とてつもなく豊かな人が多いのではなくて、貧しい人が多いことだということになる。

日本が平等な方の国であるとしても（現実には先進国の中で中位の国であるようだ）、ジニ係数より相対的貧困率で不平等度が高いという事実は変らないだろう。相対的貧困率とは、まん中の所得の人に比べて所得の低い人がたくさんいるということである。これにも、日本は平等社会であると考えている人からは反論がある。年功賃金制度を持っている国では不平等になるというものだ。確かに、若い時に所得が低いが年齢を重ねるとともに所得が上がる国では、一生涯を通

図８　市場所得と税・社会保障調整後の相対的貧困率（主要14カ国）

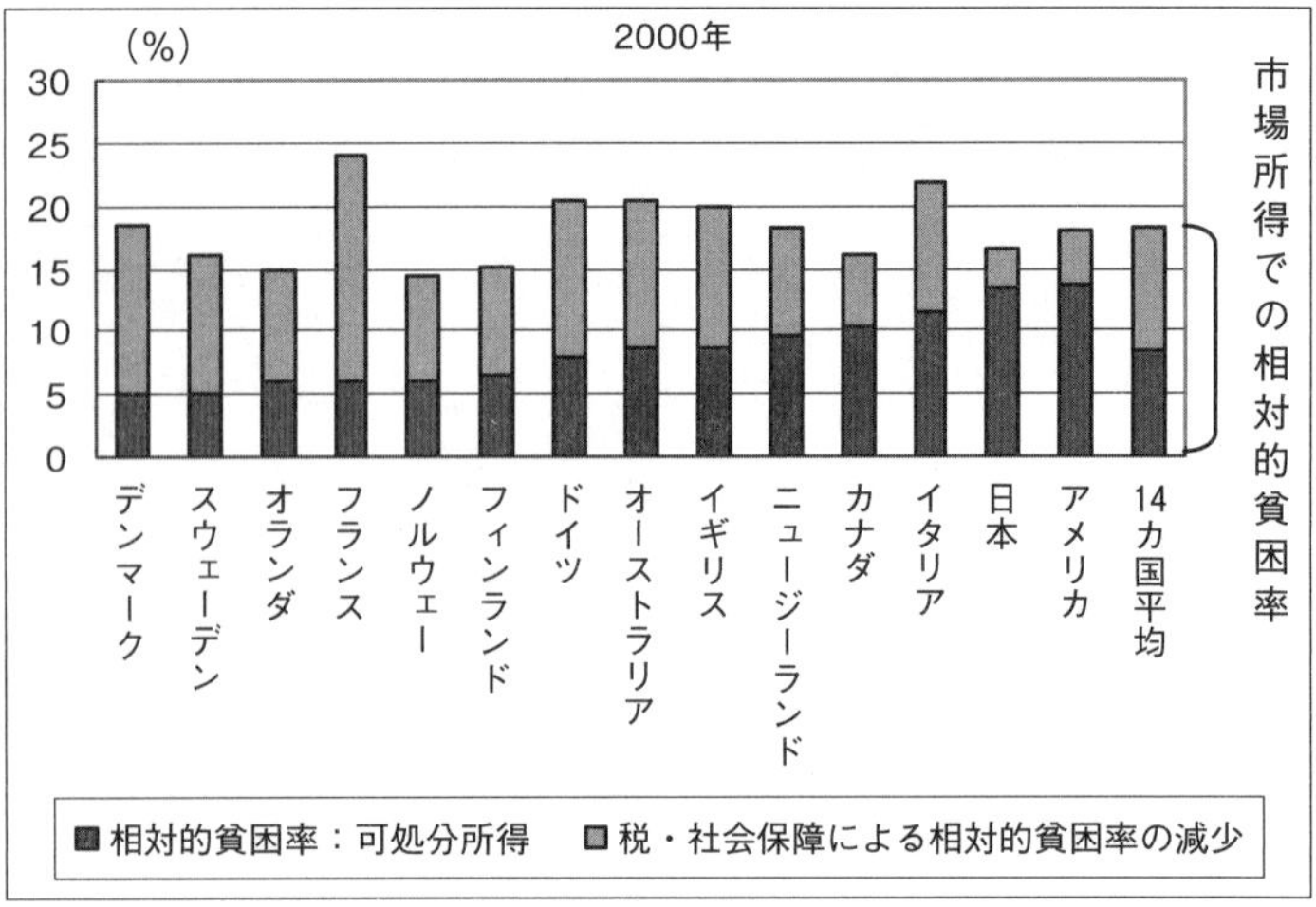

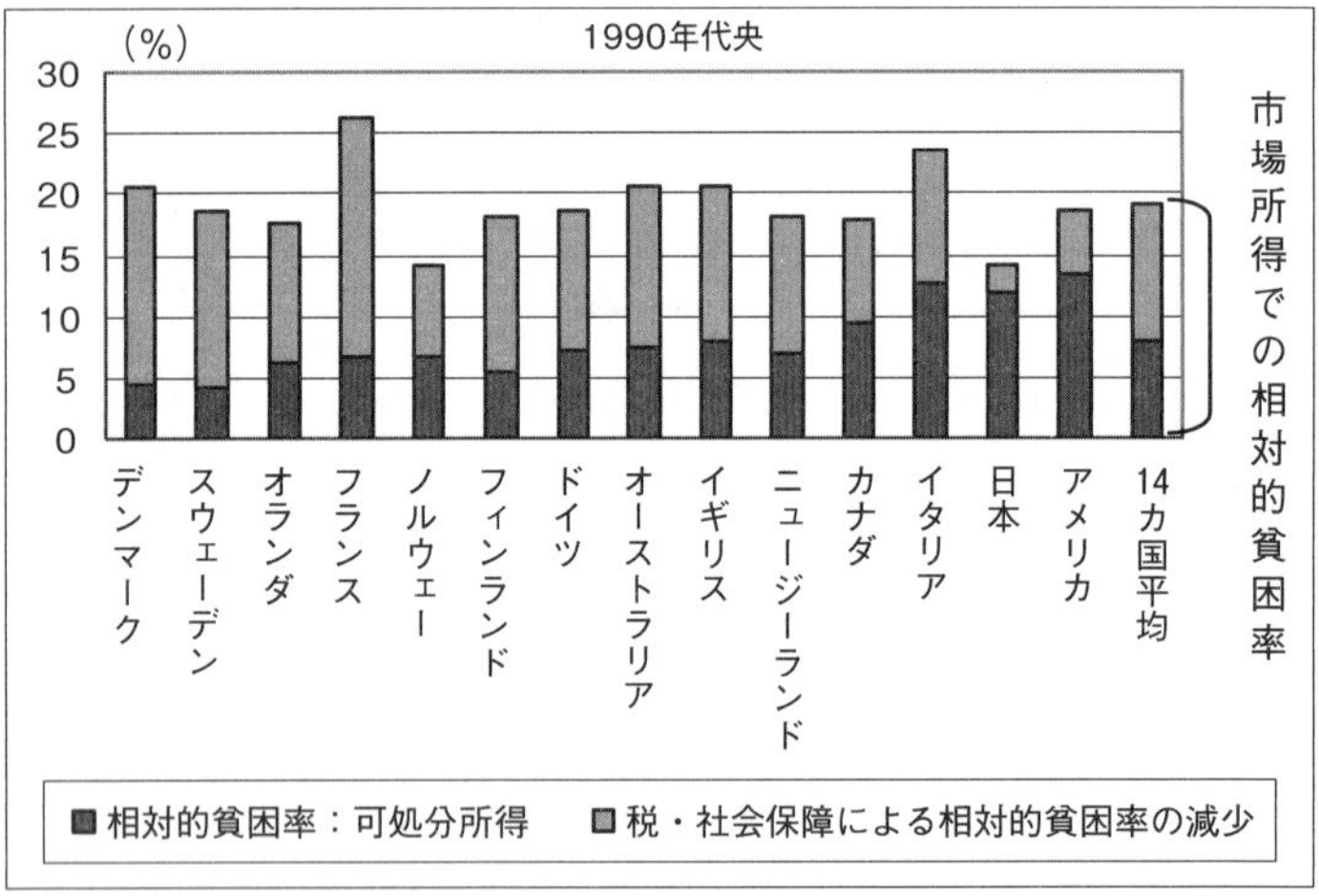

（出所）OECD, *Economic Survey of Japan 2006*, Table 4.9.

じての不平等は少なくても、ある一時点の所得分布を見れば不平等度は高くなる。しかし、この反論は1990年までは説得力があったかもしれないが、現在では説得力がない。90年代になって正社員になれない若者が増大し、そのような若者が将来、年功賃金を得られるとは考えられないからだ。相対的貧困率が高い理由について説得力があるのは、OECDレポートが指摘している、個人への所得再分配が少ないことだろう。

前掲図に見るように、市場所得だけの相対的貧困率では、日本は2000年で、14カ国中で6番目に低く、北欧、オランダ、カナダに次いで平等な国である。1990年代央では、14カ国中で1番低く、もっとも平等な国である。しかし、最終的な可処分所得で不平等になるのは、児童手当、失業給付、生活保護などの支給額が少ないからである。例えば、前節で述べたように、日本の生活保護制度は、支給額は高いが限られた人にしか配らないという奇妙な制度となっている。また、失業給付制度も、職を失うことの少ない正社員には厚いが、職を失うことの多い非正規社員はその制度に入っていないという、これも奇妙な制度になっている。このような制度の下では、可処分所得で相対的貧困率が高くなるのは当然である。

これまでの日本の社会安定機能は、組織を通じて生活の安定を図るという方法だった。公共事業を増大するというのは、建設会社にお金を渡して人々を雇ってもらうという方法だった。雇われた人々が、社会にとって必要なインフラを建設しているのなら一石二鳥で良いことに違いない。しかし、それが無駄な公共事業だったら、そんなことをするコストが高すぎる。日本も、西欧諸国のように、個人に直接分配する社会安定機能に置き換える必要があるのではないか。

格差に対して、どう対処すれば良いのだろうか

これまで格差について様々な面から見てきた。すでに見たように、日本を格差社会にする要因は5つある。第1は高齢化である。第2は若者の雇用環境が悪いことである。第3は、グローバリゼーションである。第4は、夫婦とも働くカップルが増えていることである。第5は、要因ではないが、地域ごとの格差である。

これらの格差の中で特に重要なのは若者の格差である。若者の格差は、将来的に日本全体の格差を長期にわたって拡大することになるだろうからである。もうひとつ注目すべきは、個人間または家計間の格差である。ある人の所得が低過ぎて、日本国憲法の保障する生存権を満たせないとき、どうすれば良いだろうか。仕事を与えるのは良いことに違いないが、その仕事が、自動車の走らない道路、船の来ない港湾、飛行機の飛ばない空港を作ることだったら、格差の縮小はとてつもないコストがかかる。仕事を与えるためには、鉄、コンクリート、機械、社長の給料が必要で、生存権を保障するための所得は全体のコストの一部分にしかならないからだ。

それよりも、生存権を満たすためのお金を直接配ってしまった方が安上がりなのではないだろうか。ヨーロッパ諸国はそうしている。アメリカですら、日本よりもそうしている。そうすると、多くの人が働かず、生存権の保障を求めることになって、なお高いコストが必要と言う反論があるかもしれない。私は、それでも、鉄、コンクリート、機械、社長の給料を無駄に使うことよりも安いのではないかと思うが、もっと気の利いた方法はある。それは、最低限の所得保障を与え

た上で、あるレベルに達するまで低い税率で課税することだ（この制度は負の所得税と呼ばれる）。これなら、働く意欲を阻害することは小さい。

90年代の末ごろから、格差について多くの議論が聞かれるようになってきた。2005年くらいからは、構造改革が格差を拡大したという議論が盛んになっているが、その証拠は何も示されていない。格差が問題なのは2つの場合があると私は考える。

第1は、一部の人々の富が増大し、それが社会全体の富を増大する上で、何の関係もない、もしくは富を破壊していながら、その人々の富が増大するような場合である（これは世界金融危機を引き起こしておきながら、巨額の所得を得ている金融機関の経営者の場合に当てはまる）。

第2は、所得の低い人の所得がますます低下し、基本的な生活もできないような事態に陥ることである。このような問題に対して、すでに述べたように、日本の政策は立ち遅れているように思われる。

ただし、もし、豊かな人々が社会全体の富を増進しており、貧しい人々も豊かになっているのなら、格差はあまり問題としなくても良いのではないだろうか。

第3章　人口減少は恐いのか

日本の人口は減少していく。国立社会保障・人口問題研究所の予測（中位推計）によれば、２００９年に1億２７４０万人の日本の人口は、２０５０年には９５１５万人に、２１０５年には４４５９万人になってしまう。本書でも、このままの出生率が続けば、最後の日本人が２９７５年に生まれ、日本人は1人になり、日本は滅んでしまうという予測をしている（第6章「7．最後の日本人にとって国債とは何か」参照）。

しかも、人口が減少するだけでなく、高齢者が増大しながら、人口が減少していく。65歳以上人口の全人口に対する比率は、２００９年で22・8％、２０５２年には40％を超え、２１０５年でも40％を超えたままである。人口減少は恐くないのだろうか。

結論を先取りすれば、人口減少は恐くないが、高齢化は恐い。しかし、それは高齢者が少ない時代に作った高齢者を優遇する制度を、高齢者が多くなっていく社会でも維持しようとしているからだ。そんなことをすれば若者の負担が高まり、日本が活力のない社会になっていくのは当然だ。高齢者優遇の制度を改めなければならない。

1. 人口が減少したら1人当たりの豊かさは維持できないのか

日本の人口は2004年をピークとして減少している。しかし、人口が減少することが、そんなに困ることなのだろうか。人口が減少するとは、生産する人が減少するが、消費する人も減少するということだ。同じだけ減少すれば、1人当たりの豊かさは何も変わらない。

日本全体の経済力は、もちろん人口が減少すれば小さくなる。しかし、普通の日本人にとって、日本全体の経済力など何の意味もない。豊かさとして個人が実感できるのは「仕事があるか」「給料が高いか」「持っている株が上がるか」など、すべて自分に起きる事柄だ。そもそも、政府が日本全体の人口を数えているから、人口が減少したと分かるのであって、政府が数えなければ、誰も日本全体の人口が減少したなどと気がつかない。気がつかなければ、大騒ぎすることもできない。普通の人々にとって重要なのは、一人一人の豊かさであって、日本全体の経済力ではない。

国全体の経済力が大きければ、国際社会での発言力が高まるという意見がある。俗っぽく言えば、幅が利くということだ。では、幅を利かせてどうするのか。世界各地の事件に口を出し、自分が考える正義を振りかざして、煙たがられるだけかもしれない。それよりも、国民一人一人が自由で、豊かで、大切にされる国であることの方が、よほど世界の人々の憧れを集めるだろう。そういう国になった方がずっと良いと私は思う。

「人々の自由を認める」寛容さこそ重要

人口が減少すると、日本人1人当たりも貧しくなるという議論はある。規模の経済の観点から見れば、1億2779万人（2004年の人口）という人口があるからこそ、日本は高い経済力を勝ち得たというのだ。また、他の人々に大きな恩恵をもたらす優れた企業家や技術者は、人口が多いほど輩出しやすい。だから、人口規模は重要だというのである。

しかし、世界には小さくて豊かな国がいくらでもある。中国、台湾、香港、シンガポールは、いずれも中国人が人口の多くを占める国・地域だが、人口の少ないところほど豊かだ。規模の経済は自由な貿易があれば実現できる。小さな国内市場ではなく、世界の市場を相手にすればいいからだ。また、優れた人材を輩出するのは、人口の規模よりも、そのような人々に自由な活動を許す社会の寛容さである。人口の多い中国から、生命や物質の秘密を解き明かすような発見は生まれていない。

高齢化は、どれだけ心配すべきことか

人口減少は、人口減少と高齢化がセットで進行するから問題だという議論がある。高齢になれば、いずれ人間は働けなくなる。だから、消費する人はあまり減らないのに、生産活動に従事する人が減れば日本は貧しくなるという。この指摘はその通りである。しかし、問題は、それがどのくらい貧しくする要因なのかである。

表1は、日本全体の人口と働ける人の人口（15歳から64歳までの生産年齢人口）の推移を示したものである。日本のように進学率の高い先進国では、生産年齢人口を15歳以上ではなくて20歳以上にすべきだという議論があるが、ここでは国連の定義に合わせている。20歳以上にしても、5年たてば大して変わらなくなる。ここでの基本的な議論では、15歳以上でも20歳以上でも変わらない。

２００５年から２０３０年にかけて、表に見るように、日本全体の人口は毎年０・４％ずつ減少していくが、生産年齢人口は、それより多く毎年０・９％ずつ減少していく。この０・５％の差が、高齢化によって日本の１人当たりの豊かさを低下させる大きさである。何もしなければ、高齢化によって日本人は毎年０・５％ずつ貧しくなるわけだ。この日本を毎年０・５％ずつ貧しくする力は２０３０年から２０５５年にも続く。

しかし、このメカニズムがいつまでも続くわけではない。高齢化が一定の水準になれば、消費する人間と生産する人間は、２０５５年以降には、ほとんど同じ率だけ減少していくようになる。表に見るように、２０５５年から２０８０年にかけて、日本全体

表１　総人口と生産年齢人口の動き（年平均の伸び率）

	総人口の伸び	生産年齢人口の伸び	1人当たり豊かさへの影響
2005⇒2030年	-0.4%	-0.9%	-0.5%
2030⇒2055年	-1.0%	-1.5%	-0.5%
2055⇒2080年	-1.4%	-1.5%	-0.1%
2080⇒2105年	-1.4%	-1.3%	0.1%

（出所）国立社会保障・人口問題研究所「日本の将来推計人口」（2006年12月推計、中位推計）、2056年以降は参考推計

の人口は毎年1・4%ずつ減少するが、生産年齢人口もそれとほぼ同じ毎年1・5%ずつ減少していく。高齢化によって日本の1人当たりの豊かさを低下させる大きさは、わずか0・1%になる。さらに、2080年から2105年にかけてでは、日本全体の人口は毎年1・4%ずつ減少するのに対して、生産年齢人口は1・3%ずつしか減少しない。こうなると、年齢別人口の変化は、1人当たりの豊かさが、0・1%ずつ上昇していく要因になる。要するに、2055年以降では、高齢化の進行が日本人を貧しくすることはなくなる。

では、これから50年間続く、マイナス0・5%のインパクトとは、どれくらい深刻なことなのだろうか。90年代以降の経済停滞期間「失われた十年」でも、日本の労働生産性は年2%弱で上昇していた（第1章「5．日本の労働生産性は低下したのか」参照）。すると日本は、高齢化が進行しても、毎年1・5%ずつは豊かになれるということになる。

実際には、高齢者や女性もこれまで以上に働くようになり、生産年齢人口以上の伸びで働く人が増えることが十分に期待できる。人口減少で大変だと、大騒ぎすることはない。

2．成長のために人口増と就業者増のどちらが重要か

日本の人口がこのまま減少していけば、労働力が不足し経済成長も見込めないと心配する人が

多い。しかし、ここ10～15年の日本経済を振り返ると、重要なのは、人口総数よりも、その人口のうちどれだけの人が働いているかだ。

全労働投入時間減少と経済低迷のメカニズム

図1はバブル好況期から現在までの生産年齢人口（15～64歳人口）や就業者、就業率、日本人の全労働時間などを示したものである。

これを見ると、日本の生産年齢人口は94年まで増加し、その後も97年まで減少していなかった。ところが、実際に働いている人、就業者は90年代前半に伸びておらず、97年を除いて、2003年にかけて減少してしまった。したがって、人口に対する働いている人の比率、就業率も90年代末から2003年にかけて、97年を除いて低下している（通常、就業率＝就業者／15歳以上人口と定義されているが、ここでは生産年齢人口と就業者を比べるために、年齢の区切りを同じにした。すなわち、ここでは、就業率＝15～64歳就業者／15～64歳人口としている）。さらに減少が大きいのは、全労働投入時間指数（国民経済計算の産業別就業者数に労働時間をかけて指数化したもの）である。労働時間指数は90年代を通じて大きく減少した。

労働時間が減少したことには、(1)90年代に週44時間労働制から40時間労働制に変更された、(2)就業者数は微減だったが、パートで働く人が増えたため就業者の平均労働時間が減少したこと――が大きく影響している。この結果、全労働投入時間指数は大きく減少することになった。

1991年から2003年までを見ると、生産年齢人口は1・3％減少しただけだが、就業率が69・1%から68・4%に0・7%ポイント低下したことによって、就業者数は2・4%減少した。全労働投入時間に至っては12・5%も減少してしまった。生産年齢人口は1・3%しか減少していないのだから、就業率と1人当たりの平均労働時間が91年水準のままであったなら、全労働投入時間は、12・5%の低下ではなく、生産年齢人口の減少率と同じ1・3%低下するだけですんだはずだ。これは2003年の現実の全労働投入時間が

図1　人口の変化と労働投入の変化

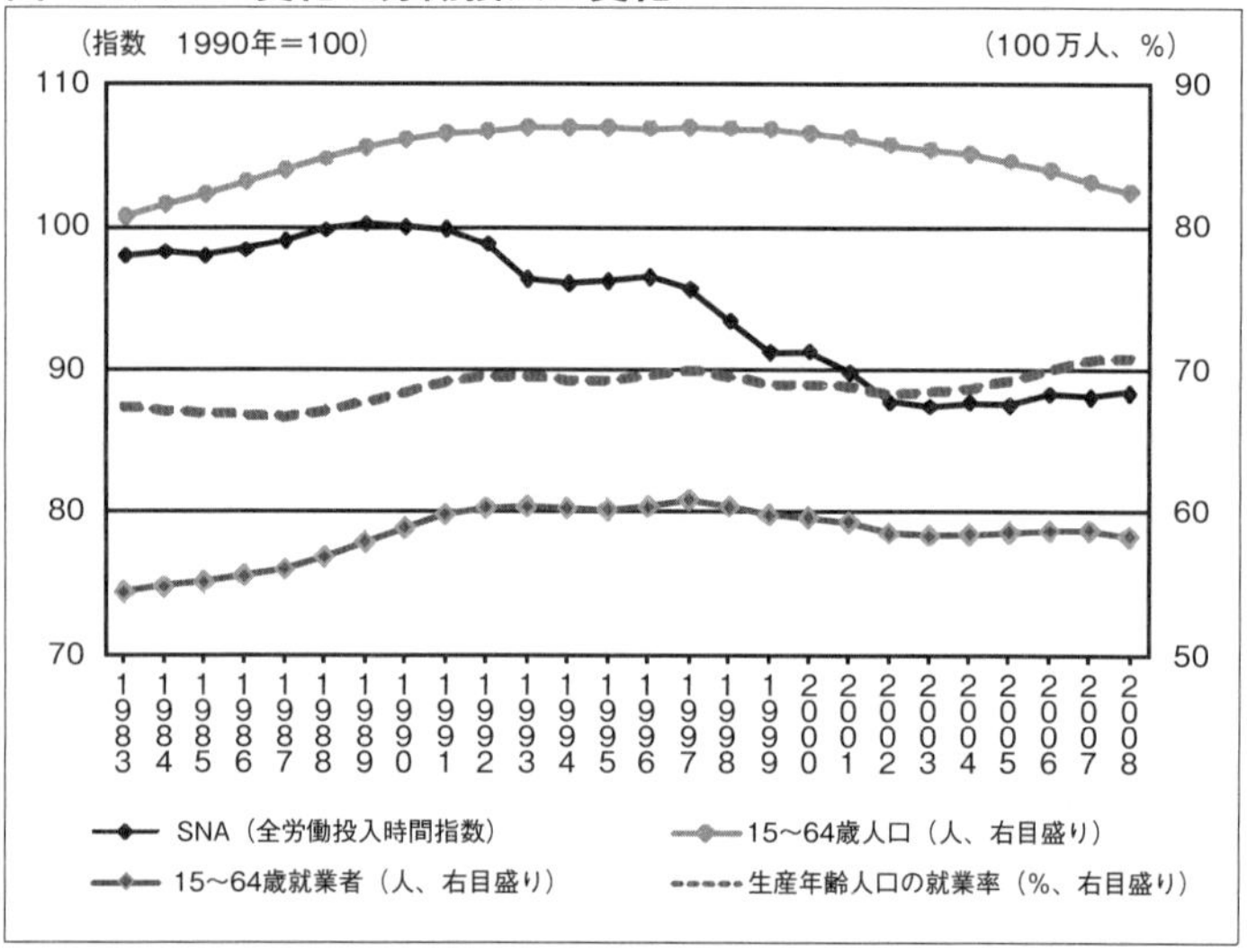

（出所）総務省統計局「労働力調査」、内閣府「国民経済計算」、厚生労働省「毎月勤労統計調査」

（注）1．全労働投入時間＝「国民経済計算」の産業別就業者数×産業別雇用者労働時間

2．就業率＝就業者÷15歳以上人口だが、ここでは就業率＝15〜64歳就業者÷15〜64歳人口としている。

3．全労働投入時間の2008年分は常用雇用指数×労働時間指数で推定。

12・8％〔(1－0・013)／(1－0・125)〕増えていただろうことを示す。実質GDPも当然に12・8％以上増大していただろう。雇用の停滞がなければ、バブル崩壊後の経済停滞はかなりましになっていたということだ（なぜ雇用が停滞したかについては、第5章「4．『大停滞』の犯人は見つかったのか」を参照されたい）。

仮に出生率が現在の2倍になって、現在、年間110万人しか生まれていない子供の数が2倍になったとしても、人口の増加率は1％以下にしかならない。しかも、その子供たちが生産年齢になるまでには20年かかる。今後10〜15年という期間の経済成長を考えるなら、人口を増やすよりも、就業者数と1人当たり労働時間を増やすことの方がずっと大事だ。

3．就業率の低下をくい止めたのは誰か

日本の人口は2004年をピークに減少している。人口が減少していくなら、一人一人の生産性を高めるとともに、同じ人口の中でより多くの人が働くことが重要だ。それなのに、前節で見たように、1990年代以降、就業率（15歳以上人口のうちの実際に働いている人の割合）は、2003年まで低下していた。

人口減少を前に低下し続けた就業率

図2は、バブル以前から現在までの就業率を見たものである（ここでの就業率は、前節と異なり、本来の定義である就業者数を15歳以上人口で割ったものを取っている）。就業率は1992年の62・6％をピークに低下し、2003年と2004年に57・6％まで落ち込んだ後、07年まで上昇していた（2008年には世界金融危機による不況で低下した）。

もし、就業率が92年のピークのまま維持されていたならば、15歳以上人口に就業率を乗じた就業者数は6917万人と、2

図2　就業率低下の中で上昇していた25〜34歳女性の就業率

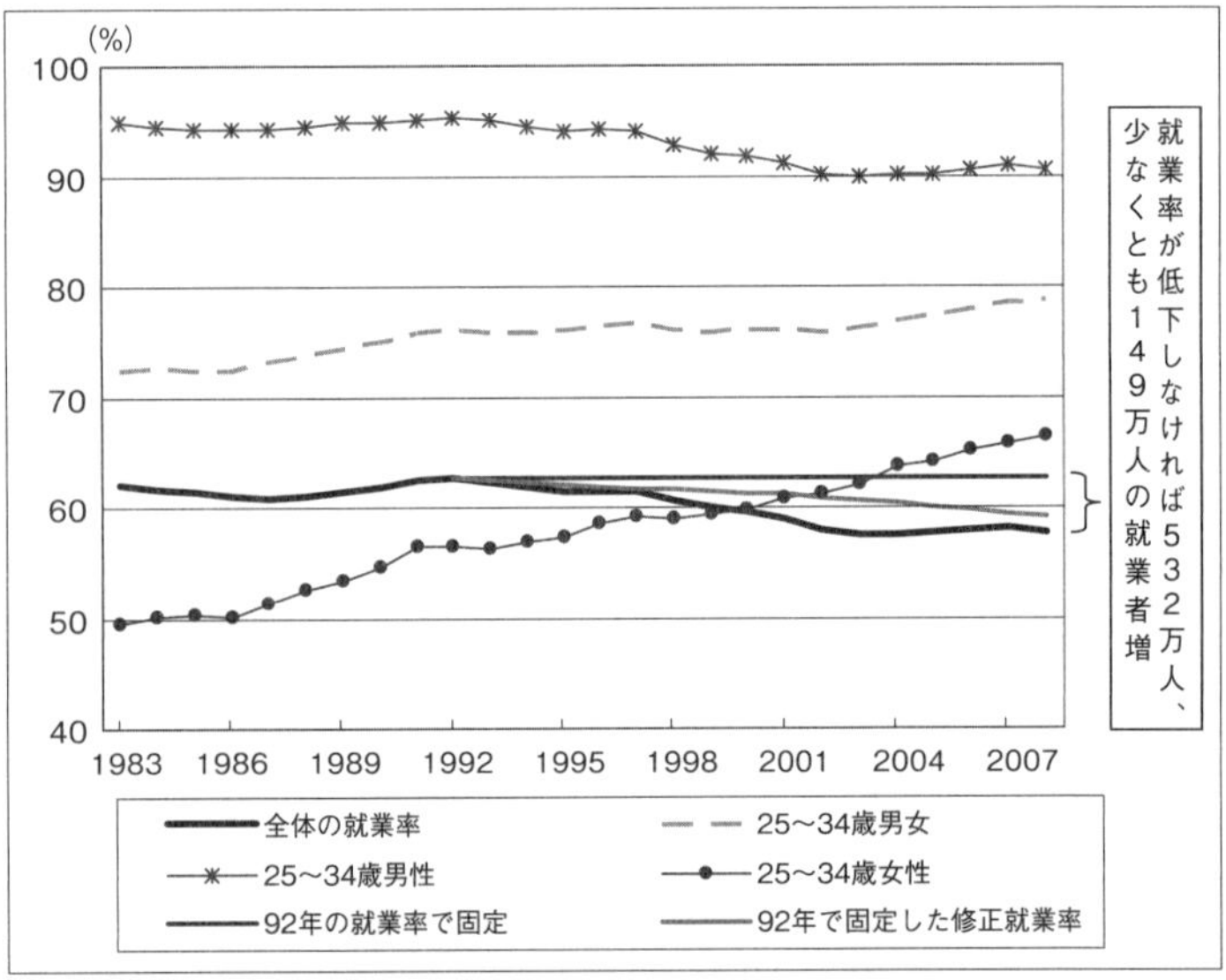

（出所）総務省統計局「労働力調査」

（注）92年で固定した修正就業率とは、年齢ごとの就業率を92年で固定して就業者総数を求め、それを人口で逆算した就業率。

008年の就業者数6385万人より532万人も多かったはずである。これは、現在の就業者の8・3%にあたる。

もちろん、高齢化で65歳以上の人口が増えているのだから、これまでと同じ就業率を維持するのは無理だという議論もある。そこで、年齢階層ごとの就業率がそれぞれ92年の値で一定だったと仮定して就業者数を求めると、2008年には6534万人となる。こちらの数字でも、現実の就業者数よりも149万人も多い。この就業率は92年で固定した修正就業率という名前で図に描いてある。

現在の就業率が、92年から低下していなければ、149万人から532万人の就業者を得られたことになる。

就業率低下の主因は経済停滞

では、就業率はなぜ90年代に低下したのだろうか。それは90年代が不況で、人々が働く場所を探すのが難しかったからにほかならない。全体の就業率の大まかな変化をみると、80年代前半の中成長期にはわずかに低下し、80年代後半のバブル経済期に上昇した後、90年代の低成長期に大きく低下している。さらに、2002年以降の経済回復期に入ってやっと下げ止まり、上昇に転じていた。

第1章「9．若年失業は構造問題なのか」では、若年失業率の上昇を社会問題、構造問題と解釈することは基本的には間違いだと書いた。若年失業率は、経済全般の状況とパラレルに動いているからだ。就業率も経済情勢とパラレルに動いているのだから、就業率の低下もまた、経済停滞によって起きたものといえる。

不況下でも上昇していた25～34歳女性の就業率

構造問題を考えるならむしろ、就業率には注目すべき別の要因がある。図2には25～34歳人口の就業率も示している。他の年齢での就業率が全体の就業率と同じ動きをしているのに対して（他の年齢の就業率は、図が見にくくなるので省略している）、25～34歳の就業率だけは90年代でも減少していない。

この理由を考えるために25～34歳の就業率を男女別に見ると、男性は不況によって就業率が低下したのに対して、女性の場合は不況にもかかわらず90年代も一貫して上昇してきたことがわかる。両者が相殺した結果、25～34歳全体として就業率が低下しなかったのだ。

15～24歳の若年就業率は、全体の動きと同様に低下したが、その兄貴・姉貴分の25～34歳の就業率は上昇している。25～34歳の女性は、経済停滞の中で、必死に仕事を求め、働いていたと言えるのではないだろうか。

女性の社会進出の高まりは、日本社会で確実に広がっている現象だ。長期の経済停滞が終わり、男性の就業率が回復すれば、女性の就業率の上昇トレンドと相まって、男女合計しても就業率の上昇傾向が鮮明になってくるだろう。すなわち、就業率は上昇し、人口減少社会の労働力不足という問題をいくらかは軽減してくれるはずだ。

4．子供の方程式で何が分かるか

人口が減少しても大丈夫と書いているが、そもそも、なぜ子供が生まれなくなったのだろうか。子育てにはお金がかかる。古今を通じて「子供がかわいい」という感情は変わらなくても、「子供を育てるコスト」が変わっている。また、子育てコストの負担感は、所得が高ければそれほどではなくても、低ければズシリと重くのしかかるだろう。

「子供に対する愛情」は変わらないだろうが……

このメカニズムを「子供がどれだけ生まれるかという方程式」と考えると、下のような式が成り立つ。

この子供の方程式の意味は、人々は(1)子供に対する愛情が深いほど子供を持つ（発展途上国では、子供は労働力や老後の保障として、親の所得を増大させたり、貯蓄の代わりになるという面もあるが、先進工業国では子供が両親に与える喜び、すなわち両親の子供に対する愛情が子供の価値で

子供の方程式

$$子供を持つ度合=\frac{子供への愛情}{\dfrac{子供を育てる費用}{親の所得}}$$

あるだろう）、(2)子供を育てるコストが低ければ子供を持つ——ということだ。また、子供を育てるコストの負担感は、その人の所得にも左右される。子育てコストが高くても、所得の高い人はそのコストをあまり高いとは感じないだろう。したがって、(3)所得が高くなれば子供を持つということになる。

方程式の構成する変数のうち、コストは子供を育てるコストである。ここ数十年間で、子供を持つことのベネフィットにどういう変化が起きたのかを分析することは難しい。変わっているかも知れないし、変わっていないかも知れない。私は変わっていないと思うが、これはいくら議論しても結論は出ないだろう。そこで、子育てコストと所得だけについて考えることにする。

子育てコスト＝あきらめなければならない所得

子供のコストには、養育するための直接コストだけではなくて、母親が子供を育てるためにあきらめなければならない所得が含まれる。

1世代前には、日本の女性は外で働く機会を十分には持っていなかった。したがって、あきらめなければならない所得はそれほど大きなものではなかった。しかし、今日では、特に日本的雇用システムの下では、そのコストは膨大なものとなっている。日本的雇用システムでは、同じ会社にいれば年功賃金が支払われるが、会社を辞めれば高い賃金カーブに戻ることが極めて難しい。

図3は、日本の平均的な大卒女性にとっての年功賃金カーブを示している。日本の女性が、28歳で出産育児のために会社を辞めて2人の子供を34歳まで育てるとすると、犠牲にしなければな

らない所得は2735万円である。しかし、34歳の女性にとって、年功賃金をもらえる仕事を探すのは難しく、通常はパートタイムで働くことになる。こうなると、この女性の家族は、2735万円＋2億1058万円の所得をあきらめなければならないことになる。この2億1058万円とは、34歳以降、年功賃金で働いた場合とパートタイムで働いた場合の賃金の格差（60歳時の退職金を含む）を累積したものである。したがって、失われた所得は、2億3719万円（2735万円と2億1058万円を足して28歳退職時の退職金74万円を引いたもの）となる。これが例えば2人の子供を育てるためのコストで、1人当たりにすれば1億1860万円ということになる。もちろん、これに加えて食費や教育費もかかる。

これはあまりにも高いコストである。日本の子供が減少するのも驚くべきことではない。子供を持つことの真のコストを認識すれば、児童手当のような政策の効果がわずかであることが理解できる。日本の児童手当は、12歳まで月5000円または1万円である（通常5000円、3歳未満また3人目以降は1万円）。すべて1万円としても、1万円×12カ月×12年間で、せいぜい子供1人当たり144万円である。子供のコストが1億円以上なのだから、144万円の補助金の効果はまったくわずかだろう。

日本的賃金制度の崩壊で子供増加？

では、何ができるのか。子供を持つことの膨大なコストは、日本の賃金制度から生まれている。しかし、日本的雇用システムは崩れつつある。賃金カーブはフラットになっていく。失われる所得としての子供のコストは低下していく。他の先進工業国では、賃金カーブはよりフラットで、人口減少のトレンドは日本ほど急ではない。

もし、日本の賃金カーブがフラットになるなら、日本の女性は子育て後でも、現在の年功賃金カーブよりも低いが、パートタイムよりもずっと高い賃金カーブの仕事を見出すことができるようになるだろう。そして、この新しい雇用環境では、子供を持つために失われる所得は、2億3719万円ではなくて、かぎりなく2735万円に近づくだろう。この場合には、児童手当、

図3　出産・子育ての機会費用（大卒女子の場合）

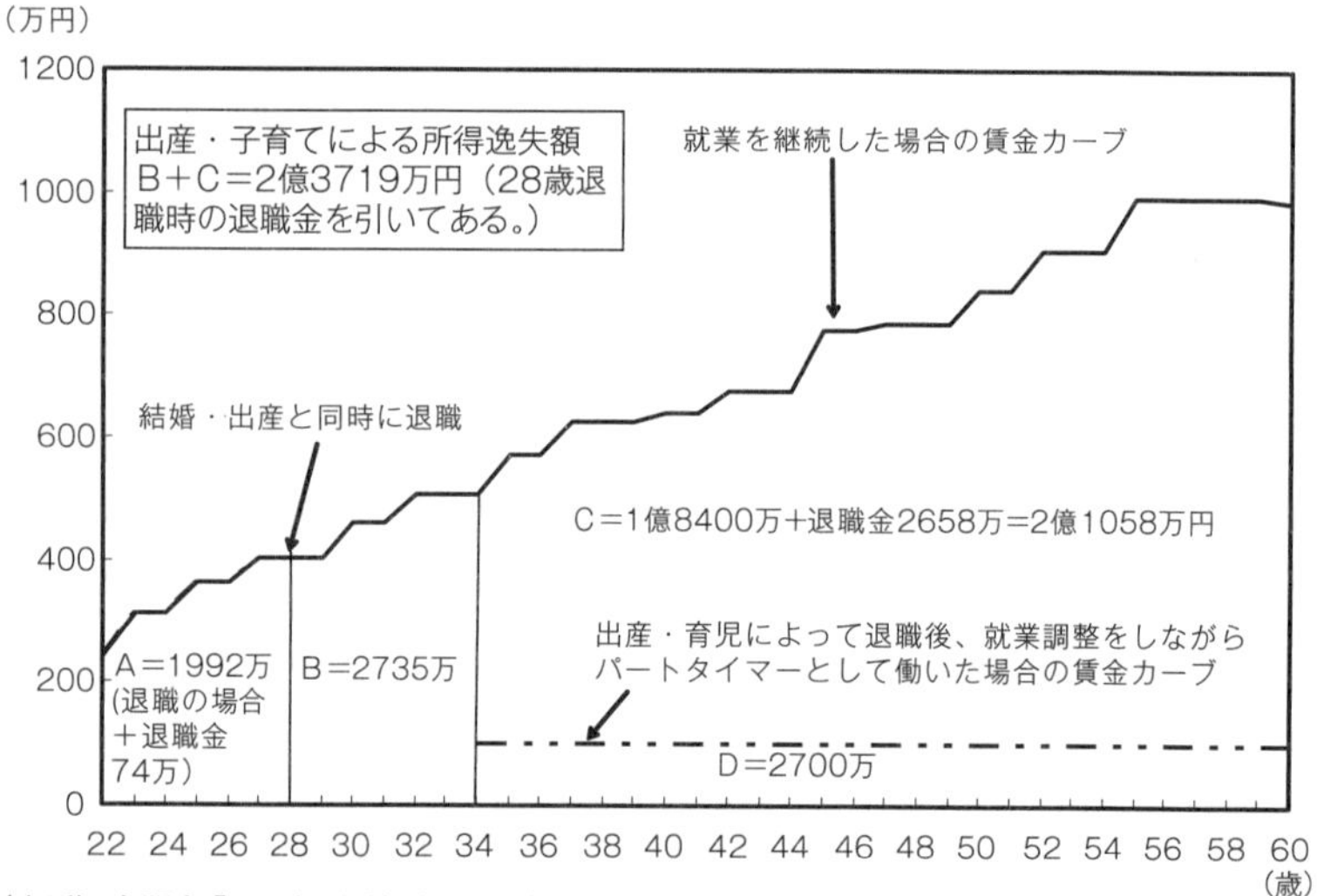

（出所）内閣府「2003年 経済財政白書」第3-1-6図
http://www5.cao.go.jp/j-j/wp/wp-je03/03-3-1-06z.html

（注）1．労働大臣官房政策調査部「退職金制度・支給実態調査報告」（平成９年）及び厚生労働省「賃金構造基本統計調査」（平成13年）により作成。

2．試算に用いた女性は22歳時に就職。28歳の結婚・出産と同時に退職し、子供が満６歳となる34歳で再就職するものとする。

3．賃金モデルは「賃金構造基本統計調査」（平成13年）の大卒・職種計のデータを使用。なお、所定外給与は考慮していない。

育児休業補償、保育所の充実などの子供を生み育てるための援助が、子供の増加をもたらすだろう。日本の人口はここで予想したほど急速には減少しないだろう。

人口は減少し続けるのだろうか

とにもかくにも、日本の人口が減少していくのは確実だ。現在の低い出生率が続けば、最後の日本人が、西暦2975年に生まれることになる（第6章「7．最後の日本人にとって国債とは何か」参照）。子供が生まれた時点では、その前に生まれた世代がたくさん残っているが、人口は最終的にはその年に生まれた子供の数×平均寿命ということになる。このような人口を、ここで均衡人口と呼ぶことにする。平均寿命が80歳であれば、日本の均衡人口は、生まれる子供の数×80となる。生まれる子供の数は、第6章の図7のように急速に減少していく。2330年には、子供の数は1万人を割り、均衡人口も80万人以下となる。

わずか300年余り後には、1億2700万人いた日本人が80万人になってしまうというわけだ。では、これは今すぐ手を打たなければならない緊急の大問題なのだろうか。

世の中には、いつか必ず問題になるが、なぜか今は問題にならないという問題がある。財政赤字はその代表だ。多くの人が、財政赤字が拡大していけば、インフレになるか、国債金利が暴騰するか、国債が無価値になるか（国は借金を払わない）のいずれかが起きると言う。いつか起きるのなら、現在でも少しは起きてもいいと思うのだが、どうやらそうした兆候はなさそうだ。奇妙な言い方だが、財政赤字は現時点で少しでも問題になっていれば、実は少しも問題ではない。

赤字で困ったことが少し起きれば、少しずつでも赤字を減らそうという努力がなされ、結果的にたいしたことは起きないということになるからだ。

しかし、今何も起きないとすれば、最後の「審判の日」にはとんでもないことが起きるのかもしれない、という懸念がある。人口減少は、そのような問題なのだろうか。いや、そもそも現在の人口減少のトレンドが何百年も続くと想定していることがおかしいのではないか。

地価が下がると子供が生まれる

現在の日本の年金給付額は世界一高くて、児童手当は先進国の中で一番低い。つまりリタイアした高齢者の老後には手厚く、将来を担う育児には手薄な構造だ。人口が減少し続ければ、このような制度は当然に変化するだろう。しかし、制度が変わらなくても、出生率が回復するメカニズムはありうる。前にも書いたように、子供を育てるコストが高いから子供が生まれない。それなら、子供が生まれるようにするためには、「子育てのコストを引き下げる」か「子育てのコストが気にならないほど豊かになる」のいずれかが必要となる。

子育てコストのひとつである住宅を考えてみよう。都心に子供は少なく、郊外には子供が多い。週末に郊外のレストランに行くと空席待ちの家族連れが並んでおり、「日本でも子供が生まれている」と安心することがある。子供がいる世帯はスペースの広い郊外の一戸建てを好み、大人だけの世帯は土地が少なくてもよい職場に近い都心部のマンションを選んだ結果だろう。

均衡人口が80万人になるということは、日本全体の人口が東京の世田谷区と同じになるということだ。当然地価は暴落するだろう。そうすると、土地をより多く使う子育てのコストが下がり、子供は生まれてくるということになる。

また、地価が下がるということは、現在土地を持っていない人々にとっては将来の住宅ローンの払いが減ることだから、「豊かになる」ということでもある。私と総務省の高田聖治氏が行った推計によれば、「地価が下がると子供は生まれる」という仮説はかなり蓋然性《がいぜんせい》が高い（詳しくは高山憲之・原田泰編著『高齢化の中の金融と貯蓄』第1章、日本評論社、1993年）。

「自由貿易」の維持と「豊かさ」の関係

そもそも、豊かな日本がごく少数の人々のものになるということはおいしい話ではないか。国民ひとりひとりが豊かになり、子育てのコストが気にならなくなってくるはずだ。しかし問題もある。日本の人口が世田谷区なみの人口になれば、今の日本の豊かさは維持できないのではないかという疑問だ。

人口減少には、すでにある富を少数の人々で分配できるために豊かになれる面と、「規模の経済」が失われて貧しくなる面との両面がある。しかし、「規模の経済」は自由な貿易から生み出される。大抵の商品には、効率的に作るための最小限の規模というものがある。したがって、小さな国が多くの商品を効率的に生産することはできない。しかし、小さな国でも、少ない種類の商品を大量に作って、別のものと交換すれば、多数のものを効率よく作っているのと同じになる。

また、国内の生産性の低い産業を、輸入に置き換えることもできる（第4章「8．人口減少に輸入拡大で対応できるか」参照）。人口の少ないシンガポールや香港は、日本以上に豊かである。人口1000万人に満たない国でも、自由な貿易を確保できていれば、規模の経済は保たれる。規模の経済が失われないなかで、人口減少は人々を豊かにする。そして、豊かになった日本人は子供を生み始めるのではないだろうか。

5. 若年層の所得低下が出生率を低下させたのか

子供の方程式のうちの子供のコストについて考えてきたが、所得はどうだろうか。1990年代は経済停滞が続き、それとともに出生率も低下した。ここで注目しなければならないのは、90年代末までは日本的な雇用慣行がかなり守られていたことだ（その後も極端に変わった訳ではない）。この雇用制度の下では、すでに雇われている人々の雇用確保が優先され、新規雇用を圧縮することで雇用を調整する。このメカニズムでは新規雇用、すなわち若い世代の雇用が直撃を受ける。その結果、若年失業率が急上昇し、いわゆるフリーターやニートが増加することになった（第1章「9. 若年失業は構造問題なのか」参照）。

日本では、婚外子が非常に少ないことから、結婚が子供を持つ前提となっている。その「結婚するかどうか」は、所得によって左右される。特に多くの人が結婚し、子供を生む年齢での所得が重要である。図4は、婚姻率と25〜34歳層の実質賃金の動きを比べたものだ。90年代、一般に結婚期と考えられる25〜34歳層の賃金が低迷する中で、婚姻率が頭打ちから低下となっている点に注目していただきたい（90年代は給与の低いパートタイム労働者など非正社員の比率が上昇しているので、ここでの実質賃金は一般労働者＝パートタイム以外の労働者とパートタイム労働者の加重平均により求めたものである。この分析は、大和総研の鈴木準主任研究員が行った）。

この分析から見れば、若者の雇用が改善すれば、結婚期の収入は増える。婚姻数も増え、子供も生まれる効果がある。こう考えると、景気回復と若年層の雇用対策はそれ自体として重要だが、少子化対策としても重要である。

図4　婚姻率と若年者の実質賃金

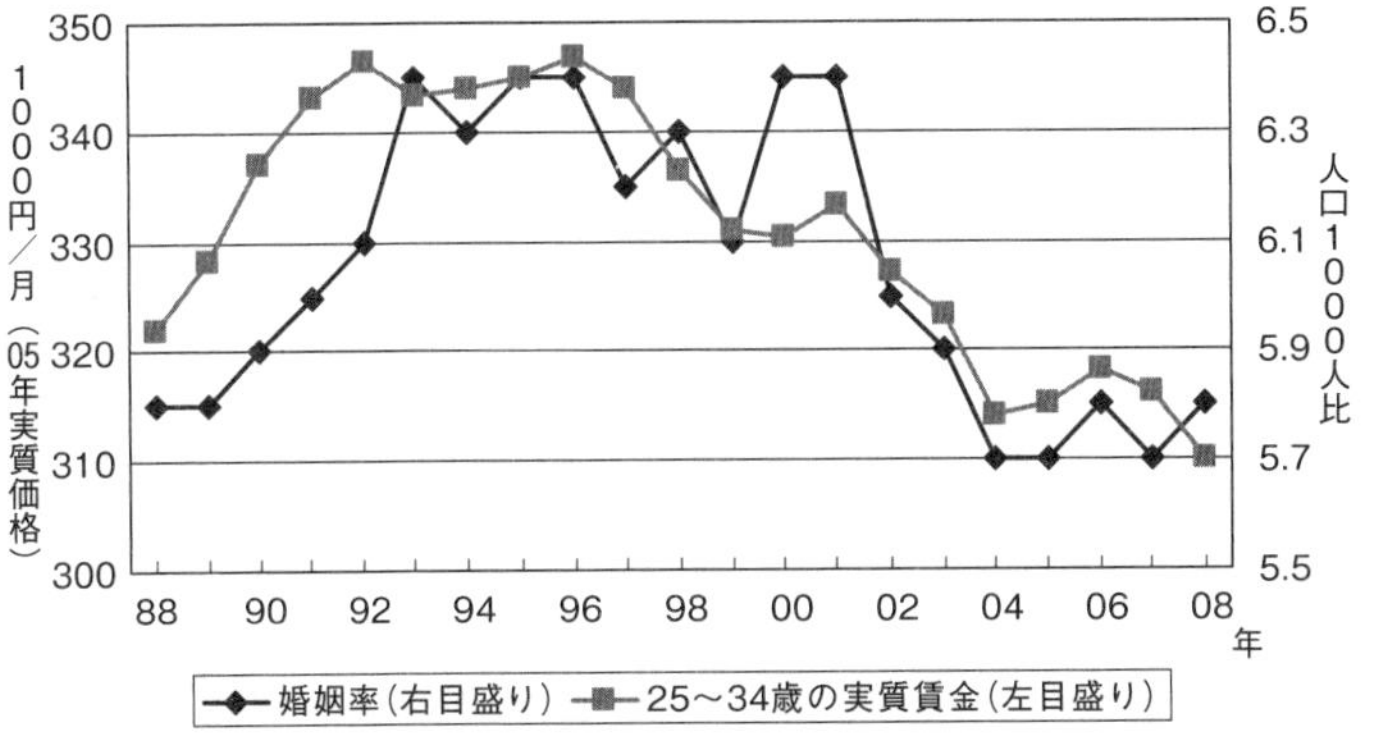

（出所）厚生労働省「賃金構造基本統計調査」「人口動態統計」、総務省統計局「消費者物価指数」

（注）実質賃金は、年齢階級別、一般労働者・パートタイム労働者別、男女別のそれを人数により加重平均して求めた。

出生率を経済計算で考えてよいのか

以上のような議論に対し、「子供が生まれるか生まれないか（親からすれば「子供を産むか産まないか」）は、子供への愛情が一番重要だ。すべてを金銭評価する風潮はいかがか」という意見もあるだろう（実際に、そう言われたことがある）。私も、個人としては子供のことを考えるとき「愛情が一番大事だ」という意見に賛同する。しかし、「エコノミスト」という立場からは、愛情について意識的に書かないようにしている。

なぜかと言えば、通常、エコノミストの主張は政策提言に結びついているからだ。政策とは、権力を持つ国家が行うことである。私は、国家が個人の問題である愛情について語ることは、遠慮した方がいいと考えている。

国家が「幼い子供を連れた人には席を譲りましょう」ぐらいのキャンペーンをするのはいいと思うが、これぐらいのキャンペーンであれば鉄道会社がすれば良い。現に車内アナウンスでも良く流れている。ただ、それが出生率を上げるうえで大きな効果があるとも思えない。

もし、こうしたアナウンスが効果のあるほどのキャンペーンになるとすれば、それは相当に強制的なキャンペーンになるだろう。そこまでする必要があるだろうか？　国家は、うっとうしいことをするべきではないと私は思う。

もうひとつ、もっと子供を産むべきだという国家は、本当に子供を愛しているのだろうかという疑問もある。昨今かまびすしい少子化で大変なことになるという議論のポイントは、高齢化社会の国民負担が大変なことになるからということにある。そこには、たくさん子供が生まれて、皆で負担を分担してくれという意図が見える。これは、本当に子供を愛していることになるのだろうか。

愛が無償のものなら、高齢者の負担なんかしなくていいから、どんどん生まれてきて下さいというのが正しい国家のあり方だ。下手に生まれてくると何をさせられるか分からないから（自分の子供を愛している親からすれば、子供を産むと、その子がどんな重い負担を背負わされるかわからないから）子供は生まれてこないのではないか。子供を愛する国家とは、まず子供の将来負担を減らす国家ではないか。現在の年金支給額を減らして将来の負担が重くならないようにする国家が、子供を愛している国家ではないだろうか。

愛情とは多義的で、様々な意味に使われる言葉である。子供たちに、彼らには責任のない負担を押し付けることを、政府は、子供への愛情と言いかねない。エコノミストは、多義的な言葉は扱わないほうが良い。

経済学は、人間の自由を明らかにするもの

金銭には多義性がない。金銭は人々を動かすが、人々はお金だけで動くわけではない。お金が、どれだけ人々に行動を促すかは、計測することができる。しかし、通常その誤差は大きい。それは、「人々がお金だけで動かない」という事実を示している。

経済学は、「人々はお金ばかりでなく、信念や思い込み・愛情や嫉妬でも動く自由な存在である」ことを明らかにする。人々は、いろいろな要素を考慮して、自由に自分がもっとも納得する

ように行動できる。国家が、愛情について語りはじめれば、信念や思い込みや嫉妬についてすら語り始めることになる。それはかなりうっとうしい社会になると私は思う。

6. 第1次大戦前、人口が増加する国ほど豊かになったのはなぜか

人口が減少しても国民1人当たりでは豊かになれると、私は書いてきた。データを検証すると、人口増加率の低い国ほど1人当たりの所得の伸び率が高いという関係があるからだ。なぜそうなるかと言えば、人口の伸びない国は、労働力不足に対応するために、より多くの投資をし、また家族は少ない子供により多くの教育投資をし、1人当たりの物的、人的な資本を高めるからだ。

しかし、第1次世界大戦前では、人口増加率の高い国ほど1人当たり所得の伸び率が高かった。それはなぜだろうか。

米・豪州・カナダの人口増加と成長は例外

図5は、グローニンゲン大学のアンガス・マディソン教授が推計したデータに基づいて、第1次大戦前（1820年から1913年）と、第2次大戦後（1950年から2006年）にかけての人口増加率と国民1人当たり所得の伸び率を示したものである。

横軸が人口増加率、縦軸が1人当たり購買力平価実質GDPの伸び率である。それぞれのデータの分布を見ると、第1次大戦前（図5⑴）では人口増加率の高い国ほど1人当たり所得の伸び率が高いという関係があるが、第2次大戦後（図5⑵）では人口増加率の低い国ほど、1人当たりの所得伸び率が高いという関係を確認できる（1914年から1949年のデータを排除したのは、2度の戦争と大恐慌により経済が混乱し、人口要因の意味がなくなっているためである）。

戦後のグラフで、赤道ギニアのGDP成長率が高いのは石油産出国であるためである。コンゴ民主共和国（旧ザイール）の成長率がマイナスなのは戦争や内乱で国が混乱していたからである。クウェートとカタールは産油国であるが、豊かになって人口爆発が起こったために、結局1人当たりではGDPが低下してしまった。赤道ギニアは90年代に石油開発が進み、まだ人口爆発は起こっていない。

第1次大戦前と第2次大戦後では、成長率と人口増加率の関係が正反対になっている理由は何だろうか。第1次大戦前を示すグラフに、人口増加率も1人当たりの実質成長率も高い国（カナダ、オーストラリア、ニュージーランド、アメリカ、シンガポール）の名を書き込んでみよう。ここでのポイントは、シンガポールも人口増と成長を経験しているが、他の4カ国は新大陸の国々である点だ。この4カ国を含めると「人口増加率の高い国ほど1人当たり所得の伸び率が高い」という関係が成り立つ。しかし、この4カ国のデータを除くと、人口増加率と1人当たりの所得伸び率との相関はなくなってしまう。

図５　第１次世界大戦前では、人口が増加した国ほど１人当たりでも豊かになった

（1）　１人当たり所得と人口（1820～1913年）

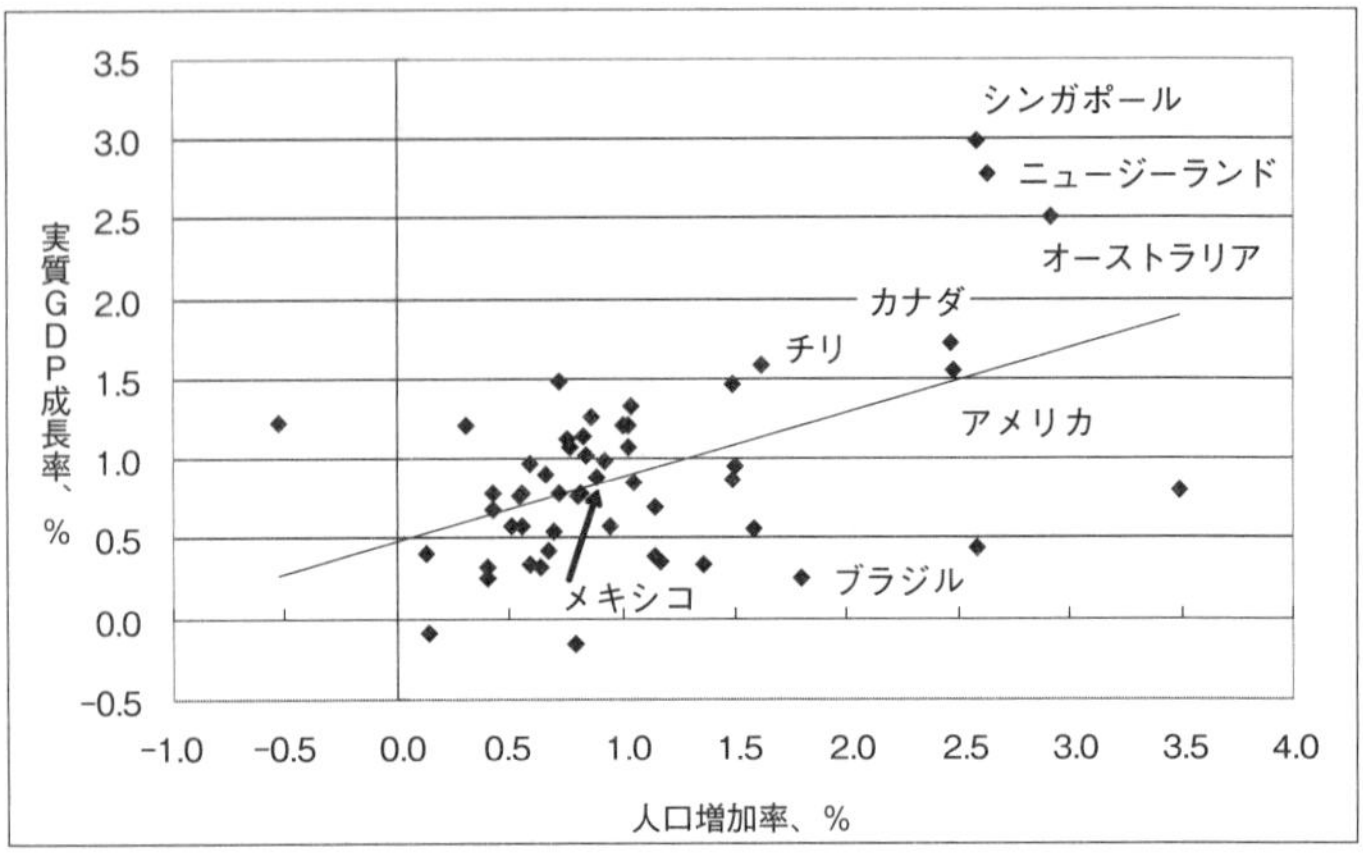

（2）　１人当たり所得と人口（1950～2006年）

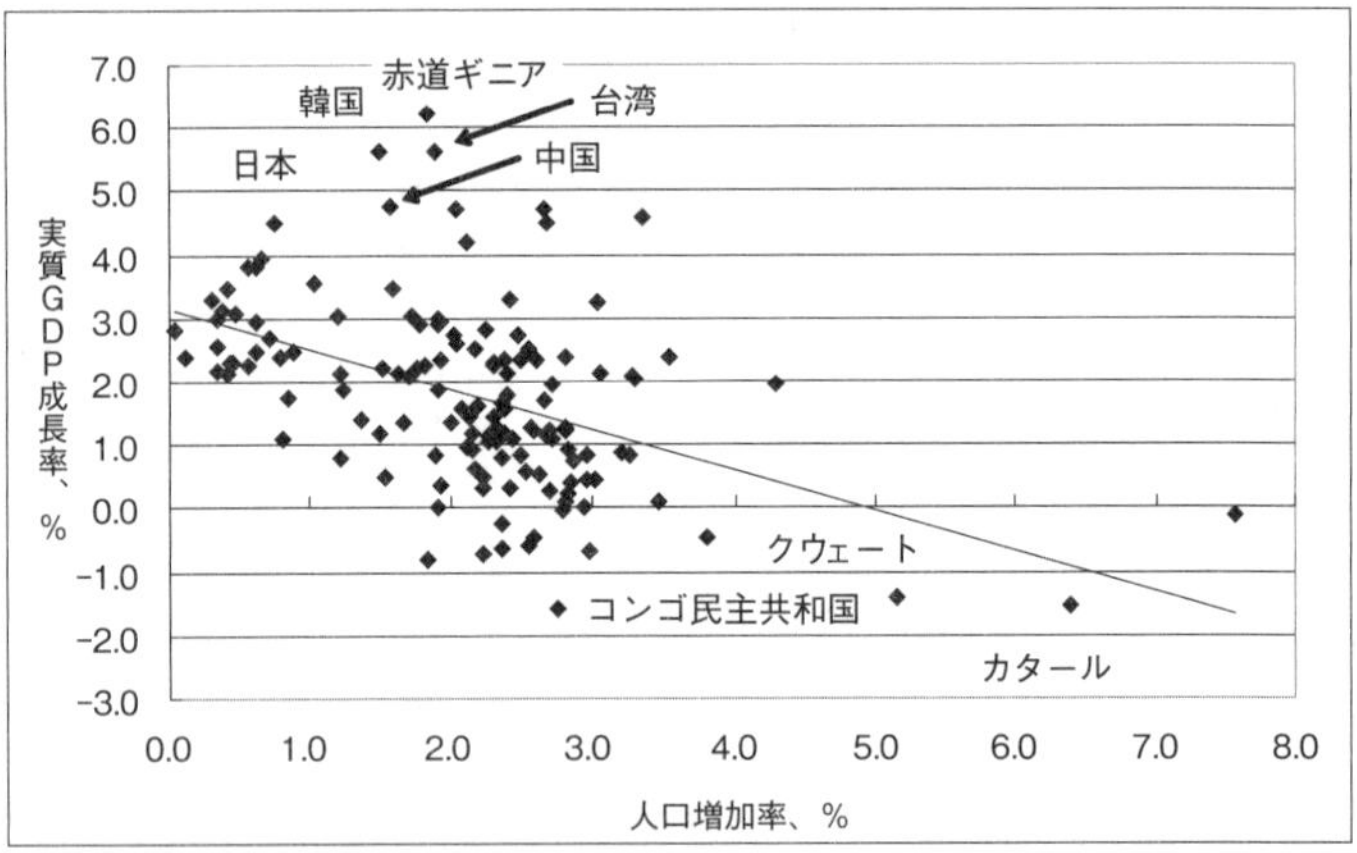

（出所）Angus Maddison 教授のホームページ
（http://www.ggdc.net/maddison/）

（注）（1）の回帰線の式は y = 0.4011x + 0.0049　R^2 = 0.2600
（2）の回帰線の式は y = −0.6329x + 0.0313　R^2 = 0.2205

4カ国が「例外」になりえた理由

この4カ国で、人口増加率も1人当たりの実質成長率も高いことになった理由は次のように考えられる。⑴すでに十分な所得水準を実現していたので新しい人々を引き付けた、⑵特に高い能力を持つ人々を呼び込むことができた、⑶この新しく移住した人々の高い能力を生かして、さらに高い成長を続けた、⑷その結果、人口増加率の高さと1人当たり所得成長率の高さが両立した――ということだろう。

この時代、アメリカ、カナダ、オーストラリア、ニュージーランドだけが新大陸ではなかった。中南米もまた新大陸だったはずだ。図のメキシコ、ブラジル、チリも新大陸の国だった。しかし、かろうじてチリが「人口増加率も1人当たりの実質成長率も高い」になっているが、他の国はそうはなれなかった。では、なぜこの4カ国で人口増加率と1人当たり所得伸び率の高さが両立できたのだろうか。

この4カ国は、人口増加に見合う食糧生産をまかなえるだけの豊かな耕地があった。しかし、それだけなら、中南米も変わらない。違いとして重要なのは、人的資源の問題だ。この4カ国にはヨーロッパから能力の高い、経済発展に適した社会に同化しやすい人々が多く移住した。

では、この4カ国に〝新大陸の未来を担う人材〟が多く移住した理由は何だろうか。第1に、企業家精神をもって社会を形成した人々と、同じような境遇の人々が海を渡っていったからではないだろうか。また、当時は大西洋を横断するコスト（旅費など）が小さくなかったことも一因だろう。大西洋を横断するコストが負担できるということは、本国でもそれなりの所得がある人々であり、彼らは新大陸でも高い所得を得られる潜在力を秘めていた、と言える。

人的資本を増やせる国になることの重要性

ジェフリー・ウィリアムソンは、18世紀末から19世紀後半にかけてアメリカの所得分配が急速に不平等になった背景として、生産活動の利潤拡大と熟練労働者の賃金上昇を指摘している（『不平等、貧困と歴史』ミネルヴァ書房、2003年）。経済成長によって利潤が拡大するのに伴い、労働者の熟練賃金も上昇する。より質の高い労働力が求められるようになり、技能と資金を持つ人々がアメリカに魅了される。その結果、「経済成長に貢献する資質を備えた」人々が海を渡ってアメリカを目指した。

しかし、中南米には耕地はあっても、残念ながらこのメカニズムはなかった。農業の拡大に伴う成長はあったが、経済成長に必要な資本蓄積は見られなかった。これが「人口増加と1人当たり所得上昇」が両立したアメリカと中南米を分けた理由である。

人口減少が危機だと考える人々も、日本が貧しくなりながら人口が増加することを望んではいないだろう。日本が人口増加を望むなら、1人当たりの所得が上昇するような人口増加をもたらさなければならない。すなわち、成長に貢献できるような人材がたくさんいるような状況を作ることだ。そのためには、生まれてくる子供たちの能力を高めるような工夫が必要だろう（教育については、第1章「10．日本の教育論議は、なぜ『信念の吐露』にすり替わるのか」以降の節を参照）。

7．低成長、人口減少時代の年金はどうあるべきか

人口減少社会は、労働力人口が減少し、高齢者が増大していく社会である。これが日本の将来に不安をもたらしている。特に、年金負担が膨大なものになるという心配が広がっている。しかし、そもそも子供の数が少なくなるのなら、1人当たり年金負担が高くなるのは当然である。それが困るのなら、年金を削減するしかない。人口減少が深刻な問題だというのは、この当たり前の選択を否定しているからだ。

年金制度の本質

年金という制度は、現役の勤労世代が退職した高齢世代を養う仕組みである。1970年代の初めに成立した現在の制度では、既に高齢の世代は納めた年金保険料の割には有利な年金がもらえ、現在の若年世代では納めた保険料も返ってくるかどうか分からないという状況にある。なぜ、1970年代の初めに、納めた年金保険料の割に極めて有利な年金がもらえるという、当時の高齢者にとって有利な制度が成立したのだろうか。なぜ、払い込んでもいない保険料から、潤沢な年金がもらえたのだろうか。それは、それ以前の高度成長という事実を抜きにしてはあり得ない。

年金が、自分の納めた保険料に利子がついて戻ってくるというものであれ、自分が納めたものと同等の保険料を将来の世代が払ってくれるというものであれ、成長率が高ければ年金は有利なものとなる。成長率が高ければ利子も高くなり、将来の元利合計も高くなる。自分が納めたものと同等の保険料という言葉の意味を、自分が納めた所得の一定比率と同じ比率の保険料と解釈すれば、成長率が高いときには、将来世代の所得が上昇することによって年金額も高くなる。どの世代も所得に対して同じ比率の保険料を払うという年金制度は公平なものと見なせるだろう。

現実の年金制度は複雑なものだが、20歳から60歳までの勤労時代の40歳に一括して1000万円の保険料を払い込み、30年後の70歳で60歳から80歳までの退職後の年金を一括して受け取るという年金を考えよう。表2は、この仮想的な年金の、実質所得の成長率ごとの公正な年金支払額と受取額を書いたものである。年金は、次の世代の所得成長率に依存する。表の第1列と第3列から分かるように、所得の成長率が0%ならば、受け取る年金は1000万円のままであるが、成長率が8%なら年金は1億60万円となる。

以上は、人口が変わらないときの公正な年金額だが、人口が変化するとどうなるか。同じ保険料を払っていても、人口が増大していれば有利な保険となり、減少すれば不利な保険となる。1%の増減でも、30年後のことであるからかなり大きな違いとなる。表2の右端の列に見るように、所得の成長率がゼロで人口が1%減少の時には受け取る年金は740万円になってしまう。1%で成長しても人口が1%減少すれば年金は払い込んだ1000万円と同じである。

確かに、人口が減少すれば有利な年金は払えない。しかし、これは当たり前のことではないだろうか。私は、むしろ、日本中のすべての高齢者が、払い込んでもいない年金が魔法のポケットから出てくるはずはなく、産んでもいない子供が年金を払ってくれるはずもない、という当たり前の事実を認識してくれると思っている。世代間の対立などあり得ない。すべての親は、次世代の子供の幸せを願っており、それが日本を繁栄させてきた。高すぎる年金は諦めてもらうしかないが、子供は、親にそれなりのプレゼントをすることを嫌がってもいない。年金のカットは、制度の永続性を保障し、人々にむしろ安心を与えるはずだ。

現在の年金は、過去の高度成長期の惰性により、きわめて高いものになっている。日本人は気がついていないようだが、日本の年金制度は世界一気前の良いものだ。表3に示すように、典型的な日本の年金給付額は、月23万6000円である。スウェーデンは15万9529円、アメリカは19万4701円である。この数字を算出するに当たっては、日本の物価が高いという批判に答えるために、外国の金額を円換算するときに、為替レートではなくOECDの推計した購買力平価を用いている。スウェーデンの数字は男性労働者のものであり、

表2　公正な年金

所得の成長率	20～60歳までの年金払込額	60歳からの年金受取額		
		人口0%成長	人口1%成長	人口1%減少
0%	1000万円	1000万円	1348万円	740万円
1%	1000万円	1350万円	1811万円	1000万円
2%	1000万円	1810万円	2427万円	1350万円
3%	1000万円	2430万円	3240万円	1810万円
4%	1000万円	3240万円	4322万円	2430万円
6%	1000万円	5740万円	7612万円	4322万円
8%	1000万円	10060万円	13268万円	7612万円

表3　年金制度の国際比較

年金額等	日本	アメリカ	スウェーデン
平均年金月額 [為替レート換算]	[2003年3月] 厚生年金 夫婦：236000円 モデル年金(加入期間40年、専業主婦の場合)	[2002年] 単身：895ドル (112770円) 夫婦：1349ドル (169974円)	[2003年] 男性 11427クローネ (154265円) 女性 7628クローネ (102978円)
平均年金月額 [購買力平価換算]	夫婦：236000円	単身：129175円 夫婦：194701円	男性：159529円 女性：106492円
支給開始年齢 (2003年)	国民年金：65歳 厚生年金：60歳 ※男子は2025年までに 女子は2030年までに 65歳に引上げ	65歳 ※2027年までに 67歳に引上げ	65歳 (※61歳以降本人選択。ただし、保証年金の支給開始年齢は65歳)

（出所）http://www.mhlw.go.jp/topics/bukyoku/nenkin/nenkin/pdf/shogaikoku-comp.pdf
原資料は Social Security Administration（2004）Social Security Programs throughout the World: Europe 他

（注）1．スウェーデンについては新制度の内容を記載しているが、移行期間のため統計データは旧制度のものとなっている。

2．各国通貨の換算レートは、日本銀行「基準外国為替相場及び裁定外国為替相場」よりそれぞれの調査年の平均レートを算出。

3．購買力平価は OECD, GDP PPPs and Derived Indices for all OECD Countries（http://www.oecd.org/dataoecd/61/54/18598754.pdf）による。

4．年金の国際比較については、国によって受給権を得るための最低加入期間に差があるので、この平均年金月額で年金水準を単純に比較することはできない。

5．出所の資料では、厚生年金全受給者のうち、原則20年以上厚生年金に加入した受給者についての厚生年金及び基礎年金受給額の平均173565円が記載されているが、モデル世帯の年金23.6万円を記載した。
厚生労働省が税調に提出した資料 http://www.mof.go.jp/singikai/zeicho/siryou/kiso28a.pdf の２頁参照。

男女合計にすれば日本より高くなるが、これは共働きすれば高くなるということである。日本でも共働きすれば高くなるのは同じである。

さらに、諸外国の年金は65歳支給であるが、日本は60歳支給である。日本もいずれ65歳支給にはなるが、それは20年近く後の話である。これは、平均寿命を80歳とすれば、日本は20年支給だが、外国は15年支給ということだ。日本の年金は、金額においても支給年限においても、諸外国に比べて3割以上高いということだ。

年金支給額と支給年限を3割ずつカットすれば、年金支給額は（1－0・3）×（1－0・3）＝0・49であるから半分になる。年金保険料の引き上げは必要なくなるどころか、引下げも可能になり、人口減少社会の最大の問題は解決する。そして、年金をカットした後でも、日本の年金は世界一のレベルにある。年金の大幅なカットをした後でも、私たちは、日本の社会保障システムを誇りに思うことができる。これはすごいことだと思いませんか。

8. 高齢者はいつ豊かになったのか

働く人が少なく、年金を受け取る高齢者が多くなれば、高い年金は払えない。多くの高齢者は、自分たちは自分の親の世代の面倒を見たのに、なぜ自分たちは見てもらえないのかと言うが、現在の高齢者は、本当に、現在の高い年金に見合うような仕送りをしたのだろうか。

図6は、世帯主の年齢階層ごとにみた世帯1人当たり実質消費額について、1970年から現在までの推移を見たものである。所得ではなくて消費を取っているのは、所得について安定したデータを得ることが難しいからである。しかし、長期的には、消費は所得を表す最も良い代理変数である。ただし、これが本当に年齢ごとの消費水準を表しているかには疑問がある。世帯主である高齢者は比較的豊かで、豊かでない高齢者は、子供と住むなどして世帯主ではなくなっている可能性があるからだ。しかし、他にデータもない中では、これが年齢ごとの実質消費水準を表す最善の統計ということになる。

高齢者が豊かになったのは年金のおかげ

これを見ると、1970年には最も消費水準の低かった65歳以上の高齢者、下から3番目だがほとんど2番目と変わらなかった60~64歳の高齢者の実質消費が、70年代にどんどん上昇して、90年代には2位と3位を占めるようになったことが分かる。さらに、90年代の「失われた十年」の時代にも安定的に上昇し、リストラに苦しめられた現役世代を尻目に、今や最も豊かな世代と3番目に豊かな世代になった。

高齢者の消費の増大は、年金が次第に拡充されていったことを反映しているだろう。現在、日本の高齢者は、世界一高い年金を得られるようになっている（世界一であるということについては前節を参照）。

もし、65歳以上の高齢者の消費を現在の水準、すなわち、50~59歳の人々の97・8%（2004~08年の平均）という水準ではなくて、1980年代前半の水準、すなわち、50~59歳の人々の76・2%（1980~84年の平均）という水準に引き下げれば、年金は現在の77・9%（76・2／97・8）の水準に抑えることができる。80年代の高齢者は、そのレベルの年金で暮らしていた。この程度の年金削減で、高齢社会の年金負担という

図6　世帯主年齢階層別の人員当り実質消費額

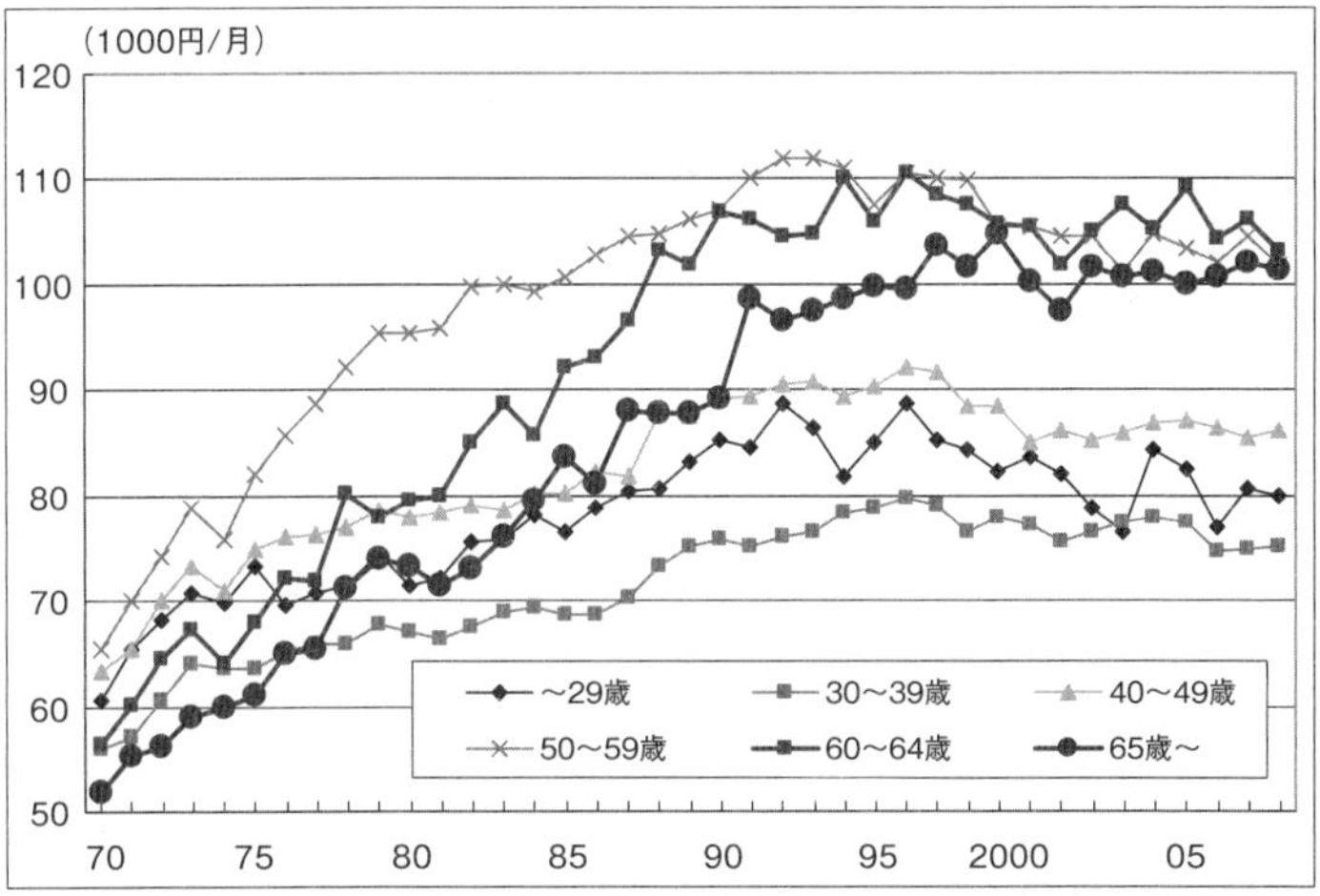

（出所）総務省「家計調査報告（2人以上の〔全〕世帯）」「消費者物価指数」より大和総研作成

（注）1．99年までは農林漁家世帯を除くベース、00年以降は農林漁家世帯を含むベース。

2．消費者物価指数（持家の帰属家賃を除く総合）により実質化（05年価格表示）。

3．2000年以降は65~69歳、70歳以上に分けたデータがあるが、過去の系列と合わせるために65歳以上で統一した。

問題はほとんど解決できる。少なくとも、90年代の失われた十年の間にも上昇していた分はカットしても良いのではないだろうか。この場合には年金を85～89年の水準である82・5％にすることで、84・4％（82・5／97・8）の水準となる（本節の事実については大和総研の鈴木準主任研究員より示唆を得た）。

9.「高齢化で医療費増」は本当か

急速な少子高齢化の進展で、年金問題とともに、国民医療費の増大が懸念されている。高齢になれば当然、医者にかかる回数も費用も増える。だから、高齢者が増えれば医療費が膨らんで大変なことになると多くの人が考えている。これは果たして本当だろうか。

高齢化だけでは医療費は大して増えない

厚生労働省「医療費の動向」によれば、2007年度の70歳以上の高齢者の1人当たり医療費は75・7万円、70歳未満の1人当たり医療費は16・1万円となる。高齢者の1人当たり医療費は、高齢者以外の人の医療費の4・7倍にもなる。確かに、この数字を見れば、4・7倍も使う人が増えるのだから、医療費は急速に膨らむように思える。しかし、人口構成の変化がもたらす医療費の変動のみに着目した場合、高齢化の影響は、実はマクロでみるとそれほど大きくはない。

右記の高齢者と高齢者以外の1人当たり医療費に、年齢別の将来人口を乗じて推計すると、国民医療費は2007年度の33・4兆円から2025年には37・8兆円へと1・132倍にしかならない（本稿の人口予測に関する数値は、国立社会保障・人口問題研究所「日本の将来推計人口」2006年12月の中位推計による）。図7は、このようにして推計した医療費の予

図7　国民医療費と名目GDPの関係

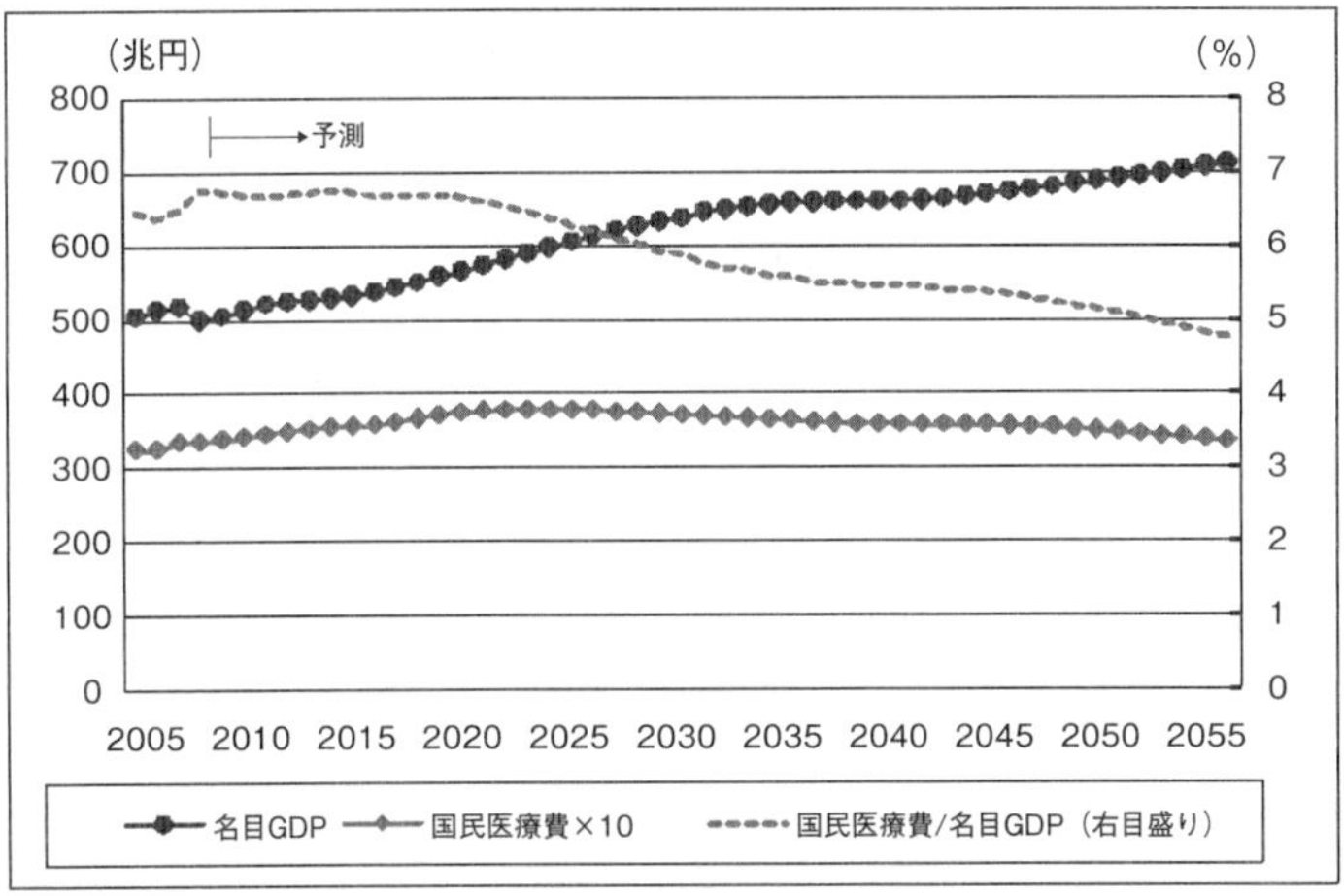

（出所）総務省統計局「人口推計年報」、国立社会保障・人口問題研究所「日本の将来推計人口（中位推計）」（2006年12月）、厚生労働省「医療費の動向」（2007年）、内閣府「国民経済計算」

（注）1．2007年度まで実績。国民医療費は2007年度の70歳未満1人当たり医療費と70歳以上1人当たり医療費を将来人口に乗じて推計。

2．将来の名目GDPは20～64歳人口の伸びで労働人口が上昇し、労働生産性が毎年2％上昇するとして計算。

3．国民医療費はグラフを見やすくするために10倍してある。

測値と名目国内総生産（ＧＤＰ）の予測値、そして医療費の対名目ＧＤＰ比率を示している。

名目ＧＤＰについては、20～64歳人口の伸びで労働力人口が増加し、労働生産性が毎年２％上昇すると仮定して計算した。

なぜ労働生産性が２％で上昇することが可能かといえば、第1に、日本の「失われた十年」の時代においても、労働時間当たりの生産性は２％弱で上昇していたからだ。第2に、ヨーロッパの成熟した先進国でも、労働生産性がほぼ２％で伸びているからだ。ヨーロッパにできることが、日本にできないはずはない。第3に、日本の労働生産性の水準がアメリカやヨーロッパと比べて低いからだ。生産性が現在低いということは、将来においてより高くなる余地があるということだ（第1章「5．日本の労働生産性は低下したのか」参照）。

図7に見るように、高齢人口の増加による医療費の増加は、ＧＤＰの増加に追いつかず、医療費のＧＤＰに占める比率は６・５％から２０２５年には５・９％に低下する。生産性の伸びが、高齢化に伴う医療費の増加率を上回るためだ。

医療にも薄型テレビのような技術進歩を

厚生労働省は２０２５年の医療費について、前記予測（２０２５年で37・８兆円）の１・５倍の56兆円（改革をすれば48兆円）という大きな数字を予測値として出しているが（「平成18年医療制度改革ベース」）、これにはインフレ率と技術進歩の分が含まれている。

医療費を国民負担という観点から問題にする場合には、インフレ率は無視してよい。インフレになれば、通常は名目所得も税収もインフレ率の分だけは増加するからだ。医療費の対名目GDP比を負担の指標と考えれば、インフレになったとしても、分子分母ともにインフレになるので、比率は変わらない。

医療費の増加が医療の進歩によるのであれば、国民の負担は増えていない。それで難病が治り、健康寿命が延びるのなら、実質的に国民は豊かになっているのだから負担にはなっていない。大きなテレビが買えるようになったから、負担が増えたと考える人はいないだろう。白内障が治ったら、それは生活水準が格段に向上しているのであって、負担が増えている訳ではない。これを企業の立場から見れば、売り上げの増大は高齢化によってではなく、技術の進歩によってもたらされることを意味する。

ただし、医療の進歩には疑問を呈したい点がある。どんな産業の進歩でも、生活を快適にする進歩とそれを安価にする進歩の2つがある。薄型テレビは、大画面、高画質、高音質になりながら安価になった。ところが、医療においては、治癒向上の進歩はあっても、コスト低下の進歩が起きることがまれであるように思える。医療においても薄型テレビのような進歩を起こし、健康寿命を延ばしながら医療費を安くすることが求められている。質とコスト両面からの技術進歩が進めば、懸念されているような医療費の膨張は回避できるのではないか。

10. 高齢者ほど負担する意志があるのはなぜか

日本の財政は、危機的な状況にある、将来の高齢社会の負担を考えたら、今増税しないのは無責任だ、という議論も盛んである。

人は税金をどれだけ払いたがるものだろうか

そもそも、日本人はどれだけ税金を払う気があるのだろうか。税金を払いたい人などいないと考える方も多いだろうが、それが本当に自分のためになるのであれば、払ってもよいという人はいるはずだ。税金ではなくて、社会保障負担であれば、それが将来の年金や医療の保障になる訳だから払ってもよいという人もいるだろう。

社会保障負担と税を区別する必要はない。現にアメリカでは、社会保障負担を社会保障税と呼ぶ。消費税で年金を負担しようが、社会保険料で負担しようが、国民の負担という意味では同じだ。以下、どちらも同じと考えて議論を進める。人はどれだけ税を払いたいと言ってくれるものだろうか。

栗山浩一早稲田大学教授のグループによる、アンケート調査を用いた研究によれば（「受益と負担についての国民意識に関する考察」内閣府政策統括官室〔経済財政分析担当〕経済財政分析ディスカッション・ペーパー05—01、2005年7月)、人々は社会保障給付が1%増加するなら、平均で0・24%負担を増やしてもいいと考えているという(栗山教授は、この数字を負担意志率と呼んでいる)。1%増加しても0・24%しか負担しないと言っているので、やはり税金を払いたがる人は少ないという、当たり前の結果になったわけだ。

ここで注目すべきは年齢別の負担意識だ。表4に見るように、20歳代の負担意志率が0・15%であるのに対して、60歳以上では0・34%と倍以上になる。

高齢者はちゃっかりしている

ここから3つのことを考えさせられる。第1は、政府のサービスが自分へのサービスと認識していても、平均でその24%しか負担したくないと答えていることだ。残りの76%は払いたくないというのだから、財政および年金会計が赤字になるのはほぼ必然だ。

第2は、この結果を、高齢者ほどより負担したいと考えていると解釈してよいかという点だ。高齢者は現時点で間違いなく社会保障関係の支出から恩恵を受けている。社会保障支出を1%増やせば、その9割が高齢者のものだろう。若者もいずれ年金を受け取れるが、それは現在の高齢者が得ているものよりも

表4　社会保障に関する負担意志率

年齢別	負担意志率
全体	0.24
20代	0.15
30代	0.27
40代	0.25
50代	0.22
60以上	0.34

(出所) 栗山浩一他「受益と負担についての国民意識に関する考察」内閣府経済財政分析ディスカッション・ペーパー 05-01

確実に少ないだろう。例えば、社会保障支出を1％増やしても、若者が得るのはその半分にすぎないかもしれない。そうすると、負担意志率は本当は20代も60代も同じで、受けとる額に差があるから、違うように見えるだけと解釈することもできる。

第3には、以上の考察から、やや繰り返しになるが、高齢者が社会のコストを負担するという意志が高い訳ではなく、若者が低い訳ではないと分かる。高齢者も若者も、同じようにちゃっかりしているということだ。昔の人は偉かったという人が多いが、高齢者は昔の人により近いだろう。その高齢者がちゃっかりしているということは、昔の人もちゃっかりしていたのではないか。

日本人の資質が下がっているわけではない

今の人も昔の人も同じだけちゃっかりしているなら、財政赤字は今も昔も同じだけひどいはずであるのに、最近になるほど赤字がたまっているのはどういう訳かという疑問があるかもしれない。しかし、赤字がたまる、すなわち国債残高が増えているのは仕方がない。年々の赤字が同じでも赤字が続く限り、累積の赤字は増えていってしまうからだ。ただし、社会保障関係費の増大にもかかわらず、単年度の赤字幅は２００５年度から07年度まで減少に転じていた（08年度からは世界金融危機による不況のために大幅に悪化している）。

公共工事入札を巡る知事の犯罪が大問題になったことがあるが、昔なら問題にもならなかったことだろう。談合や汚職、役所の裏金作りは大昔からのことだった。政治家の失言も今に始まったことではない。公職に就く人の資質が低下したのではなくて、求められる基準が上昇している。

そして、要求水準が高まったり、問題を直視するようになったりすることは、悪いことではない。求められる基準を低めるべきだと考えるのでなければ、日本は良い方向に向かっている。

11．増税分はどこに使うべきか

日本の社会保障の多くが年金など高齢者のための支出に向けられ、子供を持つ若い家族を助けるための支出はごくわずかであることが、度々指摘されるようになってきた。

図8は、日本、ドイツ、イギリス、オランダの社会保障支出の対国内総生産（ＧＤＰ）比を、高齢者向け支出、医療費、児童手当・保育所など家族向け支出、失業手当・職業訓練など労働支援、住宅支出を含むその他の項目に分けて示したものである。ここでスウェーデンなどの北欧諸国やアメリカを除外したのは、北欧のような高福祉高負担国になろうと考えている日本人は少なく、また、世界金融危機の根源となってますます評判の悪いアメリカの社会保障をまねようと考えている日本人も少ないと思ったからだ。

日本の高齢者向け社会保障支出は低くない

日本の社会保障支出全体の対ＧＤＰ比は２００３年で17・７％と、国際的に見て低いが、高齢

図8　主要国の社会保障支出の内訳

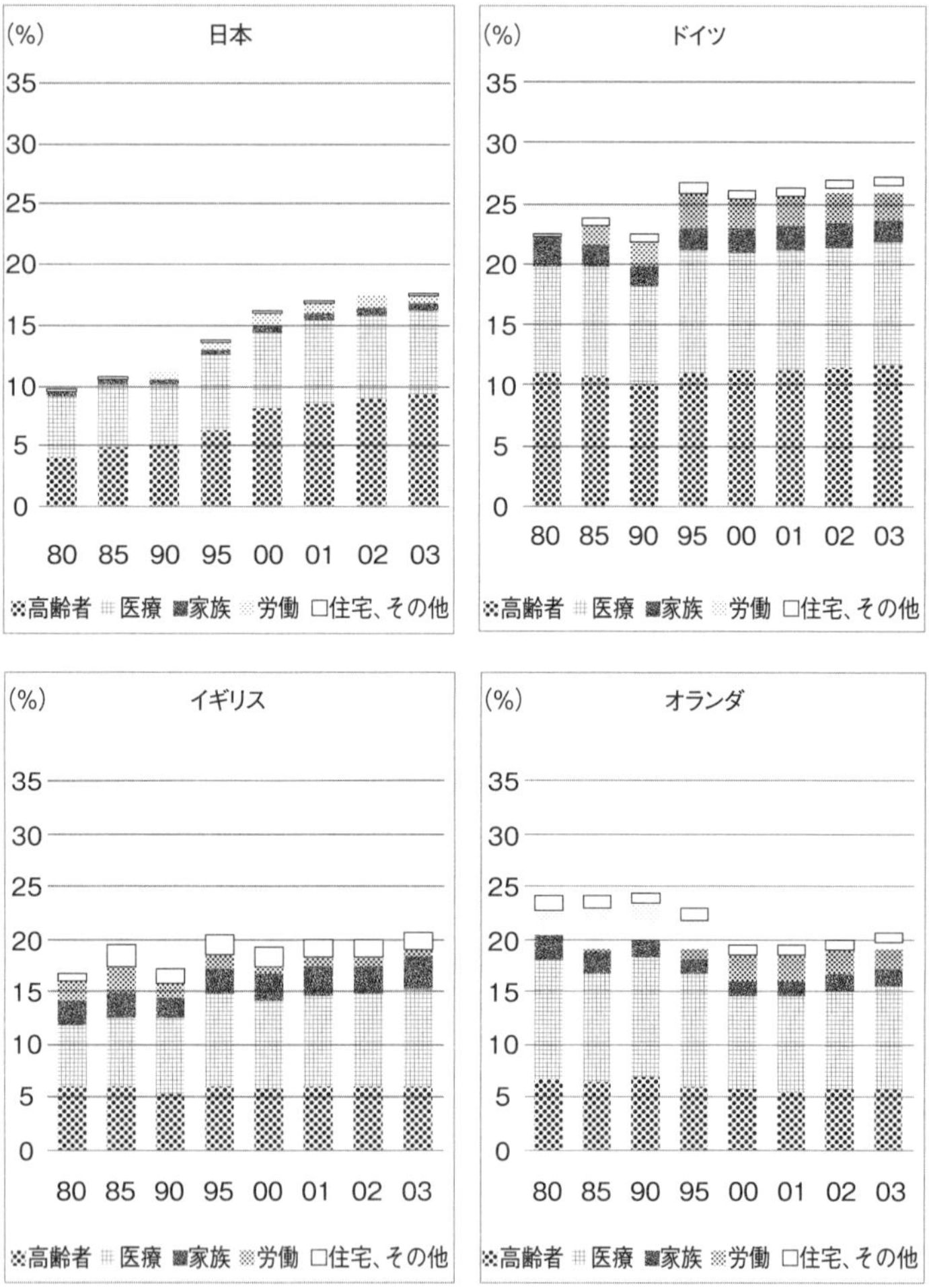

（出所）OECD,Social Expenditure Database
（注）高齢者は遺族対策費を含む。医療は障害者費を含む。労働は失業手当、職業訓練費を含む。

者向けの支出に関しては9・3%であり、ドイツの11・7%より低いものの、イギリスの6・1%、オランダの5・8%を大きく上回っている。では、何が低いのか。日本は医療費も低いが、もっとも低いのは家族を助ける支出だ。日本の0・7%に対して、ドイツは2・0%、イギリスは2・9%、オランダは1・6%だ。イギリスは、高齢者のための支出が日本の3分の2にすぎないのに、子供のためには日本の4倍以上も支出している。イギリスは、高齢者が我慢して、子供を育てる若者を助けている。これこそが未来のために現在を犠牲にする不屈のジョンブル魂だと私は思う。

日本が、中福祉中負担の国家を目指すなら、まず若者を助けるべきではないだろうか。高齢者向けの社会保障支出は、すでにイギリスやオランダを上回っているのだから。現在、消費税を早期に引き上げて高齢社会を支えようという議論があるが、今引き上げた消費税収は今使ってしまい、将来、本当に必要になったときには残っていないだろう。すなわち、団塊の世代の人々が本当に高齢化し、医療費を使い、年金をフルに受給し始めた時には、今引き上げた税収はすでに使い果たされているだろう。

もし、今、消費税を引き上げるなら、その税収は、家族対策に使うべきだ。その理由は、第1に、すでに高齢者への社会保障支出は、ヨーロッパの福祉国家を上回っているからである。第2に、家族対策に使って子供が増えれば、将来の担税力が増すことになるからだ。第3に、子供が増えなくても、今の子供のために使えば、将来、彼らに税を課すとしても、まだ公平になるからだ。

残念ながら、今消費税を上げて、現在の高齢者のために使ってしまおうという議論が盛んになっている。もちろん、現在は不況で消費税増税は不可能だが、「スキあらば増税」の風潮があることは否めない。

イギリスとオランダに学ぶべき

1980年から見ると、日本の社会保障支出の対GDP比は、顕著に上昇している。もちろん、低いレベルから上昇し、まだヨーロッパの福祉国家の段階に達してはいないのだが、そのうちで高齢者への社会保障支出は、すでにヨーロッパの福祉国家のレベル以上のものになっている。一方、オランダを見ると、対GDP比24・1%という高いレベルから出発して、2003年では20・7%に縮小している。この期間、オランダも高齢化が進んでいる。それでも社会保障支出の削減に成功したのである。イギリスの社会保障費も、上昇はしているが20%のレベルで抑えられている。

ヨーロッパの福祉国家は、まだ理性を失っていない。少なくとも、イギリスとオランダは分かっている。働いている人々から税金と年金保険料を取り立てれば、老後が安心になるわけではないことを分かっている。子供が生まれて、教育を受け、その子がきちんとした仕事を持って初めて、安心して老後を迎えられる。もちろん、子供の親が仕事を持っていることが前提だ。だから、まず子供が生まれるように支援し、次に雇用があるように支援し、最後に来るのが高齢者のための年金だ。

人口減少は恐くないが、高齢化は恐い。ただし、それは、高齢者が、自分たちが産み育ててはいない若者の負担で、老後の生活を維持しようとしているからである。現在および近過去の高齢者は、子供を産まなかったし、育てなかった。しかも、生まれてきた若者に良い職を与えることもできなかった。だから、数が少なく、貧しくもなった若者に依存して、高齢者が、高い年金を得たり、良い医療を受けたりすることはできない。これは当たり前のことではないか。高齢者が、自分たちが悪いから仕方がないと諦めてくれれば、なんの問題もない。諦めてくれないから問題になるだけだ。

高齢者優遇を改めても、高齢者が生活できなくなる訳ではない。現在の豊かな日本の年金を半分にしても世界一豊かなアメリカと世界一の福祉国家であるスウェーデンに劣らない。すぐさま高齢者へのサービスを削って、若者を負担から解放すべきだ。

人口が減るだけなら問題ない。国力は、大雑把に言って、1人当たりの力×国民の数だから、人口が減れば国力は低下するだろう。しかし、1人当たりの力が数の減少を補えば、国力は落ちなくてもよい。また、そもそも、国力が重要だろうか。私たちがあこがれる国は、人口の多い国ではなくて、一人一人が豊かな国、そして、その豊かさを魅力的に使っている国ではないだろうか。

第４章　世界に開かれることは厄介なのか

日本が世界経済の影響を受けることが多くなった。世界金融危機は、日本国内の金融危機の度合が外国と比べて格段に小さいにもかかわらず、日本経済に大きな打撃を与えている。しかし、私たちはあまり気がついていないが、日本こそ世界経済に大きな影響をもたらしている。

世界的ベストセラーになったトーマス・フリードマンの『レクサスとオリーブの木（上下）』（草思社、2000年）で、オリーブの木は土着の文化を表しているが、グローバリズムを象徴するのはトヨタのレクサスであり、日本こそがグローバリズムの担い手である。にもかかわらず、日本ではグローバリズムへの被害者意識が強いように思われる。たとえば、中国は日本の一方的脅威である、海外への投資は常に損失をもたらす、輸入は日本の産業を脅かす、などである。しかし、これらの被害者意識に根拠は乏しい。

本章では、世界の国々と日本経済の関係について考えていこう。

1．中国のＧＤＰは、本当はいくらなのか

世界銀行のデータ集「世界開発指標」が、２００８年版から、購買力平価で換算した中国のＧＮＩ（国民総所得、ここで行う大ざっぱな比較では、ほとんど違いがないので、以下、ＧＮＩと国民総生産＝ＧＮＰと国内総生産＝ＧＤＰを同じものとして扱う）を引き下げたことが話題になった。２００７年版で、２００５年で１人当たり６６００ドルあった中国の１人当たりＧＮＩを、４１００ドルまで引き下げてしまった（２００７年は５４２０ドル）。

この修正について、中国のＧＤＰを高くしておくと、すぐにアメリカのＧＤＰを追い越してしまうからまずいと考えて修正したに違いないという説があった。しかし、中国の過去の購買力平価ＧＮＩのデータには、１９８６年のアメリカとの相対物価に基づいていると注がついていた。86年以降、中国の物価はアメリカよりも上がっているから、修正しなければならない。２００８年版のデータの方が正しいのだろう。

なおここで、為替レートで計ったＧＤＰではなくて、購買力平価で計ったＧＤＰを用いるのは、所得の低い国ではサービス価格が低いなどの内外価格差の歪みが調整され、１人当たりの生活水準をより正確に表すからである。

中国のGDPを過去にさかのぼる

世銀の改訂ほど目立たなかったが、世界各国のGDPデータを長期にわたって推計していることで高名なグローニンゲン大学のアンガス・マディソン教授も、中国のデータを、わずかだが下方修正している。世銀の新データが1980年からしかないのに対し、マディソン教授のデータは、紀元1年から2006年までである。そこで、さらに過去にさかのぼって、中国のデータを見てみたい。

ただし、両方のデータを接続しようとすると困ったことが生じる。まず、マディソン・データは、1990年基準の実質購買力平価ドル表示であるのに対して、世銀データは名目の購買力平価ドル表示である。そこで、世銀の数値をアメリカの消費者物価指数を用いて、90年基準の値に実質化した。

図1は、その結果を示したものである。ここでも困ったことが生じる。先進国のデータは、世銀データを実質化したものとマディソン・データで1割程度の違いしかないが、中国のデータは、マディソン・データでは2006年で6048ドルだが、世銀データでは3041ドル（90年基準に実質化したもの）となる。世銀データはマディソンの半分となって、無視できない違いとなる。

中国は、1970年代の末から毎年実質10％成長をしてきたわけだから、2006年の1人当たりGDPが3041ドルとすると、80年ごろのGDPは極めて低いことになる。実際、1980年の中国の1人当たりGDPは、マディソン・データで1061ドルであるのに対して、世銀

図1　中国と日本の実質購買力平価GDPとGDIの推移

(1) 1～1930年

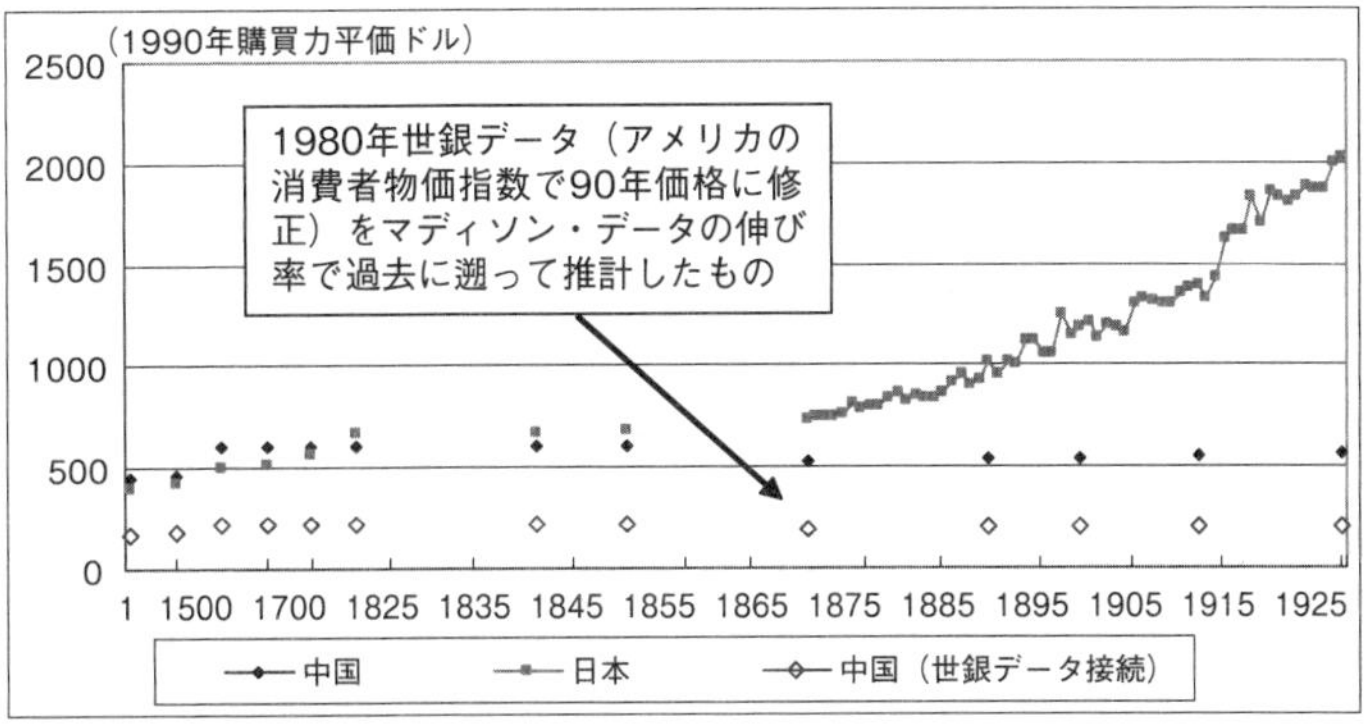

(2) 1930～2004年

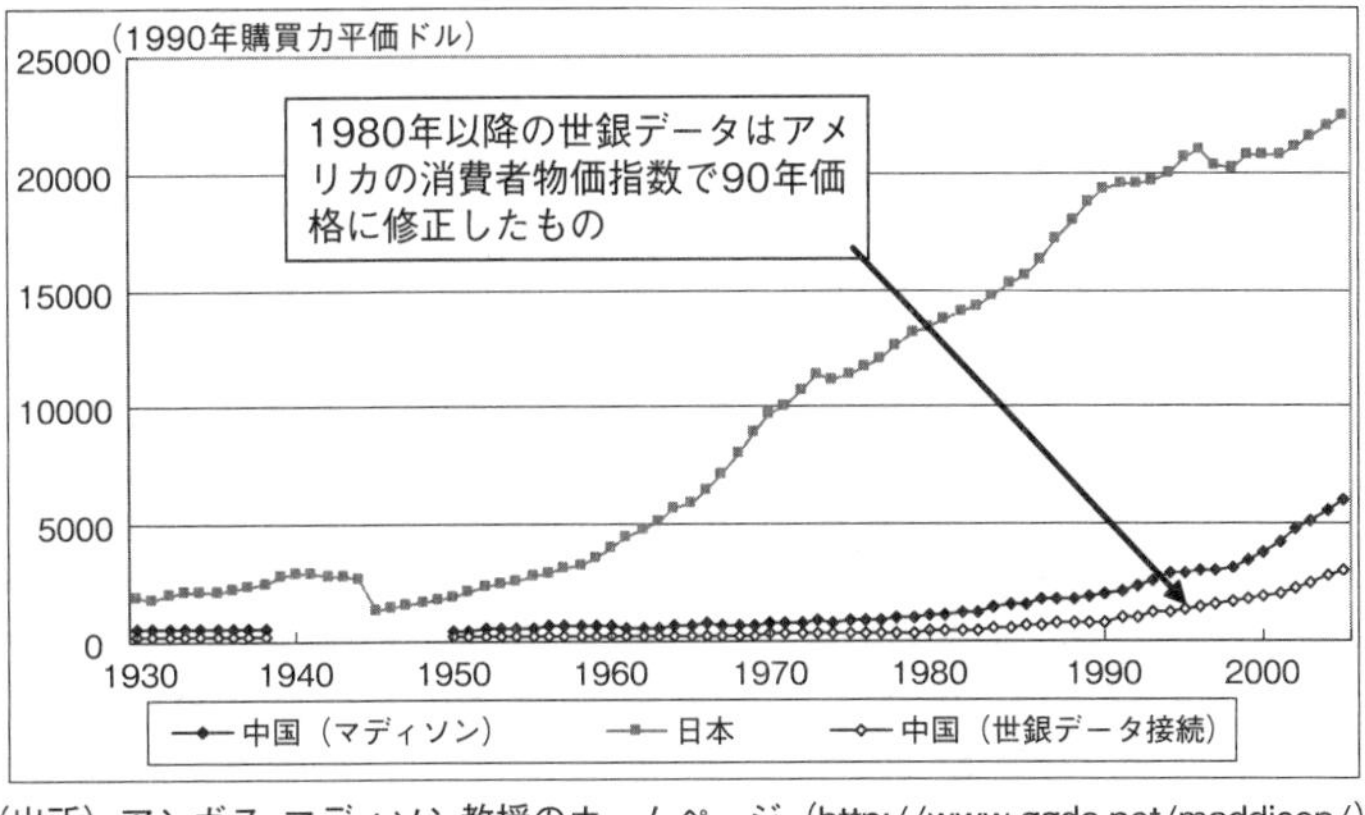

（出所）アンガス・マディソン教授のホームページ（http://www.ggdc.net/maddison/）、World Bank, *World Development Indicators*、U.S. Department of Labor

（注）1．1840年のデータは、原田が線形補間したもの。

2．中国（世銀データ接続）の1980年以降のデータは、世銀の経常ドル価格をアメリカの消費者物価指数を用いて90年価格に修正したもの。中国（世銀データ接続）の1979年以前は、マディソンの伸び率で作成したもの。

データ（実質化したもの）では397ドルになる。世銀は93年基準の購買力平価換算で400ドルを最低生存水準（なんとか生き残れる所得という意味）とみなしているので、１９８０年の中国はその水準にあったことになる（筆者の友人の何人かの中国専門家に尋ねると、80年ごろの中国の所得は400ドル程度の生存水準にあったのではないかという）。

１９８０年の世銀の推計値が正しいとして、これにマディソン・データの成長率を当てはめて過去にさかのぼって推計していくと、１９５０年の１人当たり実質購買力平価ＧＤＰは167ドル、１８２０年は224ドルということになる。これでは生存水準を大きく下回ってしまう。

マディソン・データでは、中国の１人当たり実質購買力平価ＧＤＰは、１８２０年で600ドル、１９１３年で552ドル、１９５０年で448ドルである。すると、中国の１人当たりＧＤＰは、１９８０年時点で生存水準ぎりぎりという現在の世銀データが正しいのであれば、１８２０年以来、改革開放政策の採用される１９７０年代末まで、低下し続けてきたと考えるのが自然ではないか。すなわち、中国の生活水準の上昇は80年代から急激に起こった現象で、それ以前の毛沢東体制下にはなかった現象ということになる。もちろん、１８２０年の中国の１人当たり実質購買力平価ＧＤＰが、600ドルではなく、生存水準の400ドルであったと考えることもできるが、その場合も、毛沢東時代の発展はあったとしてもわずかなもので、中国経済は70年代末まで長らく低迷を続けていたとみるべきだろう。

国を豊かにするのは開放主義

中国の1人当たりGDPのデータは、儒教も共産主義も人々の生活水準を引き上げることはできないと考える私にとっては都合の良いデータだ。まず、マディソン推計によれば、1820年において日本の1人当たりGDPは669ドルで、中国の400〜600ドルよりも高かった。江戸の封建制は、儒教帝国の体制よりも優れていたと言える。江戸時代の人々は聖人君子の言葉を学んでいたが、現実の中国を見たことはなかった。幕末の志士が香港に行って初めて、西欧列強に支配された中国の惨めな生活を見たと言われている。しかし、彼らが実際に見たものは、西欧列強に支配される以前からの貧しい中国だったのではないか。

毛沢東体制下でも、所得はほとんど上昇することがなかった。儒教も共産主義も、人々の生活水準を向上させたことはなかった。向上させることができるのは、国を海外に開き、自由な資本主義体制を採用することだけなのに、今日の日本で、閉鎖的、道徳的論議が盛んなのは残念だ。

2. なぜ中国は急速な成長ができるのか

世界経済における中国の存在感が急速に高まっている。世界の輸出に占める中国のシェアは9・1%であり（2008年、IMF, *International Financial Statistics*）、世界の石油消費に占めるシェアは8・5%である（2006年、米エネルギー省、*International Energy Annual*）。輸出シェアは2004年に、石油消費シェアは2003年に日本を追い抜いている。しかし、中国が世界経済において重要な存在であるのは別に新しいことではない。歴史をさかのぼると、中国は世界経済において重要な地位を占めていた。現在の中国経済を理解するためには、100年単位の歴史的視野が必要だ。

アヘン戦争時の中国のGDPは、英の3倍・日本の5倍

アヘン戦争（1840~1842）が勃発した1840年の中国経済について考えてみよう。中国の1人当たり購買力平価GDPは、前節のマディソン推計によれば、イギリスの3・3分の1、アメリカの2・7分の1だった。1人当たりの数字は小さいが、中国は膨大な人口を持っているがゆえに、国力を表す国全体のGDPは巨大だった。

図2に見るように、1840年では、中国のGDPはイギリスの4・4倍、アメリカの8・5倍、日本の11・2倍だった（ここではマディソンの推計値が正しいとする）。19世紀の末にイギリスのGDPは中国に近づいたが、中国を追い抜くことはなかった。アメリカのGDPは1880年代に中国を追い抜いたが、日本のGDPは19世紀の末でも中国の4分の1だった。つまり、中国の経済規模は、世界経済に影響を与えるのに十分なくらい大きかったのだ。ちなみに中国の世界輸出シェアは、1930年まで日本と拮抗《きっこう》していた。

では、膨大な国力を持つ中国が、日本を含む列強の半植民地になったのはなぜだろうか。1人当たり購買力平価GDP×人口は国力の基礎だが、軍事力において重要なことは力を集中させる

ことで、集中させることのできない国力は力ではない。イギリスや日本は力を集中させたからこそ、アヘン戦争や日清戦争に勝利することができた。毛沢東体制下の中国がこれを教訓として、1人当たりの経済力を引き上げるのではなく、力を集中させる体制を作ることに熱中したのも、分からないことではない。だが、1人当たりの力を低下させた結果、国力は弱まることになった。

急速な成長の秘密は過去の経済停滞

第2次大戦前、日本経済は中国よりも小さかった。日本の経済規模が中国を追い越したのは戦後の高度成長の結果である。しかし、1970年代末に、中国がその経済を世界に開放し、急速な経済成長を始めた後、1990年代に中国の購買力平価GDPは日本を上回った（2009年か10年には、為替レート

図2　中国、アメリカ、イギリス、日本の実質購買力平価GDPの推移

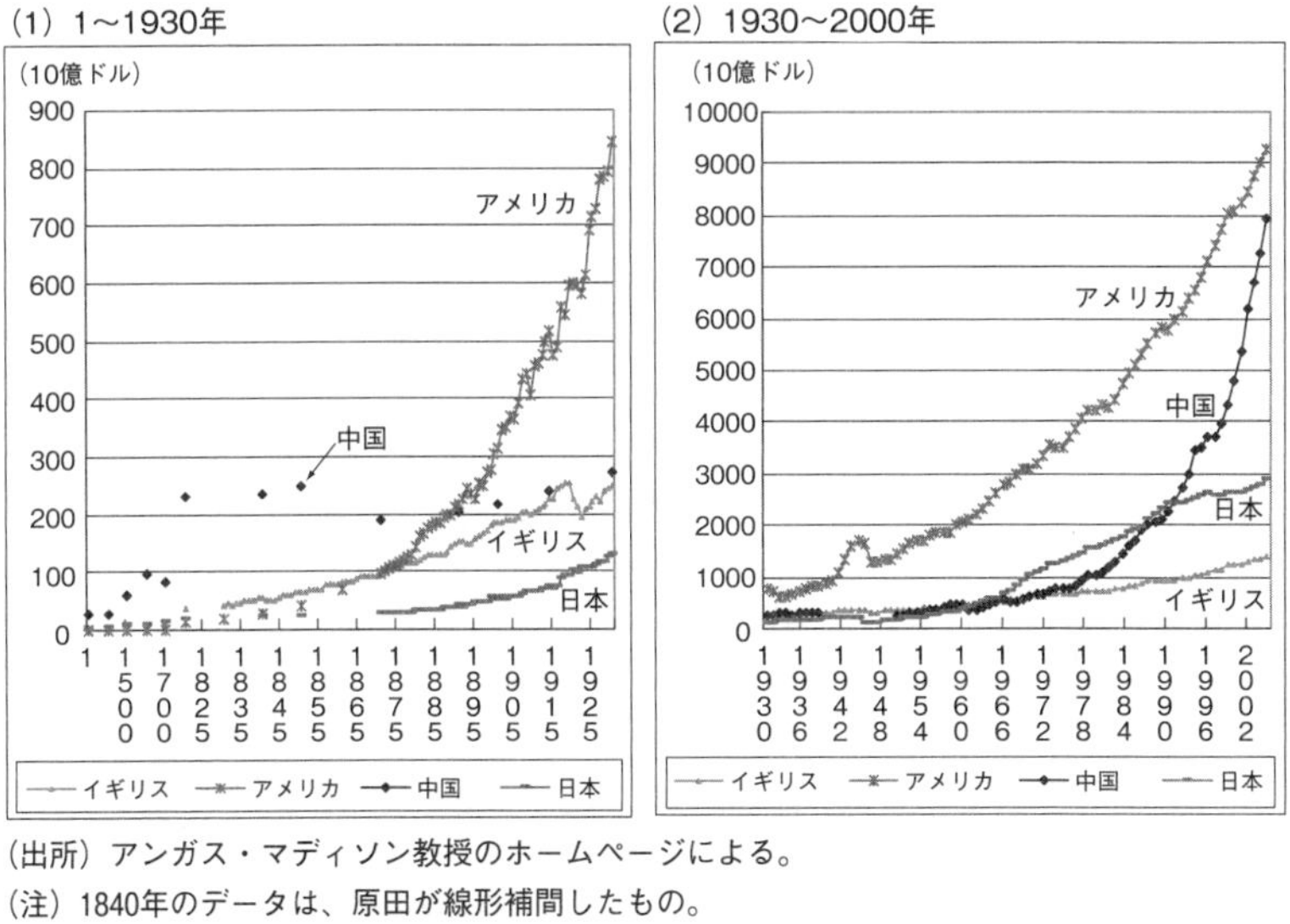

（出所）アンガス・マディソン教授のホームページによる。
（注）1840年のデータは、原田が線形補間したもの。

換算のＧＤＰでも上回ることになる）。

第２次大戦前の革命運動と戦争の騒乱の中でも、中国経済はそれなりに成長しており、先進国から決定的に立ち遅れたという訳でもなかった。中国経済は第２次大戦後に停滞し、その後１９７０年代末から発展を開始したと考える方が実態に近い。中国経済は「新たに発展している」のではなく「長い猶予期間から急速に回復している」のである。その結果、中国は世界経済の中での存在を増大させている。

現在の中国の急成長の秘密は、かつて経済が停滞したことにある。経済的に発展した国と遅れた国の間には差異がある。しかし、遅れた国はその差異を利用できるという利点がある。遅れた国は進んだ国の制度、ノウハウや技術を模倣して、より高い成長を実現できるからだ。これはキャッチアップ型の成長と呼ばれる。

キャッチアップ型成長のできる国とは？

現実の世界を見ると、キャッチアップ型成長のできる国とできない国がある。キャッチアップ型成長をするためにはいくつかの条件が整わなければならない。

第1は、遅れていることを、人々が自由に認識できなければならない。中国では狭量なナショナリズムと共産主義イデオロギーによって、人々の自由は制約されていた。１９７０年代末の鄧小平の改革開放路線によって、この制約を破壊したことが発展へのきっかけとなった。

第2に、キャッチアップ型の成長をした人々に報酬が与えられなければならない。富の創造は搾取ではないと認識され、私的所有権が保証されている必要がある。私企業の隆盛と大都市の消費水準の向上を見れば、中国の取り組みが成功したことは明らかだ。

第3に、人々がキャッチアップすべき差異に対して自由に反応できなければならない。中国の人々は、この差異を自由に認識できるようになったものの、「反応」については依然として障壁が残っている。農村地域の人々が繁栄する都市地域に自由に移動できないことなどはその典型だろう。これが経済成長の足かせとなっているのは明らかだ。

中国は1990年から2007年までで10％の実質GDP成長を達成したが、雇用の成長は1％に過ぎなかった（中国の雇用の停滞については本章「4．中国の雇用はなぜ伸びないのか」参照）。これは、一つには人々の自由な移動が制約されているからだ。もし人々が自由に都市に来ることが可能なら、中国はさらに高い成長ができるだろう。中国の人々は改革開放路線によって先進工業国とのキャッチアップすべき差異に気付いている。しかし、それに気付いた人が自由に移動できないなど、中国政府は依然として国としての潜在能力を生かしきれていないようだ。

3．中国は脅威なのか、お得意様なのか

日本の中国経済に対する見方は、ここ20年で大きく変わった。1990年代初めまでは、雁行

形態論が主流の見方だった。日本が先頭を飛ぶ雁で、その後にアジアNIES、ASEAN、中国が行儀良く並んで飛ぶというイメージだ。しかし、90年代央以降、生まれてきたのは中国脅威論だ。中国はその無限の低賃金労働力で、日本の製造業を世界中から駆逐してしまうというわけだ。ところが、一転、2000年代以降の新しい理論は、中国特需論だ。発展する中国の需要が、デフレに悩む日本経済を救うというものだ。世界金融危機の後でも、基本的なストーリーは変らない。中国が巨額の公共投資で不況からいち早く脱却し、日本からの輸入を拡大してくれることを期待している。

この3つの理論はあまりにも違いすぎる。これは、これらの議論のどれもが一面的だということを示唆している。そこで、そもそも、隣の国が豊かになると、日本はどうなるのかを一般的に考えてみよう。もし隣国が日本の競争相手であるなら、日本は貧しくなるかもしれない。しかし、中国が日本のお客であるなら、日本は中国の発展でより豊かになるはずだ。そして、隣の国が日本の供給業者であるなら、日本はより安価で良質の物を買えることで利益を得られる。

競争相手、お客、それとも供給業者？

では、中国は日本の競争相手、お客、それとも供給業者なのだろうか。第1に、中国は日本の競争相手ではない。図3は、1995年、2002年、2006年について、日本と他の国との輸出競合度を示す指標を試算したものである。この指標は、もし様々な製造業の輸出品の全製造業輸出に占める割合が日本と同じであれば1、まったく違っていればマイナス1となる。日本の主要な輸出品は、鉄鋼、事務用機器、電子部品、自動車などであり、これらの品目の製造業輸出に占める比率は高い。韓国は同じような財を輸出しており、これらの財の製造業輸出に占める比率も日本と同じようになる。中国は、事務用機器、電子部品は輸出しているが、鉄鋼や自動車はほとんど輸出していない。したがって、これらの比率は日本とは異なる。図を見れば、韓国やアメリカは日本との競争者だが、中国やＡＳＥＡＮはそうではないと分かる（この分析方法の詳細については、原田泰・熊谷聡「中国の発展は日本の利益になっていた」大和総研、２００４年４月27日、参照）。

第２に、中国は日本の良いお客である。日本は中国との間で貿易赤字となっているが、香港を考えると異なった姿となる。日本は香港に多くの財を輸出し、香港は多くの財を中国に輸出している。日本と香港を含めた中国との貿易収支を考えると、日本の黒字となることが多い。

第３に、中国は日本の良い供給業者である。日本の中国に対する輸出品と中国からの輸入品の価格の比（交易条件と呼ばれる）をみると、90年代では上昇していた。日本は、価格の下落しているものを輸入し、価格の上昇しているものを輸出してきた。日本は、より少ない財でより多くの財を入手できた。中国との貿易で利益を得ていたのは日本である（ただし、２０００年以降では、日本の中国に対する交易条件は横這いとなっている）。

自然は飛躍しない

では、将来はどうだろうか。中国が近い将来に日本の恐るべき競争相手となるだろうか。正直な答えは、「分からない」である。しかし、「自然は飛躍しない」。中国は着実な発展を続けるだろうが、飛躍することはできないだろう。毛沢東時代の大躍進政策は悲惨な失敗だった。

日本の中国経済への揺れ動く見方は、日本の国内経済問題を反映している。日本経済が停滞しているとき、中国経済は現実よりも大きく見える。日本経済が順調に回復しているときには、中国経済について冷静に考えることができる。

あるいは、宋の時代について考えてみたらどうだろうか。1000年前、日本の生活水準が中国の10倍以上になると予想した人はいなかっただろう。第2次大戦前でも、日本の生活水準は中国の4倍だった。第2

共産主義体制が第2次大戦後の中国経済の発展を妨げたのだ。しかし、中国は共産主義のイデオロギーを捨て去り、資本主義に帰依している。誰も中国の発展を止めることはできない。隣国の発展は現在までは日本の利益だった。私は、これで十分、満足

図3　工業製品の日本との輸出競合度

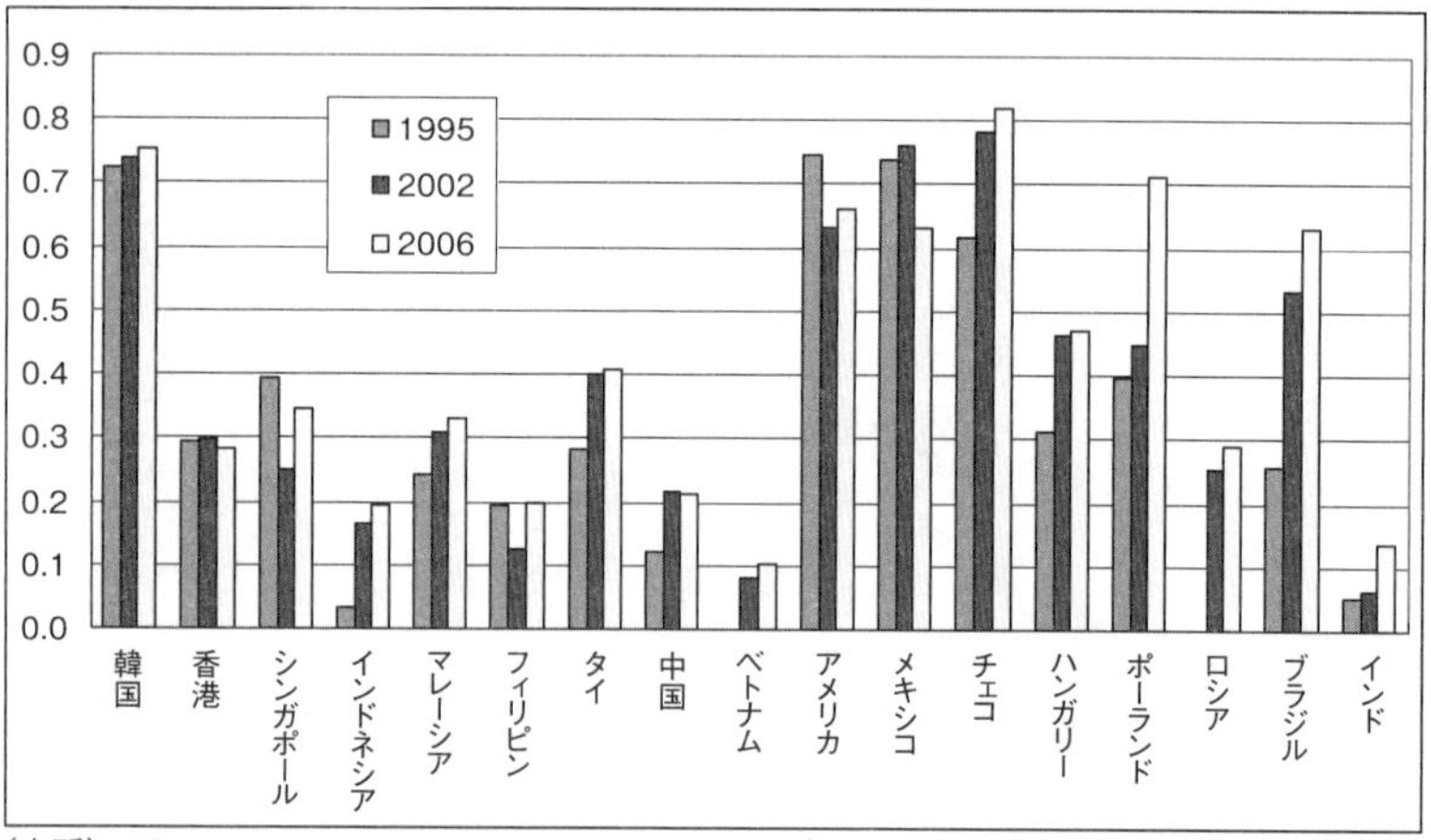

（出所）COMTRADE, UNCTAD, Statistics Division（UNSD), PC-TAS Data
（注）SITC（Standard International Trade Classification、標準国際貿易分類）の工業製品（5－8分類）について5桁レベルの細分類の商品について輸出競合度を計算した。

すべきと思っている。(本節の分析はアジア経済研究所の熊谷聡氏に協力していただいた。)

4. 中国の雇用はなぜ伸びないのか

中国の経済が素晴らしい成果を示していることは誰でも知っているが、その雇用が伸びていないことを、高成長との対比で問題にした論考はあまりないように思われる。中国は10%の高成長を続けながら、失業問題に悩んでいる。しかし、もし10%の半分でも雇用が伸びれば、失業問題などありえなくなる。成長と雇用はともに重要である。このことを先進国に広げて考えてみよう。

図4は、中国、日本、アメリカ、フランスの実質GDPと雇用(中国は就業者)を比べたものである(ドイツではなくフランスをヨーロッパ大陸諸国の例としたのは、ドイツは東西ドイツの統合で統計の意味が断続しているからである)。

まず中国の実質GDPと就業者数を比べたものから見ていこう。就業者数については、1990年で統計の断続があるが、それでも傾向は変わらない。実質GDPは1980年から2007年まで10・0%で成長してきたのに就業者数の伸びは低い。統計の断続を考慮して、80年から89年までと90年から2007年までを見ると、それぞれ3・0%と1・1%である。10・0%の実質GDPの伸びに対して、雇用の伸びは80年から89年まではその3分の1以下、90年から200

図4　雇用と実質 GDP

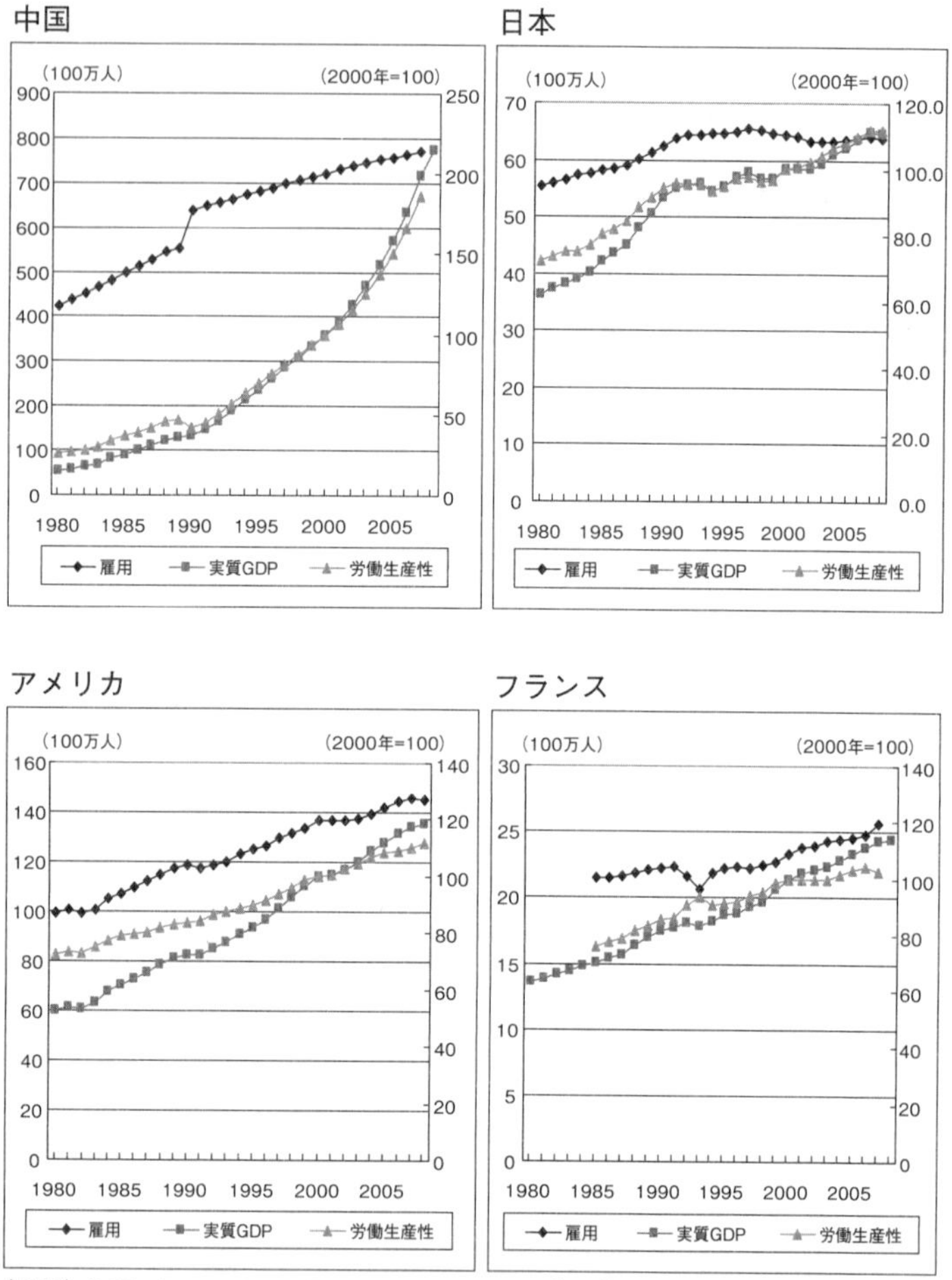

(出所) IMF、*International Financial Statistics*、中国統計年鑑、総務省統計局「労働力調査」

(注) 実質 GDP 指数は2000年＝100、労働生産性指数＝実質 GDP ÷雇用で2000年＝100としている。フランスの1990年の雇用は異常値なので89年と91年の平均を取った。

0年まではその9分の1である。この雇用弾性値は、成功したと言われる途上国では2分の1以上が通常である。もし、この値が2分の1であれば、中国の雇用は2007年において、現実の7・7億人ではなくて15・8億人になっていたはずである。この値は中国の人口よりも大きい。すなわち、中国は雇用問題をとっくに解決していたことになる。

中国で豊富なのは労働であり、資本は稀少なはずである。稀少な資本を用いて豊富な労働を使わないことによって、中国経済には非効率が生じているに違いない。

アメリカの労働生産性もそれほどは伸びていない

実質GDPと雇用を、日本、アメリカ、フランスで見ると、日本は雇用の伸びが特に低い。1990年から2007年まで、アメリカの雇用が年平均1・2%伸びていたのに、フランスは0・8%、日本はわずか0・2%である。実質GDPの成長率を見ると、アメリカが2・9%、フランスが2・0%に対して日本は1・2%と、アメリカに1・7%ポイントもの大差をつけられている。

図には雇用当たりの実質GDP、すなわち労働生産性も示している。90年以降、実質GDPの伸びはアメリカが日本とフランスを圧倒しているが、労働生産性の伸びではアメリカはそれほどでもない。生産性の伸びは、アメリカ1・6%に対してフランスは1・1%、日本は1・0%と差は0・5~0・6%ポイントとなる。

重要なのは、生産性の伸びとともに雇用の伸びである。中国の雇用が伸びないのは、労働が自由に国内を移動できないなどの制約があり、また金利が人為的に低くされているので資本で労働を代替しすぎているからだろう。フランスの雇用があまり伸びないのは、労働市場が硬直化しているからだろう。日本の雇用が伸びないのは、デフレにより実質賃金が上昇してしまったからだ（これについては第5章「4．『大停滞』の犯人は見つかったのか」、よりテクニカルには、原田泰・岩田規久男『デフレ不況の実証分析』第4章、東洋経済新報社、2002年、参照）。これらの問題を解決すれば、中国もフランスも日本も、より高い成長ができるだろう。

5．円は安すぎるのか

日本の為替レートが低すぎるという説がある。もちろん、1971年までの1ドル＝360円に比べれば、2009年8月の1ドル＝95円というレートは、3・6倍以上にも上昇している。しかし、物価を調整した実質レートで考えれば、円は記録的に安くなっているという。

なるほど、図5に見るように、日銀の作成した、日本の貿易相手国のウエイトと相対的なインフレ率で調整した「実質実効為替レート」は、2009年で110をわずかに上回った水準にある。実質実効為替レートは1973年を100とした指数なので、円はほぼ1973年の水準にあることになる。07年7月の時点では、これが90まで低下していたのだから、確かに日本の円は安すぎるということになる。

賃金を基準にすると、90年代の為替レートは高すぎた

しかし、単に物価で調整しただけで、本当に円が安いと言えるのだろうか。別の観点からも検討してみよう。

為替レートが高くなるとは、日本人の賃金が国際的に見て高くなるということである。図5は、日本の時間当たり賃金を、円とドルで見たものである。バブルがはじけた1990年から90年代後半まで、「失われた十年」の途上で、円での時間当たり賃金は2割以上上昇した。経済停滞期に

図5　国際的に見た日本の賃金と失業率

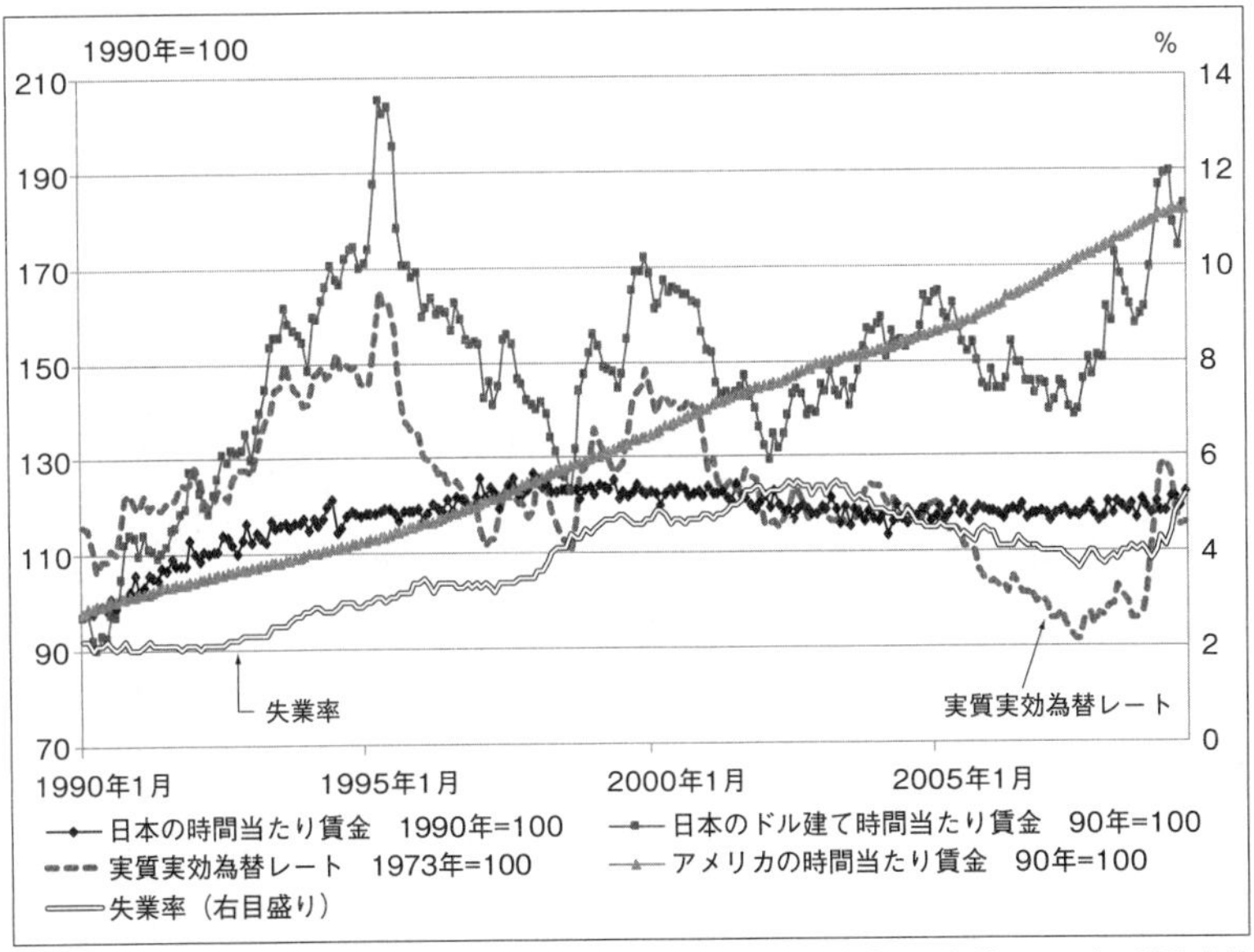

（出所）厚生労働省「毎月勤労統計」、日本銀行「外国為替相場」「実効為替レート」、総務省統計局「労働力調査」、米労働省「時間当たり賃金、民間」

（注）1．賃金、労働時間は５人以上、現金給与総額、一般労働者、パート計、調査産業計。為替レート以外は季節調整値。

2．日本の時間当たり賃金＝賃金指数÷労働時間指数

賃金が2割上がるだけでも大変なのに、ドルで見た賃金はこの間、2倍以上に上昇した。もちろん、2倍以上になったのは円が1ドル＝80円を切るまでに上昇した95年前半のことで、これを除けば1・5倍前後に収まっている。しかし、1・5倍でも大変なことだ。

国際的に見て賃金が上がるとは、日本人の労働が高く評価されるということを意味する。具体的に言えば、海外の原材料やブランド品を安く買えるということだ。ドル建ての賃金が1・5倍になれば、これまでと同じ労働をして、海外のものを1・5倍多く買える。ブランド品はともかく、円が上がれば食料や原油も安く買える。食品が安くなれば、豊かでない人は特に助かる。原油が下がればガソリンも下がって、車を多く使う地方も助かる。良いことではないかという声があるだろう。もちろん、良いことだ。しかし、賃金を無理やり上げれば、仕事を失う危険がある。それに、食品価格を下げたいのなら、農産物の自由化など、他に方法がある。

アメリカの賃金と均衡して、失業率が低下した

図5には、アメリカの賃金も示している。当然のことながら、ドル建てのアメリカの賃金は為替レートの変動に左右されないので、安定的に上昇してきた。日本のドル建て賃金も、アメリカの賃金も、1990年を100としている。90年の日米賃金が国際競争力で見て均衡していたとしよう。その後、95年までの5年間に、アメリカの賃金は1割余りしか上昇していないのに、日本の賃金は2倍以上になってしまった。日本の労働生産性が、5年間で、アメリカよりも90%高く上昇しないと、日本の相対的な国際競争力は維持できないということである。

そんなことは不可能なので、日本企業の経営は苦しくなり、リストラをするしかない状況に陥った。日本の失業率は、90年の2％から、2001年には5％を上回る水準まで上昇した。日本で失業率が上昇している間、アメリカの賃金が安定的に上昇していったのに対して、日本の賃金は伸びず、円も下落した。その結果、2000年代の初めには日本の賃金は、アメリカと均衡するようになった。2002年以来、日本の景気は回復が続き、02年から03年にかけて5・5％まで上昇した失業率もその後低下に向かい、07年には4％を切るようになった。08年の末から、輸出の急減で景気は悪化し、失業率は上昇しているが、賃金は90年代のように上がってはいない。これは、雇用を維持する上では良いことだ。

要するに90年代の日本は、円の上昇によって国際的に見た賃金水準が上がり、海外のものを安く買えるようになった半面、仕事を失うことになった。

賃金が上がるのは良いことに決まっている。しかし、仕事を失ってまで高い賃金を求めるのはどうかしている。

6. 経常黒字をため込むことは必ず損なのか

石油価格の高騰や世界金融危機にもかかわらず、日本は経常収支の黒字を維持している。世界金融危機で日本経済もアメリカ経済も停滞しているが、停滞の度合いは日本の方が酷い。経常収支黒字国の日本は豊かではなく、赤字の米国が、少なくとも08年の前半まで繁栄を謳歌《おうか》していた。

経常収支が黒字であり、かつ円が国際通貨でない状況においては、日本はドルで対外債権を持つことになる。ところが、ドルは金の裏づけを持たない紙切れにすぎず、日本がいくらドルをためても、その価値は減価してしまう。だから日本は一刻も早く黒字を減らし、自分のために使うべきであるという説がある。働いてためこんだ日本人が損をして、働いている以上に消費を楽しんでいる米国人が得をしているのはおかしい。日本は、不正なメカニズムにからめとられているのだという感情には根強いものがある。

経常収支の黒字とは海外への投資である

経常収支が黒字であるとは、日本が海外に投資をしていることを意味する。経常収支とは、輸出（サービスを含む）から輸入（サービスを含む）を差し引いたものである。もしこの差がマイナスであるなら、どうやって輸入代金を払ったのだろうか。家計の場合と同様に、支出よりも収入が少なければ借金をしたに違いない。経常収支が黒字であればこの逆で、海外にお金を貸しているはずだ。したがって、経常収支が黒字であるときは、海外に投資をしていることになる。

日本の経常収支が黒字であれば、必ず海外に投資をしており、海外の資産を持つことになるが、それがドルという紙切れまたはドル建ての海外資産でなければならないということはない。だが、日本の持っている海外資産の大きさから、これをドル以外の外貨建ての資産で持つのも難しい。

そこで、ドル建ての資産を持つと損をするという議論が盛んである。

しかし、ドルはただの紙切れではなく、米国や世界中のものを買える価値ある紙切れである。その紙切れ建ての資産に投資することが、日本に投資することや金を持つことに比べて必ず損だという根拠はない。米国が無分別に紙切れを刷ればインフレになってドルが減価するが、同時に金利も上がるからだ。

実際、海外投資に嫌悪感があるとしても、無理やり国内に投資をした結果は悲惨だった。公共投資を膨らませてみても、無駄な公共施設の山と財政赤字をつくっただけだった。

根拠がない海外投資惨敗説

自国の債券と外国の債券を長期に持ち

図6　米国投資は必ず損なのか

10年前に100万円投資した場合、各年にいくらの価値になっているか（円建て）

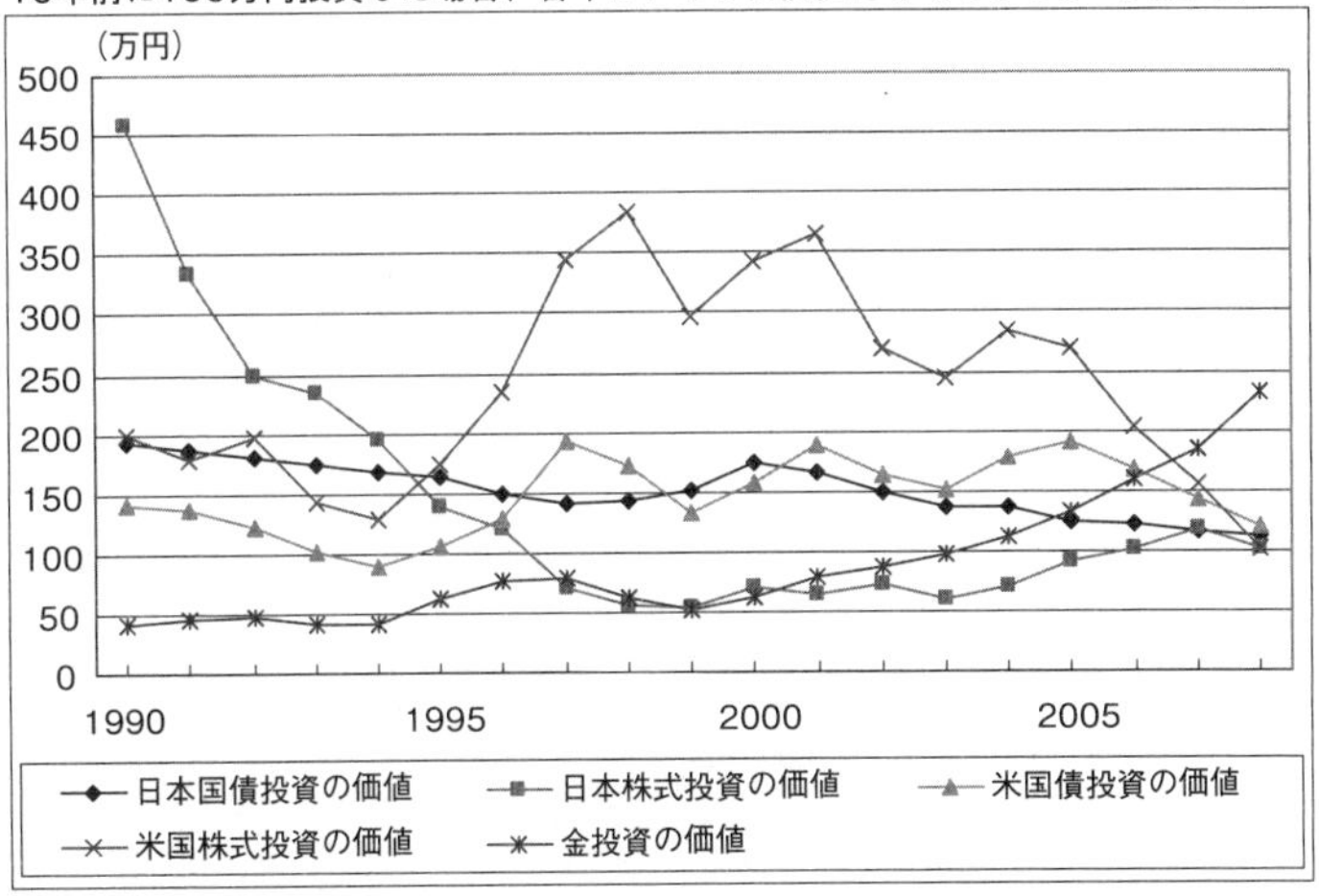

（出所）IMF, *International Financial Statistics*
（注）株式投資は配当を考慮していない。

続けた場合、為替の損失は金利差で埋め合わされ、得も損もあまり大きくないのが普通である。現実はどうだったのかを見てみよう。為替も金利も株価も金価格も大きく動いてきた。安いときに買って高いときに売れば得をしていると言い出すときりがない。図6は、日本の黒字がかなりの額になった1980年に、100万円をドルに換えて、米国債、米国株インデックス、金に投資して、10年後に円に再交換した額と、日本国債、日本株インデックスを買って10年後の額とを比べたものである（株の配当は考慮していないので、株は図の動き以上に利益があったことになる）。図の年は投資して10年後の年を表している。

年によって違いはあるが、1985年から1996年（この年に投資して1995年から2006年に現金に換える）までは、米国株に投資した場合が一番得だった。国債の場合は、米国債を持っていると日本国債を持っているよりもトクだった年が1年だけ多い。米国の金利は高かったが、円の上昇も大きかったからだ。金を買った場合は2003年までは儲からなかったがその後利益を得ている。

もちろん、これは過去の実績で将来どうなるかは分からない。しかし、経常黒字をため込んで海外投資をしたから損をしたという主張には根拠がない。

7. 経常収支の黒字はどれだけ円高をもたらすのか

ある国の経常収支が黒字になれば、その国の通貨は大きく上がる（あるいは、上がるべきである）と、多くの人は考えているようだ。例えば、中国の経常収支黒字は莫大だから人民元は引き上げられるべきであるという。しかし、経常収支黒字は、どれだけその国の通貨を引き上げるべきものだろうか。日本の場合について、経常収支黒字は、どれだけ円を引き上げる要因となっていたのだろうか。

為替レートは何で決まるのか

日本では、なぜ為替レートが変動するかについての数量的な判断に基づくコンセンサスは乏しい。しかし、為替レートとは自国通貨と他国通貨の交換比率であるという基本的事実を認めれば、「日本の財やサービスに対して、日本のお金が少なければ、日本の通貨の価値は上がる」が、とりあえずのコンセンサスとなるだろう。では、経常収支は通貨の価値にどのように影響するだろうか。

経常収支が黒字であるとは、海外に売ったものの代金が海外から買ったものの代金を上回っていることである。この差は、前節でも述べたように、海外への貸出か、投資になっている。

日常生活を例に考えてみよう。あなたが日々の生活で使った以上に稼げば、その差額は貯蓄になっている。多くの場合、その貯蓄とは、誰かに対しての貸出か投資になっている。銀行に預金しているとは、銀行にお金を貸していることである。

ある国の経常収支が赤字であれば、対外債務（対内投資を含む）が積み上がることになる。対外債務が積み上がれば、債務を返済してくれるかどうかが不安になり、その国の通貨は下落するだろう（逆に、対外資産が積み上がる場合は上昇する）。これはかつての南米諸国の通貨下落を考えればわかりやすい。

したがって、一般に円の対ドルレートは、

(1)日本のマネーストックが増えるほど低下
(2)日本の生産が増えるほど上昇
(3)日本の経常収支黒字が積み上がるほど上昇
(4)米国のマネーストックが増えるほど上昇
(5)米国の生産が増えるほど低下
(6)米国の経常収支赤字が積み上がるほど上昇することになる。

表1　為替レートを決めるもの

説明変数	係数	t値
ベースマネー	0.760	16.1
鉱工業生産指数	−0.840	−10.1
累積経常収支/名目GDP	−0.338	−11.9

（注）原田泰「為替レートはどのように決まるのか」（大和総研、2004年11月4日）表6 ラグなし、米国経常収支なしのケースから主要な変数のみを抜き出している。

為替レートはどれだけ動くのか

以上の説明で経済活動とそれに伴う為替変動の方向は分った。しかし、どれだけ変動するかについては分らない。私が以上の説明に現実のデータを入れて推計した結果では、表1のようになった(この推計の細部に関心のある方は原田泰「為替レートはどのように決まるのか」大和総研、2004年11月4日、を参照していただきたい)。

表の係数の意味は、それぞれの変数が1%動いた場合、対ドルの円レートが何%動くかという係数である。また、t値とは、この係数がどれだけあてになるかを示す指標であり、絶対値が2以上であれば合格ということになる。日本のベースマネーが1%増加すれば、円は0・76%安くなる(1ドルあたりの円であるので、数字が大きくなることが円安である)。鉱工業生産指数が1%上昇すれば、0・84%円高になる。累積経常収支の対GDP比が1%上昇すれば(日本のGDPが

図7　経常収支は為替レートを説明できるのか

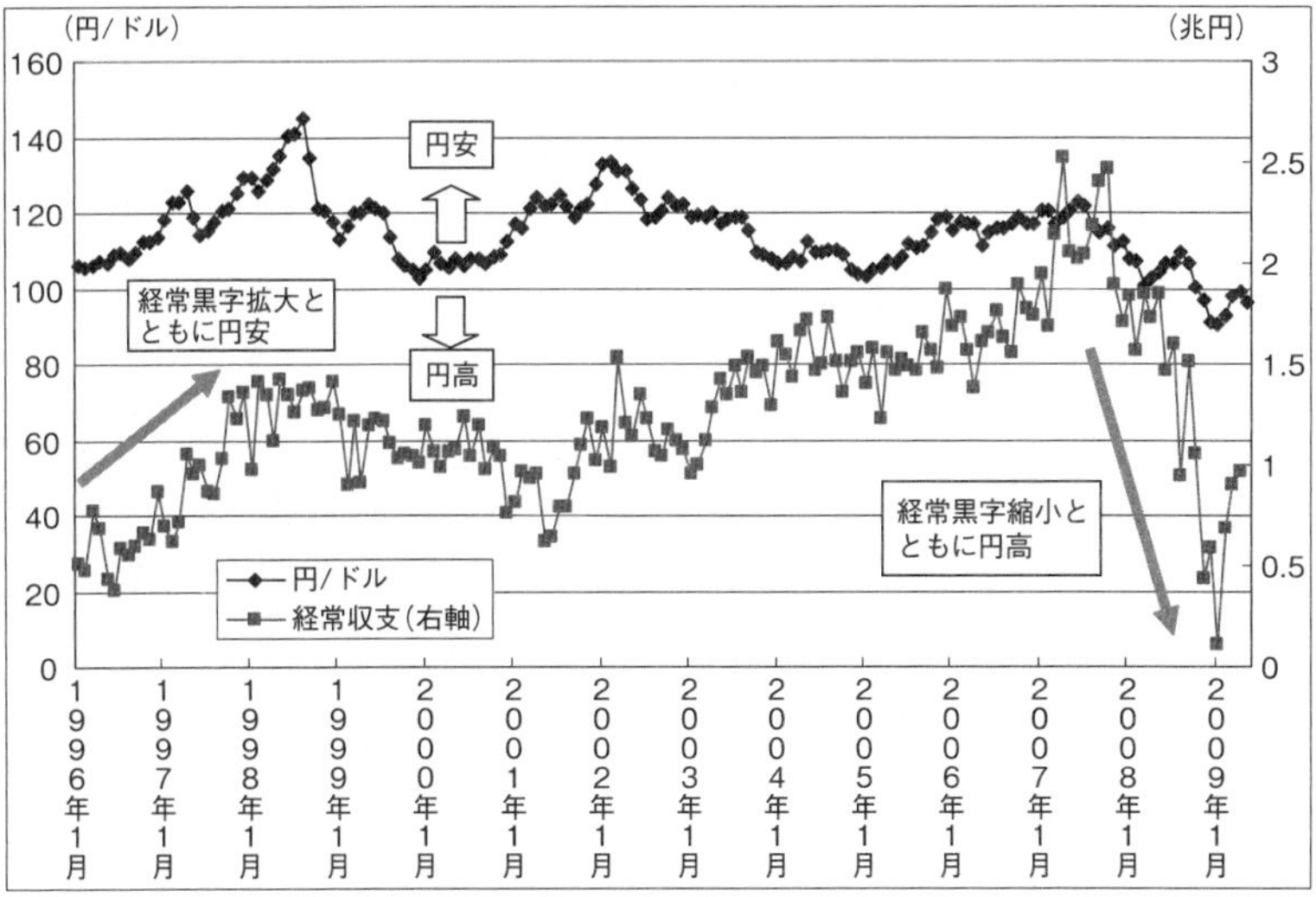

(出所)日本銀行「外国為替相場」「国際収支」

約500兆円だから、GDPの1％は5兆円の経常収支黒字の増加にあたる）、円は0・34％上昇する。経常収支黒字が名目GDPの10％、50兆円上昇しても、為替レートは3％、すなわち3円程度しか円高にならない。経常収支の為替に与える効果が小さいことは、図7に見るように、2008年9月のリーマンショック以来、日本の経常収支黒字が急減しているにもかかわらず、円が上昇していることからも明らかではないか。

似たような係数が人民元の場合にも当てはまるだろう。中国の経常黒字が莫大であっても、それが人民元を上昇させる程度は小さく、また、小規模の為替調整が中国経済や他国の経済に与える影響も小さい。それは、為替レートの変動に悩まされた日本の経験からも明らかなことではないだろうか。日本や他国の経済全体に与える影響という観点からの人民元切り上げ論争は、多分に誇張されている。

8. 人口減少に輸入拡大で対応できるか

日本の人口は減少していく。特に、働く年齢層が大きく減少していく。減少していく労働人口を補うために、外国人の単純労働者を入れるべきか、入れないべきかという論争がある。

労働者を入れないで労働を輸入できる

しかし、労働者を入れなくても、労働を輸入することはできる。様々な製品は技術と資本と労働で作られる。そして、労働をより多く含んだ製品とあまり含んでいない製品がある。労働をより多く含んだ製品を輸入すれば、それは労働をより輸入しているのと同じことである。

表2は、産業ごとに年に100万円の付加価値を生み出すのに、どれだけの数の労働者が必要か、また1000円の付加価値を生み出すためにどれだけの時間働かなければならないかを示したものである。全産業の平均が0・114人なのに対し、農林水産業では0・384人、繊維産業では0・305人、金属製品では0・196人の労働が必要となる。建設業、小売業、サービス業でも平均より多くの労働者が必要になる。

労働時間で見ると、1000円の付加価値を生み出すために農林水産業では0・678時間、繊維産業では0・604時間、金属製品では0・402時間の労働が必要となる。建設業、小売業、サービス業でも平均より多くの労働時間が必要だが、これらの産業は輸入できない。

例えば、農産物を1兆円輸入することは、38・4万人の労働者を輸入することと同じである。代わりに100万円当たり0・073人の労働者が必要な輸送用機械製品（主として自動車）を同額輸出すれば、差し引き31・1万人の労働者を輸入できることになる。日本にいる外国人労働者が合法違法合わせて90万人台とされていることからみて、かなりの人数である。

食料自給率が低下して良いのかという議論があるかもしれない。しかし、そもそも石油がなければ肥料や農薬を作ることはできず、トラクターも動かないので農産物は生産できない。生産できたとしても、トラックも走らないのだから、都会には運べない。農産物の自給率だけを問題にすることに、どれだけの意味があるのだろうか。

また、人口が減少すれば自給率は高まる。現在5割を切っている自給率も、人口が半分になる100年後には、自動的に100%に戻るはずだ。

輸入によって労働生産性が高まる

より多くの労働を含んだ製品を輸入することは、労働人口の減少に対処するだけでなく、労働生産性を引き上げるという有益な効果がある。輸入可能な産業のうち、労働生産性が平均よりも低い産業を輸入に置き換え、平均よりも高い産業で輸出を増やせば、労働生産性は平均として上昇する。

私は、日本とアメリカの輸送機械産業の労働生産性を比べて、日本の生産性がアメリカよりも低いのに驚いたことがある（原田泰「国際価格で評価した産業別労働生産性計測の試み」大和総研、2007年5月15日）。世界に冠たる日本の自動車産業の生産性が、苦悩するアメリカ自動車産業の生産性より低いなんてことがあるのかと驚いたのだ。

トリックは簡単だった。輸送機械産業は、自動車産業、造船業、列車製造業、航空機製造業からなる。個別に比べてみると、自動車産業の生産性はもちろん日本が高い。アメリカには、造船業と列車製造業はほとんどない。日本には航空機製造業はほとんどない。したがって、アメリカの航空機製造業と日本の造船業、列車製造業を比べると、アメリカの生産性が高いということに

表2　産業別生産性（就業者当たり、総労働時間当たり生産）

	産業別国内生産（10億円）	就業者数（1000人）	総労働時間（100万時間）	100万円生産するための就業者数（人）	1000円生産するための労働時間（時間）
産業	523837	59837	116568	0.114	0.223
農林水産業	8461	3248	5738	0.384	0.678
鉱業	473	47	97	0.099	0.206
製造業	137599	11208	22248	0.081	0.162
食料品	14281	1597	3033	0.112	0.212
繊維	789	241	477	0.305	0.604
パルプ・紙	2760	280	543	0.101	0.197
化学	10260	406	763	0.040	0.074
石油・石炭製品	4230	29	61	0.007	0.014
窯業・土石製品	3957	369	740	0.093	0.187
一次金属	6681.5	463	937	0.069	0.140
金属製品	4719	927	1895	0.196	0.402
一般機械	15521	1354	2766	0.087	0.178
電気機械	40083	1630	3170	0.041	0.079
輸送用機械	17124	1254	2590	0.073	0.151
精密機械	2154	203	402	0.094	0.187
その他の製造業	15040.4	2456	4870	0.163	0.324
建設業	31740	5434	11182	0.171	0.352
電気・ガス・水道業	14957	430	779	0.029	0.052
卸売・小売業	68962	10762	17134	0.156	0.248
金融・保険業	32772	1797	3308	0.055	0.101
不動産業	62396	984	1895	0.016	0.030
運輸・通信業	37864	3711	7755	0.098	0.205
サービス業	128616	22216	38212	0.173	0.297
政府サービス生産者	50525	3392	6122	0.067	0.121
対家計民間非営利サービス	11550	120	2099	0.010	0.182

（出所）内閣府経済社会総合研究所「国民経済計算（確報）」（2007年）
（注）産業ごとの就業者×雇用者の労働時間を総労働時間としている。

なる。アメリカでも、船や列車は必要だ。しかし、アメリカは、船や列車を輸入し、航空機を輸出しているから、生産性が高いのだ。

日本で生産性を高めるという議論をするとき、既存の産業の生産性をいかに高めるかという議論になることが多い。しかし、アメリカの生産性の高さは、生産性の低い産業を輸入に置き換えることによってもたらされている面が大きい。

労働人口が減少しても、輸入に置き換えることによって、日本の豊かさは維持できる。それどころか、一段と生産性を高めてより豊かになることもできる。

9.「国際競争力」はどれだけ生活レベルを高めるのか

スイスの国際経営開発研究所（ＩＭＤ）から毎年発表されている「国際競争力ランキング２００９年版」で日本は17位になった（同じくスイスの世界経済フォーラム〈ＷＥＦ〉のランキングでは日本は9位）。日本では様々な分野で、他国と比較して日本はどうかがなにかと話題になる。特に「国際競争力」への関心は高いので、「国際競争力ランキング」が発表されると、新聞やテレビはいつも取り上げているようだ。

１９８９年から93年まで日本はこのランキングで首位を占めていたこともあり、２００２年版で30位まで順位を落とした際にはちょっとした騒ぎになった。この国際競争力の低下時期と日本の「失われた十年」の時代がほぼ重なることから、国際競争力の低下が日本の経済停滞の原因であると考える人もいる。

「国際競争力」と「経済水準」を定義する

そもそも「国際競争力」とその国の経済水準には関係があるだろうか。もし、関係があるとすれば、国際競争力の強化は経済水準の向上に結びつく重要な政策課題となりうる。一方で、そのような関係がないとなれば、「国際競争力を強化するため」と称して実施される政策は、経済水準の向上には結びつかないことになる。

最初に「国際競争力」というばくぜんとした概念を定義し、それを数量的に表さなければならない。ここでは「国際競争力」を「輸出競争力」としてとらえてみた。客観的な指標として、世界の輸出合計に占めるある国の輸出シェアの伸び率を用いることにする。すなわち、世界平均の輸出の伸び率よりも高い率で輸出を伸ばしている国は、「国際競争力が高い、あるいは高まっている」と考える。

「シェアの伸び率」というのは、直感的には奇妙な指標と思われるかもしれない。しかし、輸出の世界シェアが1%の国と10%の国では、1ポイントの輸出シェアの伸びが持つ意味は当然異なる。そこで、ここではシェアの伸び率を国際競争力の変化の指標として用いることにした。

一方、経済水準の指標としては、購買力平価で計った1人当たりGDP（以下、購買力平価G

DPを単にGDPと記す）を用いる。為替レートではなく、購買力平価を用いるのは、為替レートで大きく変動するのを避けられるうえ、日本のように内外価格差のある国の生活水準を適正に評価できることによる。この2つの指標を使って世界輸出に占めるシェアの伸び率と1人当たりGDPの関係を見ることで、国際競争力と経済水準が関係しているかどうかが分かる。

ここで輸出のシェアが伸びているときは輸入も伸びているのが普通で、これは自国を海外に開放するほど成長率が高くなることを示しているにすぎないという批判があるかもしれない。これに対しては、世界に対する輸出のシェアは国内の輸入シェア（GDPに対する輸入比率）とは異なると反論できる。

国際競争力と経済水準には関係があるか

図8(1)は日本の輸出の世界シェアの伸び率を横軸に、1人当たりGDPの伸び率を縦軸にとり、1978年から2000年までの両者の関係をプロットしたものである。国際競争力が上昇すれば日本が豊かになるなら、図の点は右上がりに並ぶはずである。しかし、この図からはそのような関係は認められない。アメリカ、イギリス、ドイツ、フランス、イタリア、カナダのような先進工業国においても、そのような関係は見られなかった。

一方、アジアの国（シンガポール、韓国、マレーシア、タイ）では国際競争力の上昇とともに1人当たりGDPが増加するという関係が見られた。図8(2)は、この関係がもっとも強いシンガポールの結果だ。プロットの集まり方が日本はどちらかというと右下がりなのに、シンガポール

図8　輸出競争力と生活水準

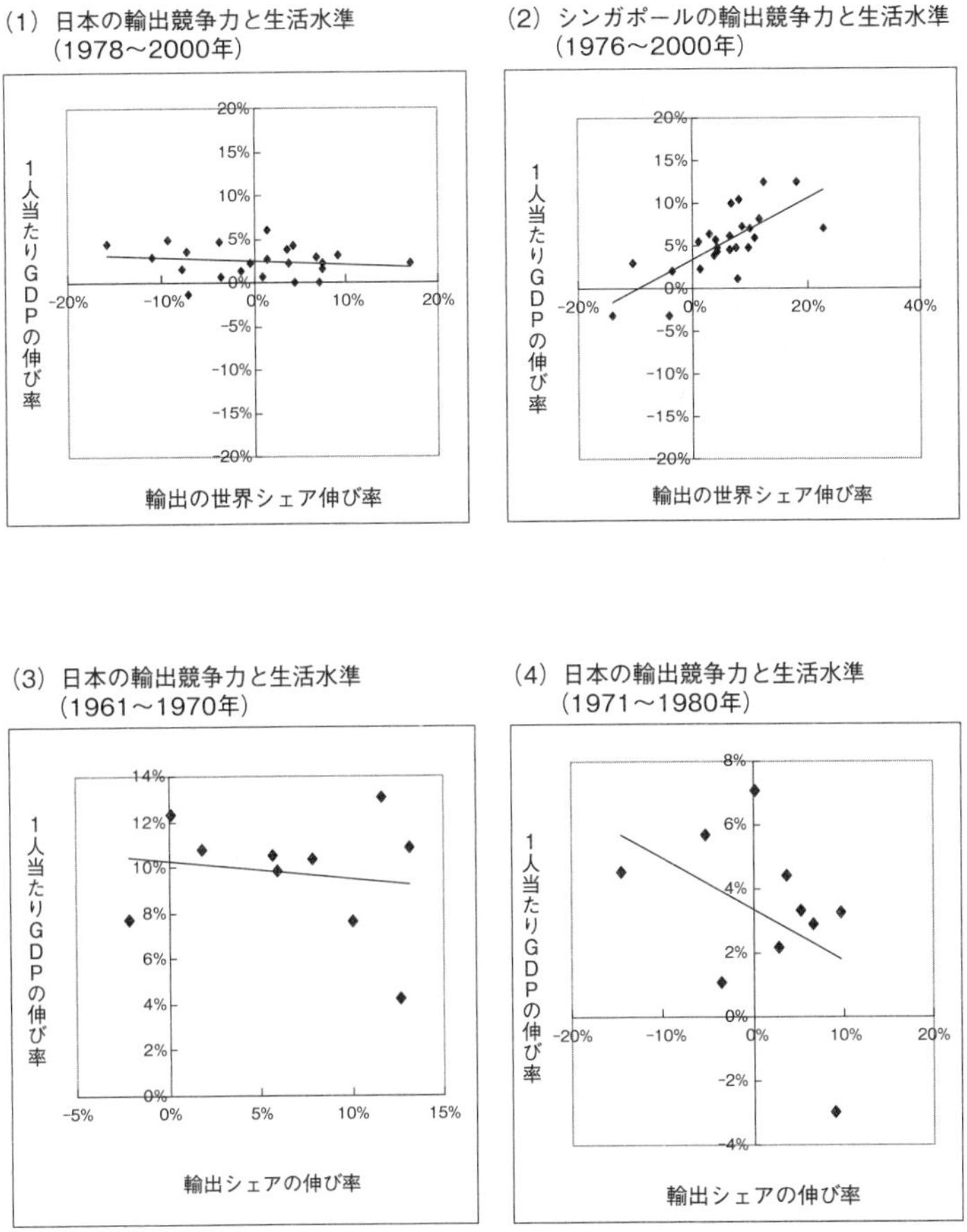

(出所) PENN World Table V6.1、World Bank, *World Development Indicators* より作成。

は明らかに右上がりになっている。

もちろん、この事実から「国際競争力が上昇したからシンガポールは豊かになった」とまでは言えない。国際競争力以外の要因でシンガポール経済全体の効率が上昇した結果、国際競争力も生活レベルも上昇したかもしれないからだ。

なぜ、国際競争力が経済水準の向上に結びつく国と、そうでない国があるのだろうか。これまでの分析を見ると、「先進工業国では関係がない」が「発展途上の国では関係がある」ように思える。先進工業国では、輸出とは関係がないサービス産業の比重が高いからだと見られる。では、日本が発展途上であった高度成長時代にはどうだったか。図8(3)、(4)は60年代、70年代の日本について見たものだが、グラフはむしろ右下がりとなっている。

日本では、いわゆる「国際競争力」を過度に気にする傾向がある。しかし、日本や他の先進工業国では、「国際競争力が経済水準を向上させる」というような関係はないことがわかった。「国際競争力命」というような考え方は、豊かな日本にはそぐわない。一国の経済水準は、輸出部門ではなく、国内部門の生産性によって左右されると考えるほうが説得力がある。「国際競争力」よりも、国内経済が効率的かどうかに注目する方が重要だ。

（本節の分析は、アジア経済研究所の熊谷聡氏にしていただいた。分析のテクニカルな面に関心のある方は、原田泰・熊谷聡「強い『国際競争力』は暮らしを豊かにするか？」大和総研、２００５年３月３日を参照されたい。）

２００８年後半の輸出の急減から生じた日本経済の急降下に象徴されるように、日本は世界経済に依存している。依存していることから、国際経済については極端な議論がされることが多い。中国は日本をすぐに追い越すとか、円は安すぎるとか、経常収支が黒字になれば超円高になるとかの議論がそれである。

しかし、これらの議論の根拠は怪しい。むしろ、どの国でも、外に開かれていることがその国の生活水準を引き上げる。80年代の末に改革開放路線を採用してから、中国が急速な発展を始めた経験こそは、外に開かれていることが国民の生活水準を引き上げることを示す何よりの証拠である。輸入の拡大は人口の減少する日本にとって朗報であり、生産性を引き上げて、日本の成長率を高める方策である。

第5章　経済の現状をどう見れば良いのか

経済は変動しながら成長する。この動きを観測するのはエコノミストの大きな仕事だ。今、何が起きているのかを知ることは重要だ。起こっていないことに対処したり、なぜ起きているかが分からないままで、誤った診断で対策を考えるのは失敗の元だ。

２００８年の金融危機以前にも、日本経済は大きなショックを受けてきた。90年代以降の日本の長期停滞、70年代の成長率屈折、大恐慌の日本版である昭和恐慌、世界大恐慌などなどである。これらがなぜ起こったのかを考えることは、対応を考える前に重要だ。世界大恐慌は第2次大戦がなければ終わらなかったという説があるが、それは間違いである。昭和恐慌は財政支出の拡大で脱却したという説があるが、それは誤りである。70年代の成長率屈折は石油ショックによるものだと言われているが、それは怪しい。90年代以降の長期停滞は構造改革の遅れによるという議論は信じられない。日本の構造改革は遅々としか進んでいないが、それは昔からのことで、90年代以降のことではないからだ。

本章では経済の動きを見ながら、どうしたら良いのか、どうしたら良かったのかを考える。

1．世界金融危機の影響はなぜ日本で大きいのか

日本への直接の金融的影響は大きくはないはずなのに

サブプライムあるいはその他の証券、貸出などでの損失は、日本が主要国の中で一番小さいはずである。IMFの *Global Financial Stability Report*（April 2009）の推計でも、アメリカの損失2・7兆ドル、ヨーロッパ1・2兆ドルに対して、日本は1500億ドルと一桁小さい（IMFの推計したヨーロッパの損失額は過小推計で、アメリカ以上にあるだろう）。アメリカの経済規模が日本の3倍であることを考慮しても日本の損失額は圧倒的に小さい。ところが、アメリカ発世界金融危機の日本への影響は、アメリカ、ヨーロッパ以上に大きい。

IMFの予測 *World Economic Outlook Update*（July 2009）によれば、2008年（実績）と2009年（予測）の実質GDP成長率は、日本がそれぞれマイナス0・7%、マイナス6・0%、アメリカが1・1%とマイナス2・6%、ユーロ圏が0・8%とマイナス4・8%である。08年と09年を足してみると、日本がマイナス6・7%、アメリカがマイナス1・5%、ユーロ圏がマイナス4・0%と、日本の成長率のマイナス幅がもっとも大きい。危機はアメリカから始まったのに、日本への影響が一番大きい。

貿易を通じた影響は大きい

もちろん、日本がアメリカに依存していることの影響は大きい。図1は、2006年の日本の輸出に占める各国・各地域の品目別のシェアを示したものである。日本の総輸出に占めるアメリカのシェアは22・0%で中国（香港・マカオを含む）とほぼ同じだが（2007年からは中国がアメリカを上回った）、品目別に見ると大きな差がある。乗用車ではアメリカのシェアが46・2%であるのに対して、中国は2・2%にすぎない。消費財でも、アメリカのシェア28・8%に対して中国は12・8%である。資本財、部品、加工品で

図1　日本の輸出に占める国別、品目別のシェア（2006年）

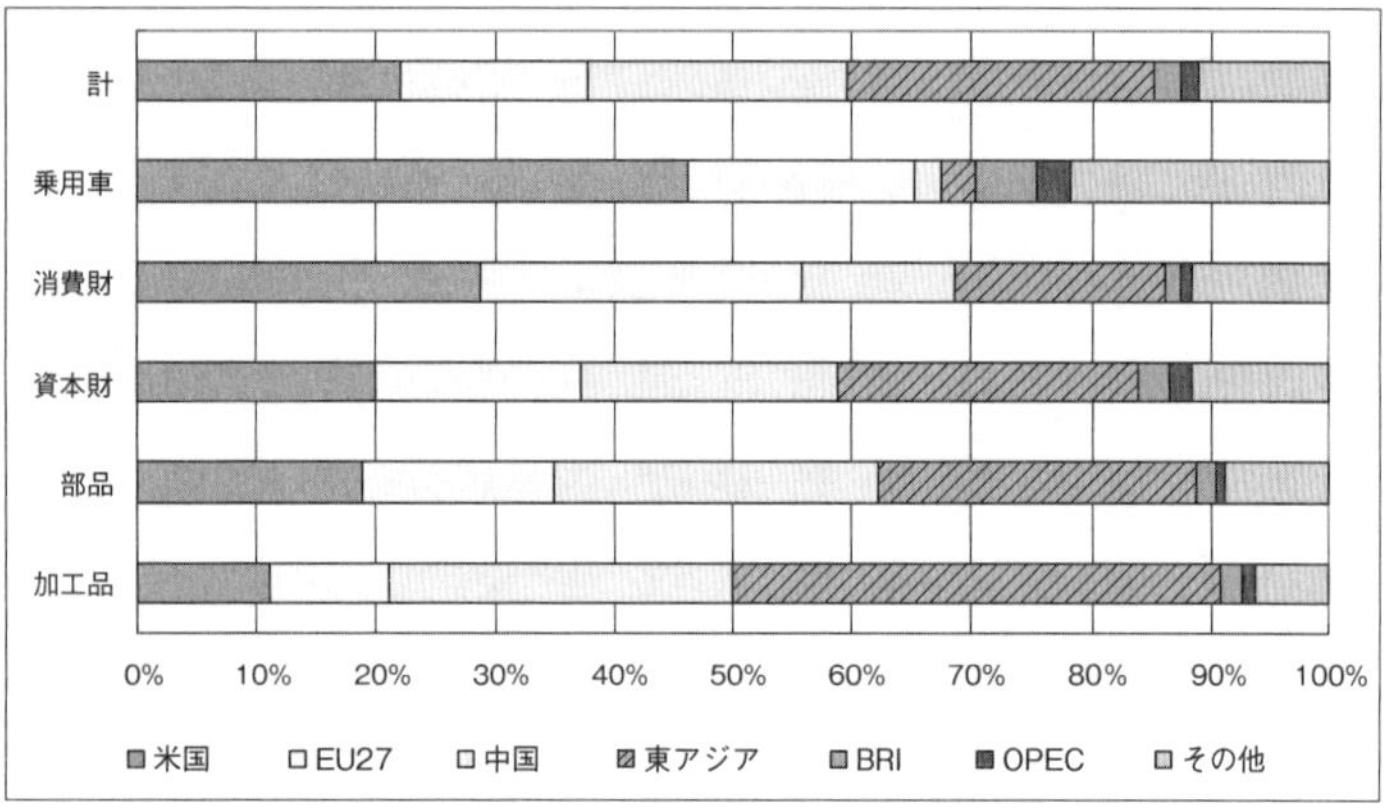

（出所）COMTRADE

（注）1．中国は香港、マカオを含む。OPECからはインドネシアを除いている。BRIはブラジル、ロシア、インド。

2．加工品は、食品原材料、鉄、セメント、化学製品など。

3．全輸出に占めるシェアは、乗用車が13.9%、消費財が6.9%、資本財が22.4%、部品が31.0%、加工品が23.4%。一次産品、その他（金など一般的な分類に当てはまらないもの）のシェアは、それぞれ0.9%、1.6%と小さいので省略。

は中国のシェアはアメリカより大きいが、これらの資本財で部品と加工品を組み立てて製品になったものの多くはアメリカに輸出される。最終需要先のアメリカが不調になれば、日本の中国への輸出も不調になる。

さらに、日本の輸出に占める資本財のシェアが22・4%と大きいことも、不況期に日本の輸出が大きく減少する要因である。どの国でも、不況になれば消費よりも投資が大きく減少し、投資のために用いられる日本からの資本財の輸出が大きく落ち込むからだ。

さらなる増幅機構

さらに日本を不利にする状況がある。日本はこれまで、アメリカの豊かな消費者向けの製品を提供してきた。レクサスなどの高級車、大型の多目的スポーツ車（SUV）、大型で画質の高いテレビなどである。不況になれば、必需性の低いものから支出を削られる。高性能の車から走るだけの車へ、きれいに映るテレビから映るだけのテレビへとシフトする。低付加価値の製品への需要のシフトが起こって、日本の高付加価値製品はより大きな打撃を受ける。

日本の株式市場の花形は、これらの製品を作っている輸出型の企業、国際優良株である。株価は下落し、株価の下落が銀行の自己資本を毀損《きそん》し、貸し渋りが起こる可能性もある。株価の下落は、さらに、企業の年金資産、持ち合い株式の価値を下落させて、利潤を圧縮する。

しかし、だからと言って、どうすれば良かったのだろうか。日本の人口は減少し、1人当たりの所得もたいして増えない。将来のことを考えれば、海外の市場に依存するしかない。高い日本の賃金では安物を作れないから高付加価値の商品に特化していた。日本の企業は、海外に依存することなどへの様々な不安から、キャッシュをため込んでいた。需要の激減に対してキャッシュが不況抵抗力をもたらす。外資のファンドの言うようにキャッシュを投資していたら、もっと大変なことになっていた。内需を増やせといっても、いまさら無駄な公共事業でもないだろう。これしかない状況の中での戦略だったというほかない。

輸出の前の生産の低下と金融引締め政策

確かに、輸出依存に問題はあるが、2008年9月まで、輸出は前年比ではプラスで、必ずしも悪くはなかった。図2は、株価と輸出と全産業活動指数の推移を見たものだが、株価のピークは2007年7月、活動指数のピークは2007年8月ごろであるのに対して、輸出のピークは08年1月である。すなわち、輸出が減少する前に、日本の景気は後退局面にあったわけだ。

中央銀行は、資産を購入することでマネタリーベースを拡大し、経済に資金を供給する。日本の場合を見ると、2006年3月の量的緩和の解除（すなわち金融引締め）によってマネタリーベースが縮小してきたことが分かる。この金融引締めが徐々に効いてきたところで、金融危機に衝突したと考えられる。金融危機が明らかになった08年9月以降においても、マネタリーベースは拡大してこなかった。

一方、アメリカはマネタリーベースを2倍に拡大するとともに、短期の国債だけでなく、コマーシャル・ペーパー（CP）、資産担保証券（ABS）、住宅ローン証券（MBS）など様々な資産を買い取るという果敢な金融緩和政策を取っている。それに対して、日本が金融緩和に躊躇しているのであれば、円高になるのは当然だ。為替レートとは、各国マネーの交換比率のことであり、日本のマネーが増えていないのに、アメリカが増えれば円高になる。

日本は、名目金利が低いので下げられないという意見があるが（日本銀行は、08年12月、0・3％から0・1％には引き下げた）、量的緩和を行えば、金融はいくらでも緩和することができる。2001年から2006年にかけて行われた量的緩和政策は、資産価格の上昇や銀行のバランスシートの改善を通じて、経済を拡張する効果があった（原田

図２　輸出鈍化と景気の微妙なずれ

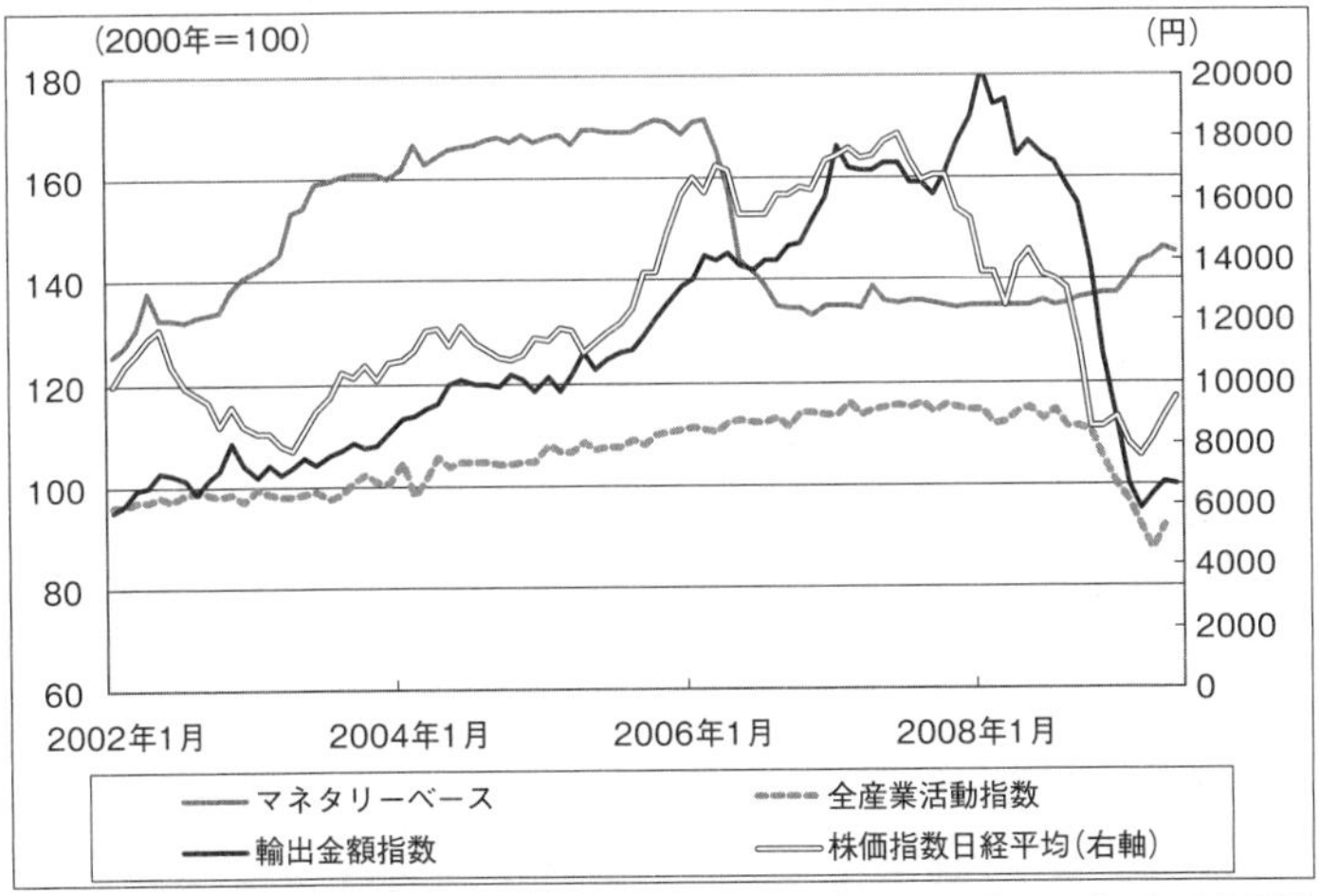

（出所）経済産業省「第３次産業活動指数」、財務省「貿易統計」、いずれも季節調整値

（注）全産業活動指数は、見やすくするために、2×（全産業活動指数－100）＋100と加工してある。

泰・増島稔「金融の量的緩和はどの経路で経済を改善したのか」ＥＳＲＩディスカッション・ペーパーNo.204、内閣府経済社会総合研究所、２００８年12月４日)。

円高になるとは、ドルで計った日本の輸出企業の製品価格が上がることである。日本企業は、価格を上げて販売量が減ることを甘受するか、価格を抑えて利潤を減らすかしなければならない。どちらにしても売上数量か利益かそれらの両方が減少する。しかも、アメリカもヨーロッパも、金融危機による不況で、日本からの輸出が減少する中で円高になる。量当たりの利益が減って、量も減るのは、日本企業にとってなおさら痛い。円高を抑制するために、日本においても、より積極的な金融緩和が必要だろう。(本節の図１のデータはアジア経済研究所の熊谷聡氏に作成していただいた。)

2. なぜ資本市場と銀行の両方が破壊されたのか

２００８年以降の金融危機はこれまでと異なる特徴を持っている。過去の経験では、銀行が経営危機に陥り、預金が流出し、銀行の貸出が減少した。この貸出の減少が、金融危機が実体経済に波及する大きな経路だった。しかし、今回の危機では、預金の流出だけが問題になったわけではなかった。

資本市場の機能も低下

欧米では、多くの銀行が、預金とともに短期金融市場での借り入れに頼るようになっている。銀行の経営が危うくなれば、銀行間での貸出市場である短期金融市場での貸出に同意する金融機関はなくなる。危機は、瞬時にやってくる。それも全世界でだ。世界的な銀行間の金利であるロンドン銀行間取引金利（ＬＩＢＯＲ）の３カ月物と、安全資産である国債の３カ月物金利との差（スプレッド）は、危機とともに急拡大し、09年になっても平常時のレベルには完全には戻っていない。銀行が資本市場での資金調達難に陥れば、企業も資金調達に苦慮することになる。

これまでの金融危機では、銀行の経営が悪化したときには、大企業が資本市場で資金を調達し、それを下請けなど関連企業に回すこともできたが、今回は、資本市場の機能も低下している。アメリカでは、貸出とともに、資本市場での短期資金の調達手段であるコマーシャル・ペーパー（ＣＰ、信用力のある大企業が短期資金を調達するために発行する無担保の割引約束手形）の発行も減少している。銀行が信用を供給できないだけでなく、資本市場も信用を提供できないでいる。信用が収縮し、それに応じて、実体経済も急激に収縮している。

アメリカは、この状況に対して、銀行への公的資金による資本注入、連邦準備理事会（ＦＲＢ）によるＣＰ、住宅ローン担保証券（ＭＢＳ）の買い取りなどの対策をとっている。必要とされる公的資金の金額は逐次増大している。

日本における金融面への直接の影響は大きくはない。そもそも証券化商品による損失は大きくないからだ。しかし、株価の下落が銀行の自己資本を毀《き》損《そん》し、貸し渋りを招く可能性がある。さらに、資本市場の機能低下により、社債での資金調達も困難になっている。図3は、日本における貸出残高と、社債とCPの発行残高の変化を示したものである。銀行貸出は増加しているが、社債やCPの発行は減少している。

中小企業の資金調達が困難に

１９９０年代から２０００年代初めまで、銀行が不良債権を抱え、貸出の増加が困難になったとき、資本市場がそれを代替した。１９３０年代の昭和恐慌でも、資本市場が大きな役割を果たしたとされている（原田泰・岡本慎一「銀行貸出、マネー、その他の資金調達手段の優位性」『経済分析』第169号、２００３年３月、原田泰・鈴木久美

図３　銀行貸出、社債、CPの動き

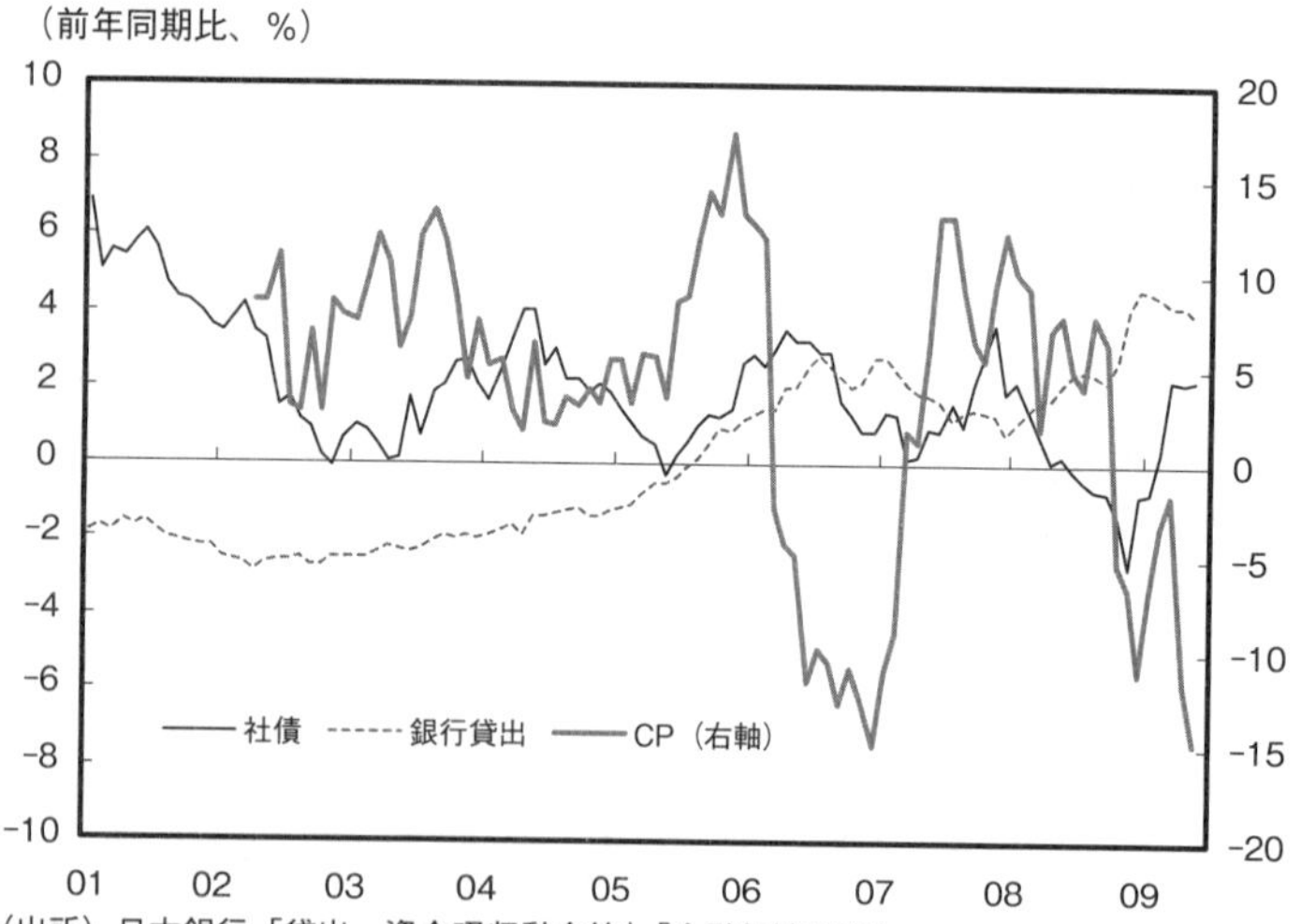

（出所）日本銀行「貸出・資金吸収動向等」「金融経済月報」

「昭和恐慌からの回復に対する貸出と資本市場の寄与」『証券経済研究』第57号、2007年3月)。

しかし、今回の不況では、その資本市場の機能が低下し、貸出が増加している。全体の貸出が増加している中で、増えているのは大企業向けであり、中小企業向けの貸出は減少している。

大企業は資本市場に頼り、中小企業が銀行に頼るのが、本来の姿である。大企業は、その財務状態について客観的に判断することが可能なため、社債を発行して多数の投資家に購入してもらうことができるが、中小企業ではそのようなことをするコストが高いからである。ところが今回は、資本市場での資金調達が困難になった大企業が、銀行からの借り入れに頼っている。大企業が銀行に頼れば、中小企業の資金調達はますます困難になる。

危機が銀行を通じてくるものだけでないならば、資本市場にも積極的な対策が必要になってくるのかもしれない。日銀もCPの買い入れを行っているが、FRBが現在行っているCPや住宅ローン担保証券(MBS)の買い上げと同じような規模の政策が、日本でも必要となっている。

(本節では大和総研の橋本政彦研究員の協力を得た。)

3. 企業の利益は、なぜ2007年まで復活していたのか

世界金融危機で、日本企業の利益は08年から激減している。しかし、日本企業は、2001年のITバブル不況から回復した後、順調に利益を伸ばし、2007年には、80年代末のバブル期をしのぐ利益を上げる企業も続出していた。2007年、なぜ日本企業の利益は復活していたのだろうか。

企業の利益率をROA（総資産利益率）でみると、図4に見るように、季節性のあるデータをそのまま使っているので変動が大きいが、2007年6月までは、バブル期のレベルに近づいていたことが分かる。

企業の利益率回復はなにゆえか

この回復はなぜ生じたものだろうか。企業の利益は、(1)より魅力的な財・サービスを生み出すか、部品コストを削減して付加価値を上げるか、(2)付加価値のうちの利潤の取り分を増やす――ことによって増大する。ただし、部品コストは他の企業の付加価値なので、部品コストを引き下げても、企業部門全体としては付加価値を引き上げることにはならない。

ROAを式で示すと、

ROA＝利益／総資産

となる。

一方、利益は付加価値に、付加価値のうちの利潤の取り分を表す利潤分配率（＝利益／純付加価値）を掛けたものと表せる。すなわち、

利益＝純付加価値×利潤分配率

となる。なお、付加価値には通常、減価償却が入っているが、ここでは減価償却を除いた純付加価値で考えることにする。

以上からROAは、純付加価値に利潤分配率を掛けて、総資産で割ったものになる。式で表せば、

ROA＝純付加価値×利潤分配率／総資産
＝（純付加価値／総資産）×利潤分配率

となる。

ここで（純付加価値／総資産）を純付加価値総資産比率と呼ぶことにするが、これは経営指標分析でよく使われる資本回転率（売上高／総資産）に似た指標である。投下した資本でどれだけの付加価値を生み出しているか、すなわち、企業の資本効率がどれだけ高いかを表している。一方、利潤分配率は、労働と資本で生み出した純付加価値のうち、どれだけの割合を利潤として得たかという指標である。資本の代理人としての経営者が、どれだけ利潤の取り分を得たかである。

以上のようにROAは、利潤分配率と純付加価値総資産比率とに分解することができる。

なおＲＯＡの利益は当期純利益（経常利益＋特別損益－税）を用いるのが普通であるが、ここではデータの関係から経常利益を用いた。

経営革新か分配か

図４にはＲＯＡとともに、利潤分配率と純付加価値総資産比率も示している。これを見ると明らかなように、純付加価値総資産比率はたいして上昇しておらず、利潤分配率のみが上昇していたことが分かる。すなわち、ＲＯＡの回復は、企業が付加価値のうちのより多くの部分を利潤として得たことによるもので、投下資本当たりでより多くの付

図４　ROAの利潤分配率による分解

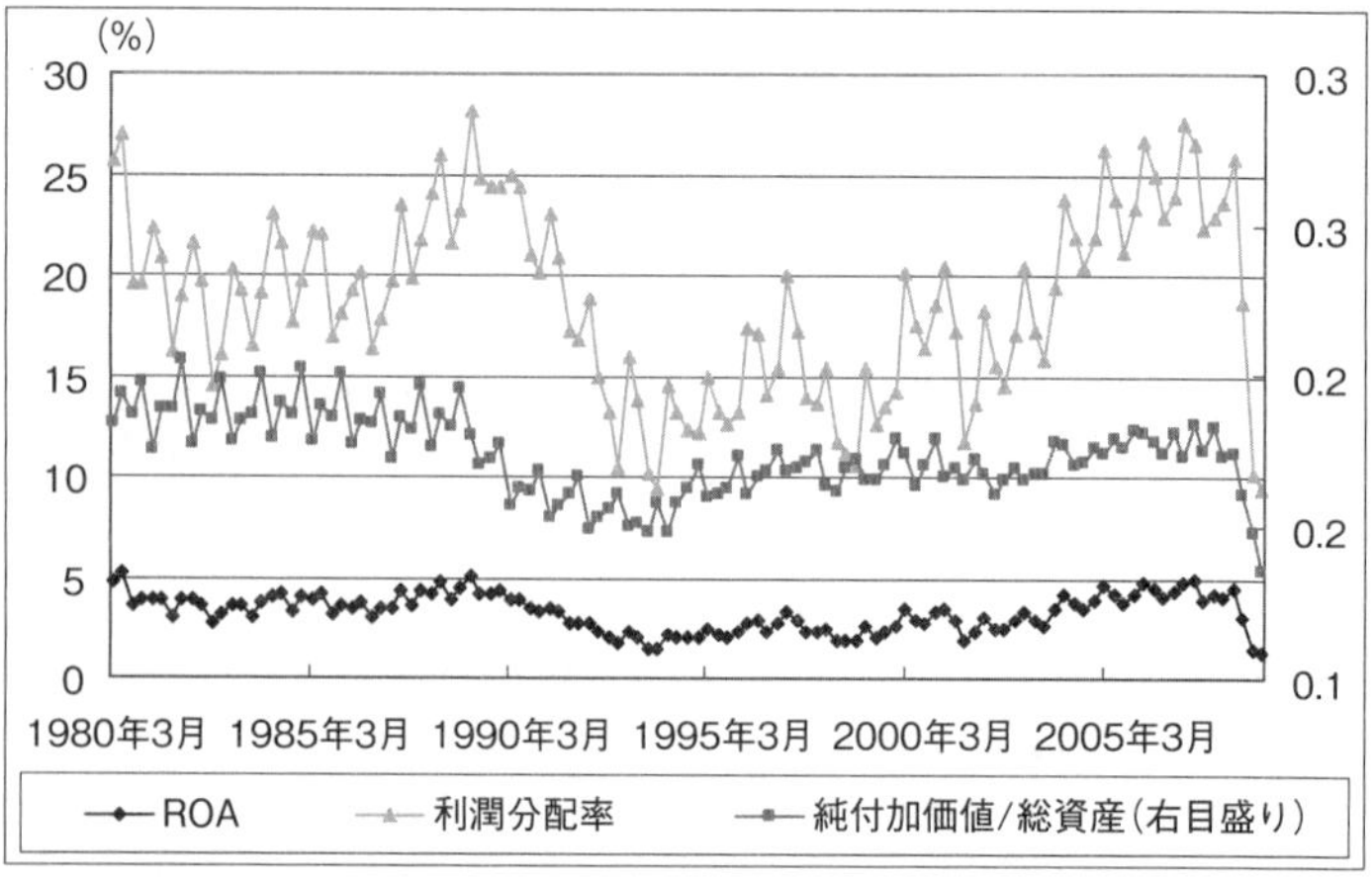

（出所）財務省「法人企業統計季報」
（定義）利潤分配率＝経常利益／純付加価値＝経常利益／（経常利益＋人件費）
純付加価値総資産比率＝純付加価値／総資産＝（経常利益＋人件費）／総資産
ROA ＝経常利益／総資産＝利潤分配率×純付加価値総資産比率
ROA は、当期純利益、すなわち、経常利益に特別損益を足して税を引いた利益で考えるが、ここでは経常利益を用いている。

加価値を生み出すような革新がなされたわけではなかったことが分かる。

では、なぜ利潤分配率が上がったのか。上がったというよりも、バブル以前の80年代前半の水準に戻ったというべきだろう。この理由についての多くのエコノミストの説明は、バブル崩壊後、企業がリストラに励んだからだというものだ。しかし私は、物価が下落するデフレが終わったからだと思う。

デフレになっても、日本的年功賃金制度の下では、名目賃金を下げることは難しい。なぜなら、名目賃金が年功で上がっていくことが制度的に組み込まれているからだ。成果主義の導入で年功賃金制度が弱まったと言っても、まだまだ、年功賃金は残っている。物価が下がれば実質賃金はなおさら上がってしまう。売り上げは増えないのに名目賃金が上がれば、利潤分配率は下がってしまう。もし、バブル崩壊後も物価が安定的に上昇していれば、利潤分配率も低下していなかっただろうし、大したリストラも必要なかったろう。デフレによって長期の調整が必要となり、日本は「失われた十年」を経験することになったのだ。

デフレが終わり、2003年以降、利潤分配率が元のレベルに近づいていることで、利益率が元に戻った。しかし、世界金融危機の後、再び、日本の利潤分配率が低下している。では賃金を下げるか物価を上げるかして利潤分配率を上げさえすればうまくいくかと言えばそうではない。輸出急減のショックが大き過ぎて、それだけでは経済は回復しない。しかし、デフレに陥らないようにすることは、輸出急減のショックを幾分かは和らげるだろう。

4.「大停滞」の犯人は見つかったのか

日本の経済成長率は、１９８０年代前半の３％台から90年代以降の１％台に低下してしまった。３％の成長率が１％に低下するということは、20年後の所得が、３％成長を続けた場合に比べて30％以上低下するということである。この停滞は、大停滞と呼ぶに値する。しかし、これほど大きな問題であるにもかかわらず、大停滞がなぜ起こったのかについてのコンセンサスは乏しい。

説得力に欠ける「構造問題」説

多くのエコノミストが、構造的要因によって90年代以降の停滞が生じたと考えているようである。構造問題とは本来あいまいな言葉だが、日本経済が、新しいＩＴ化や金融技術の発達に遅れをとり、これまでの技術においてアジアにキャッチアップされたがゆえに生産性の停滞が生じたと考えているようだ。彼らは、生産性を低下させるような構造問題が１９９０年代に生じ、それゆえに90年代の成長率が低下したと主張していることになる。しかし、新しい技術は80年代にも90年代にも継続的に生まれており、アジアの国々は80年代にも日本へのキャッチアップを目指し、それを着実に実現していた。結局のところ、彼らは、どのような構造問題が、日本の技術成長を抑圧し、成長率を３％から１％に低下させたのかを説明できないでいる。

唯一の例外は、2004年のノーベル経済学賞を受賞したアリゾナ州立大学のエドワード・プレスコット教授である。彼は、90年代初に行われた、所定の労働時間を週44時間から40時間にした労働時間短縮が、その構造問題だと指摘している（Prescott, Edward C. "Some Observations on the Great Depression," *Federal Reserve Bank of Minneapolis Quarterly Review*, Vol. 23, No. 1, winter, 1999)。プレスコット教授の指摘は、90年代の初期についてはは正しいかも知れないが、90年代の半ば以降についてはそうではない。労働時間短縮は1990年代初期の実質GDPのレベルと成長率を低下させたかもしれないが、その後の成長率を永続的に低下させることはできない。

労働時間当たりのGDPは低下していない

通常の実質GDPではなくて、総投入労働時間当たりの実質GDPを見れば、構造要因説を反証する明らかな証拠が得られる。図5は、通常の実質GDPと労働時間あたりの実質GDP（ともに1990年＝100と指数化してある）を示したものである。通常の実質GDPの成長率は1990年代に大きく低下しているが、労働時間当たり実質GDPの成長率はほとんど低下していない（このことは、内閣府経済社会総合研究所ESRI国際フォーラム〈2003年2月17〜19日〉において、ブルッキングス研究所のバリー・ボスワース氏などによって指摘されている）。労働時間当たり実質GDP、すなわち、労働生産性が低下していないのに、日本の技術効率が構造問題によって低下したとは言えないだろう。

構造改革の成果は見えない

私は、日本経済が効率を引き下げる構造問題を抱えていないと主張しているわけではない。日本経済は構造問題を抱えており、二重構造経済である。GDPの15％の輸出製造業は高い生産性をもっているが、残りの85％の部門は低い生産性しか持っていない。私の論点は、日本は80年代にも90年代と同じ構造問題を持っており、そのような構造問題を抱えながら80年代には4％の成長をしたのだから、構造問題が90年代の成長率低下の要因ではありえないということである。

しかも、日本は、1990年代になって生産性が上昇するような大きな構造改革を行っている。電電公社と国鉄は、それぞれ1985年と87年に民営

図５　実質GDPと労働時間当たり実質GDP

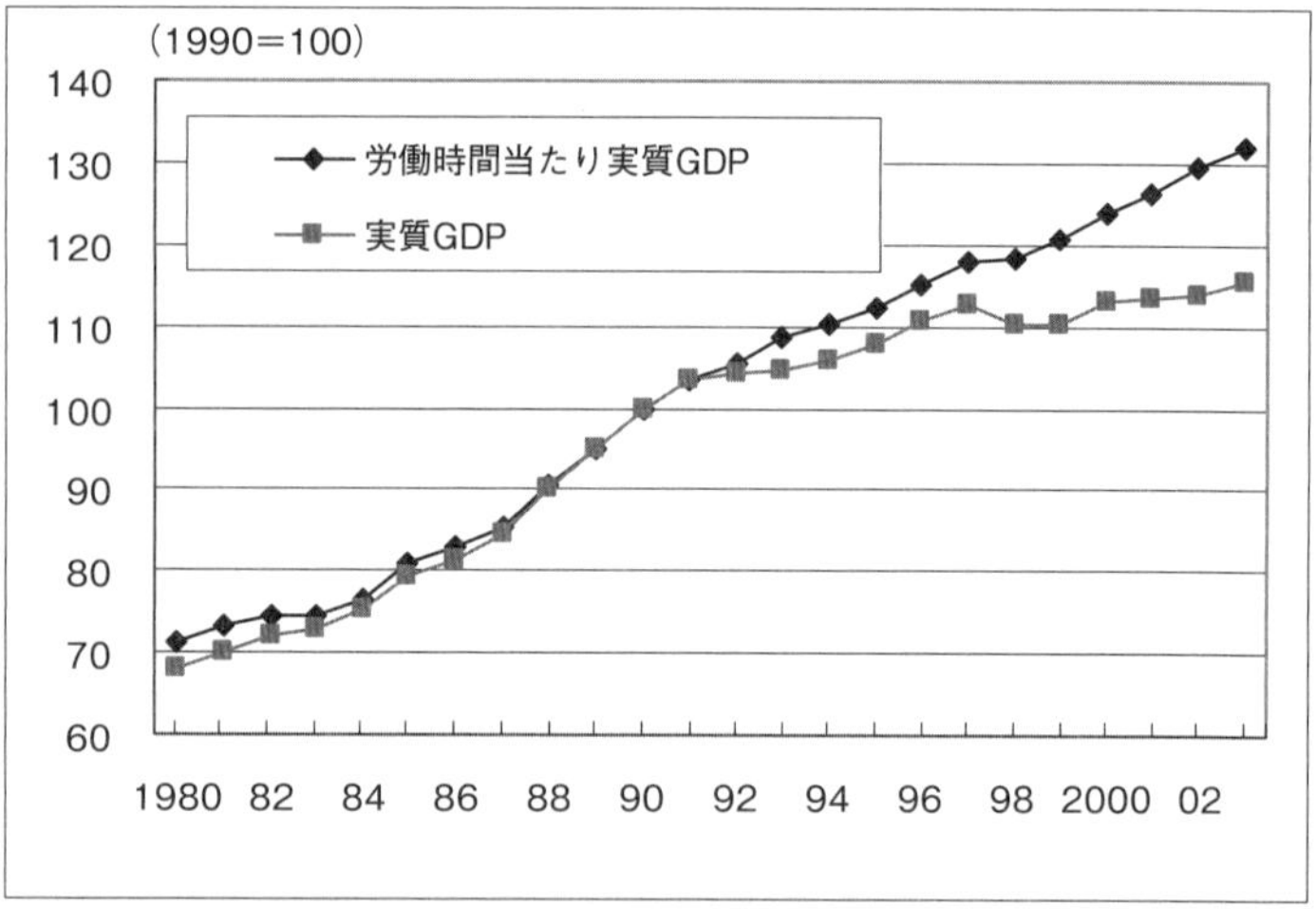

（出所）内閣府「国民経済計算」、厚生労働省「毎月勤労統計」
（注）１．全労働時間は産業別就業者数×産業別労働時間数。
２．2008年は常用雇用指数、労働時間指数により推計。

化された。この効果は、90年代に大きく現れていたはずだ。現に、私たちは、携帯電話の著しい発展という民営化の成果を目撃している。さらに、1989年に消費税が導入されたものの、所得税率と法人税率は1990年代に大きく引き下げられた。最高所得税率は1987年の80%（地方税を含む）から1997年の50%にまで軽減された。これこそが構造改革である。構造改革の効果が大きいのであれば、その効果が90年代に現れても良いはずだが、そのような効果はいまだにあらわれていない。

実質賃金上昇が引き起こす悪循環

では、なぜ日本経済は大停滞に陥ってしまったのだろうか。図から理解されるように、労働生産性の低下ではなくて、労働投入が減少したことが停滞の理由である。では、なぜ労働投入が減少したのか。デフレで実質賃金が高止まってしまったことが労働投入減少の大きな理由である。90年代初のバブル崩壊後の、需要低迷経済の中で、物価の超安定により、実質賃金が上昇してしまった。物価が下落しても、名目賃金を下げることは、昨今のリストラブーム以前にはきわめて難しいことだった（今でもやはり難しい）。不況の中では実質賃金上昇は、ボディーブローのように効いてくる。実質賃金が上昇すれば、利潤が圧縮される。利潤が圧縮されれば株価は下がり、投資が停滞する。投資が停滞すれば総需要が低迷し、生産性の伸びも引き下げられる。この悪循環が労働投入を低下させ、日本経済の大停滞をもたらした。だからこそ、デフレからの脱却が重要なのである。

デフレは実質賃金を引き上げるだけでなく、さまざまな経路を通じて経済を停滞させる。物価がいくら下がっても金利はゼロ以下にはなりえない。したがって、実質金利は上昇する。デフレが起きるような不況期に実質金利が上昇すれば、それは不況をさらに悪化させるだろう。また、過去に決めた債務契約は、物価が下がってもそのままである。物価が10％下落したのだから、1000万円の借金を900万円の借金に代えてくれと言っても、応じてくれる銀行はない。債務者は、借金の返済のために支出を減らし、資産を売ることになる。これは、資産価格と一般物価の両方を引き下げる。これは不況を長引かせることになる（デフレ脱却の重要性について関心をお持ちの方は、原田泰『デフレはなぜ怖いのか』文春新書、2004年、を参照いただきたい）。

5. 1970年代に成長率はなぜ低下したのか

1990年代以降の日本の経済成長率低下は「失われた十年」とも「大停滞」とも「平成大不況」とも呼ばれ（いずれも私の書いた『日本の失われた十年』日本経済新聞社、1999年、『日本の「大停滞」が終わる日』日本評論社、2003年、『「大停滞」脱却の経済学』PHP研究所、2004年、参照）、それが何ゆえに起きたのかの大論争がある。もちろん、浜田宏一・堀内昭義・内閣府経済社会総合研究所編『論争　日本の経済危機』（日本経済新聞社、2004

年）を見ても分かるように、論争の決着はついていない（私の解釈は前掲の3つの著書および前節に簡潔に述べた通りである）。しかし、90年代に成長率が低下し、それは解明しなければならない大問題であると、多くの人々に認識されている。

しかし、日本の経済成長率が低下したのは1990年代が初めてではない。1970年代には、それ以前の10％の高度成長から3％の安定成長に低下してしまった。この低下幅は90年代の低下幅よりも大きい。ところが、この70年代の成長率低下が大問題であるという認識はきわめて少なかった。多くの人々は、成長率低下は、当然に石油ショックのためであると考え、解明の必要な大問題であるとは考えていなかったからだ。しかし、石油ショックだけでは1970年代の成長率低下を説明できない。

石油ショック説からの脱却

第1に、石油ショックの負の影響は産油国以外のすべての国が経験したことであるのに、その後の長期的な成長率が3分の1に低下した国は日本だけである。欧米諸国は3分の2前後、アジア諸国（NIES、ASEAN）ではほとんど低下していない。

第2に、石油価格高騰が成長率急低下の原因であるならば、石油価格が低下すれば成長率が再上昇しなければならない。ところが、1980年代後半には、石油価格は円建ての実質価格で考えればほとんど1970年代初の水準に戻ったのに、日本の成長率は高まらなかった。

第3に、石油価格高騰の影響は、産油国が消費国へ課税したことと同じであり、その規模はG

DPの3%程度である（経済企画庁「経済白書」第1－1－1図の基礎資料、1981年）。減税の乗数が1以下であることを考えると、石油「増税」の乗数もその程度のものではないか。あるいは、増税は財政収支の改善なり、政府支出の増加なりをもたらすだろうが、石油価格の高騰では購買力が産油国に移転されるだけだから、石油「増税」のマイナスの乗数効果はもっと大きいかもしれない。しかし、そうであったとしても乗数は2程度のものだろう。するとGDPの3%分の石油「増税」のマクロショックは、その2倍の6%である。10%で成長してきた経済が1年間だけ4%（＝10%－6%）になり、その後、10%成長に戻るというのが石油ショックの影響のはずである。10年間の平均では成長率を0・6%引き下げるだけの影響である。もちろん、石油価格が上昇したことによって利用可能な生産技術の一部が失われ、それが長期的な影響をもたらすということはあるかもしれない。これを考慮すれば、影響はもっと大きくなる。しかし、円建てで実質化した石油価格は80年代後半には70年初の水準に戻ったのだから、この影響もなくなっているはずだ。

規制強化と政策の産物か？

これまでは、1970年代の低成長が何ゆえに生じたのかについての論争さえもなかった。問題を認識することがなければ真実の探求も始まらない。最近になってやっと1970年代の成長屈折が謎であるという認識が生まれ、その解明が始まっている。

石油ショック前後の金融政策の錯乱が高成長から低成長への変化を大きくした。このショックはかなりの期間、成長率を引き下げただろう。しかしここへ来て、より長期的に低成長をもたらしたのは、自由な経済を硬直的にするような様々な制度的な仕掛けだったのではないかという命題が提起されている（原田泰『1970年体制の終焉』東洋経済新報社、1998年）。70年代以降の大店法（正式には「大規模小売店舗における小売業の事業活動の調整に関する法律」）などの規制強化と人々の自由な地域間移動を妨げる結果となった政策がその原因ではないかということである。増田悦佐氏の「都市再生こそ日本経済活性化の王道」（『エコノミックス』第7号、2002年春）は、様々な要因の中で人々の自由な地域間移動が減少したことが成長率屈折の主因であることを強調している。

図6　人口移動の停滞が成長屈折をもたらした

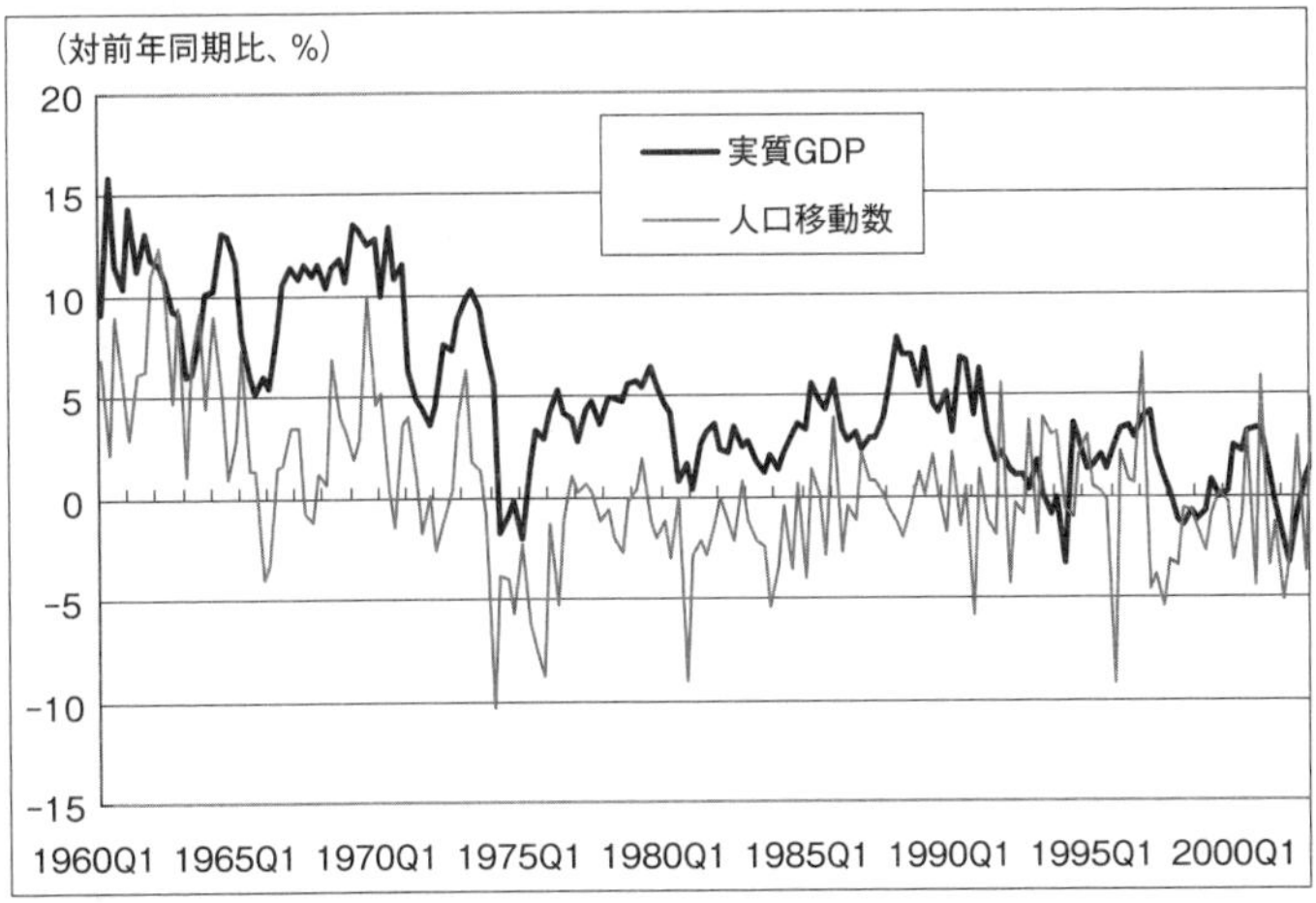

（出所）増田悦佐「都市再生こそ日本経済活性化の王道」『エコノミックス』第7号、2002年春、内閣府経済社会総合研究所「国民経済計算」、総務省統計局「住民基本台帳人口移動報告」

増田論文は、70年代以降、「国土の均衡ある発展」政策によって地方に公共事業が投下され、人々が効率の高い産業（別の表現をするなら、より高い賃金を得られる業種）を求めて都市へ移動するのではなくて、効率の低い産業の下でも暮らせるようになったことが成長率屈折の理由であると言う。図6は、同氏に倣《なら》い、人口移動と成長率を示したものである。確かに、人口移動の低下とともに成長率が屈折している。真実の探求はまだ始まったばかりだが、それは日本社会の理解を深めるものになるだろう（かなりテクニカルなものであるが、ご関心をお持ちの方は原田泰・吉岡真史「日本の実質経済成長率は、なぜ1970年代に屈折したのか」ESRIディスカッション・ペーパーNo.119、内閣府経済社会総合研究所、2004年10月）を参照されたい）。

6．アメリカはニューエコノミーになっていたのか

アメリカはいわゆる「ニューエコノミー」の出現でとんでもない経済の高みに達したという議論が90年代の後半に盛んになったことがある。当時（現在もであるが）、日本は長期停滞にあったから、アメリカをうらやましく思ったのは確かである。しかし私は、アメリカの生産性はあまり上昇していないと繰り返し述べてきた（前掲『日本の「大停滞」が終わる日』第5章など）。また、本書の第4章「4．中国の雇用はなぜ伸びないのか」では、1990年以降のアメリカの

実質GDPの伸びが高かったのは、労働生産性の伸びが高かったからというよりもむしろ、雇用の伸びが高かったからであると指摘した。

私としては、正しいデータに基づき、正しいはずのことを書いているのに、人々の意見とは異なっている。労働生産性の計算に関して難しいことは何も要らない。ただ、実質GDPを労働投入量で割るだけだ。難しい操作は何もないから、同じデータを用いる限り、人によって異なる結果がでるはずはない。IT革命による生産性上昇がもたらしたとされるアメリカのニューエコノミーは本物だったのか、第4章とはデータを替えて改めて検証してみよう。

データや期間の取り方で異なる生産性上昇率

第4章の「4．中国の雇用はなぜ伸びないのか」でも用いたIMF, *International Financial Statistics* の労働投入のデータは、「何人働いたか」に基づいており、「何人が何時間働いたか」という労働時間の調整をしていない。

ここでは、アメリカのデータを用い、労働時間の調整をした上で、日米の生産性上昇率を比較検討してみよう。アメリカのエコノミストは、通常のGDPではなくて、政府部門と農業部門を除いた修正実質GDPを、これらの部門を除いて労働時間を調整した労働投入量で割って、労働生産性を算出している。政府や天候次第の農業を入れると正確に生産性が測れないということなのだろう。

アメリカの生産性は90年代後半以降高まったが……

アメリカのデータを用いてアメリカ流の方法で労働生産性を算出したのが、図7と表1である。日本についても、日本のデータを用いて、アメリカと同じ概念にして比べてある。まず図7をざっと見てみよう。ここで、90年以降、実質GDPでは、日本はアメリカに大きく差をつけられてしまったが、労働生産性ではそれほどでもないことを確認しておこう。1992年を100とした修正実質GDPでは、2007年に、アメリカの167・5に対して日本は118・5と大きな差があるが、労働生産性では2007年にアメリカの137・1に対して日本は127・6と差が小さくなっている。

次に、表1を見ていこう。これによると、90年代の前半まで、アメリカの労働生産性上昇率は1・5~1・7%と低かったが、95年以降、確かに高まっている。だが、その伸びは2・6%で、日本のバブル崩壊後の90~95年より0・5%高いだけである。2000~2005年の伸びは3・0%とさらに高まったが、05~07年では1・2%と失速してしまった。世界金融危機の不況で、2010年までの労働生産性上昇率はさらに低下してしまうだろう。

結局のところ、1995年から2005年まで、アメリカの労働生産性上昇率はそれ以前の1・5%から3%近くに上昇した。しかし、それは10年しか続かなかったということになる。また、2000年以降では労働投入が伸びないなかで労働生産性が上昇しているのも気になる。人を減らして生産性を上げるだけでは、成長は長続きしないからだ。労働投入が増えていないので、GDPの成長率は2000~05年で2・5%と低下してしまった。これでは、ニューエコノミーとは言えないだろう。

図７　日米労働生産性比較

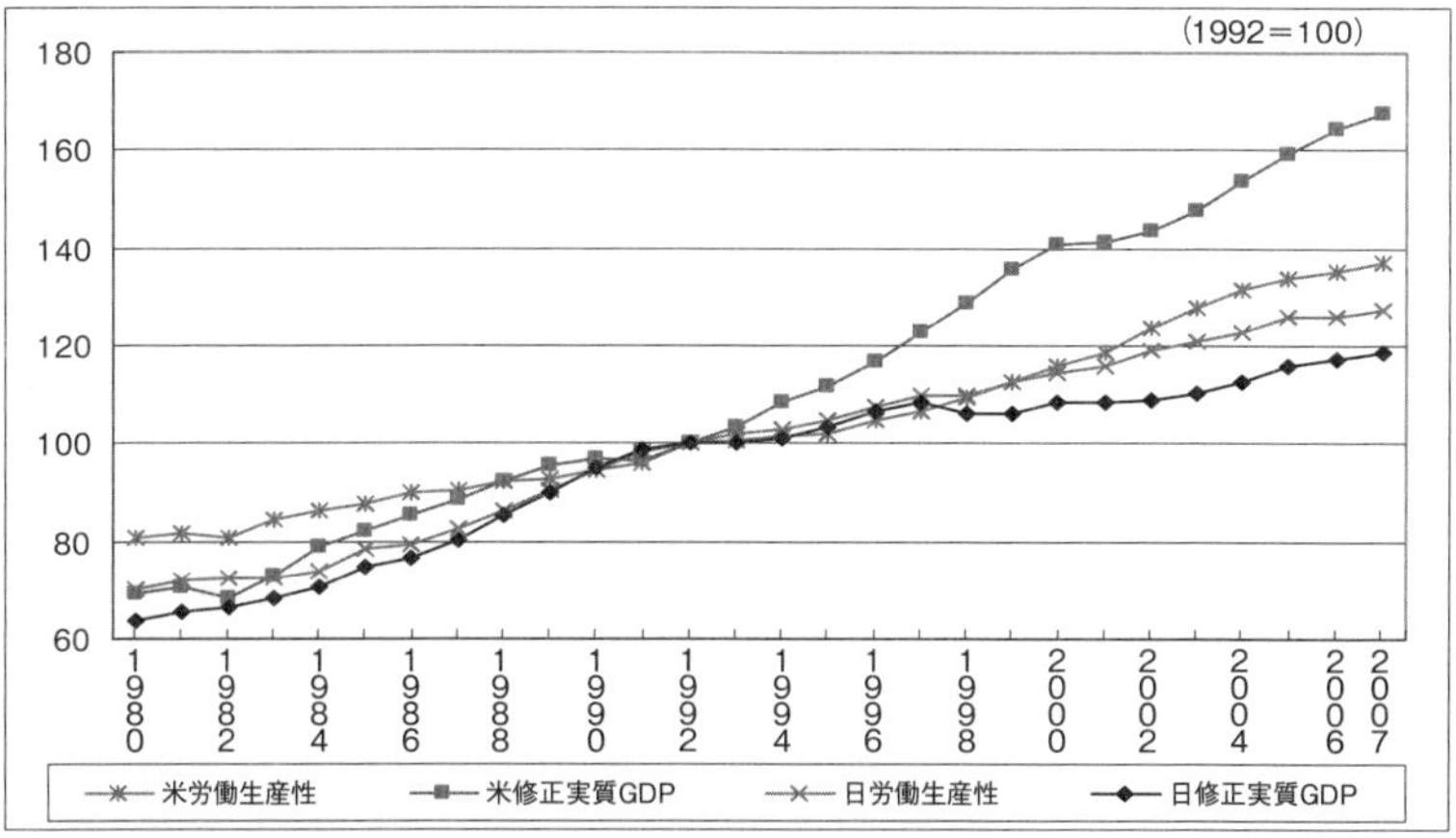

（出所）内閣府「国民経済計算」、Council of Economic Advisers, Economic Report of the President

（注）１．生産は GDP から農業、公務、対家計民間非営利サービスを除いたもの。

２．労働生産性は生産／労働時間。日本の労働時間は就業者数×雇用者の労働時間。

表１　平均上昇率

		1980-85	1985-90	1990-95	1995-00	2000-05
労働投入	日本	1.1%	1.0%	−0.4%	−0.7%	−0.7%
	アメリカ	1.8%	1.8%	1.3%	2.1%	−0.5%
労働生産性	日本	2.2%	3.9%	2.1%	1.7%	2.0%
	アメリカ	1.7%	1.6%	1.5%	2.6%	3.0%
修正実質GDP	日本	3.3%	5.0%	1.6%	1.0%	1.3%
	アメリカ	3.5%	3.4%	2.9%	4.7%	2.5%

		2005-07	1980-90	1990-00	2000-07	1995-07
労働投入	日本	0.6%	1.1%	−0.6%	−0.3%	−0.5%
	アメリカ	1.4%	1.8%	1.7%	0.1%	0.9%
労働生産性	日本	0.6%	3.0%	1.9%	1.6%	1.6%
	アメリカ	1.2%	1.6%	2.0%	2.5%	2.5%
修正実質GDP	日本	1.2%	4.1%	1.3%	1.3%	1.2%
	アメリカ	2.6%	3.4%	3.8%	2.5%	3.4%

（出所）（注）図７に同じ

以上を総合すると、アメリカのデータと概念に基づくアメリカの労働生産性は90年代の後半以降、確かに高まっていたが、２００５年以降には失速した。アメリカ経済は95年から２０００年までの5年間程度、労働生産性も労働投入も伸びるニューエコノミーになっていたが、それ以降はそうなっていない。しかし、失速続きの日本と比べると、アメリカは依然としてニューエコノミーであるといっていいのではないか。

7. 19世紀の世界経済はなぜデフレになったのか

日本経済はデフレから脱出できないでいる。日本のデフレ的な状況が続くにつれて、エコノミストの間で19世紀後半の世界的デフレに対しても関心が高まっている。19世紀の経験が日本のデフレ脱却に直接の教訓を与えないとしても、なんらかの示唆を与えることはできると期待されているからだろう。

物価決定のメカニズムをめぐる2説

なぜ19世紀の後半に、全世界的なデフレが生じたのだろうか。デフレとは、物価が下落することである。物価がどのように決まるかに関しては、貨幣数量説派と構造派という２つの流派の説がある。

貨幣数量説派は「物価はある国に出回っているお金の量、すなわちマネーサプライと、その国が供給できる財とサービスの量の比で決まる」と考える。経済が供給できる財とサービスの量とは実質GNP（国民総生産）である。したがって、物価の決定式は、

物価＝マネーサプライ／実質GNP

となる。この式は、実質GNPに対してお金が多すぎれば物価が上がり、少なすぎれば物価が下がることを意味している。

これに対して構造派は「物価はそのような単純なことで決まるのではなく、多様な構造的な要因で決まる」と考える。物価が単純には決まらないのだから、構造派は、貨幣数量説派のような単純な物価決定式を持たない。自らの主張を簡明に説明する式を持っていないので、構造派の議論は「貨幣数量説派の物価決定式が現実を説明しない」という批判になる。

19世紀のデフレと物価決定式の関係

それでは物価は、前掲の簡単な式で決定されるのか、それとも、されないのかを、19世紀の現実のデータに即して見てみよう。

表2は、物価（消費者物価）とマネーサプライと実質GNPの変化率を、アメリカ、イギリス、フランス、ドイツ、イタリアについて整理したものである。19世紀のデフレーションは1873

年に始まり1896年に終わったとされているので、この23年間を中心にデータを整理してある。すなわち、1873年以前の23年間と1896年以降、第1次大戦が勃発する前までの期間を比較している。マネーサプライには様々な定義があるが、ここではもっとも狭い範囲の定義であるマネタリーベースを用いている。

世界デフレになる前の1850〜73年を見ると、データのあるすべての国で物価の変化率はプラスだったが、1873〜96年では、すべての国で物価上昇率はマイナスとなった。ところが、1896年以降では、すべての国でプラスに転じている。確かに、19世紀の世界は1870年代以降デフレに陥り19世紀の末になってデフレから脱却したのである。

マネーの伸びは、デフレになった1873〜96年では、データのあるすべての国で、1850〜73年より低かった。また、デフレから脱却した1896年以降では、すべての国で、1873〜96年より高かった。すなわち、マネーの伸びが1873〜96年に低下したことが、19世紀のデフレの原因だった。

「マネーの伸び＜財・サービス供給増」で説明可能

ただし、マネーの伸びがマイナスになった訳ではない。それでもデフレになったのは、実質GNPが増大し、同じ量のマネーに対してより多くの財サービスが提供されるようになったからである。例えば、アメリカでは、1873〜96年にかけて、マネーの伸びが2・0%であったにもかかわらず、実質GNPは4・5%で伸びていた。1873〜96年では、すべての国で、マネー

表2　19世紀の世界デフレはマネーの不足で生じた

	1850〜1873	1873〜1896	1896〜1913
アメリカ			
消費者物価の変化率	1.6	-1.6	1.0
ベースマネーの変化率	6.0	2.0	5.4
実質GNPの変化率	3.7	4.5	4.6
イギリス			
消費者物価の変化率	1.0	-1.7	1.2
ベースマネーの変化率	1.2	0.9	1.6
実質GNPの変化率	2.4	1.9	1.8
フランス			
消費者物価の変化率	0.9	-0.1	0.4
ベースマネーの変化率	8.0	1.0	2.7
実質GNPの変化率	1.2	1.7	1.7
ドイツ			
消費者物価の変化率	3.1	-0.5	2.0
ベースマネーの変化率	11.8	0.9	3.7
実質GNPの変化率	2.9	2.2	2.7
イタリア			
消費者物価の変化率	N.A.	-0.7	0.7
ベースマネーの変化率	N.A.	0.3	3.4
実質GNPの変化率	N.A.	0.7	2.6

（出所）ブライアン・R・ミッチェル編『マクミラン新編世界歴史統計〈1〉ヨーロッパ歴史統計：1750〜1993』2001年、『マクミラン新編世界歴史統計〈2〉』2002年、『マクミラン新編世界歴史統計〈3〉南北アメリカ歴史統計：1750〜1993』2001年、東洋書林。アメリカは、George Thomas Kurian, *DATAPEDIA of the United States 1790-2000: America Year by Year*, Bernan Press 1994.イギリスのマネー指標は Forrest Capie and Alan Webber ed. *A Monetary History of the United Kingdom 1870-1982, Volume I, Data, Sources, Methods.* Boston: George Allen & Unwin.

（注）イギリスの1869年以前のベースマネーはマクミラン統計の現金を1970年で接続したもの。ドイツのベースマネーは、1851〜73年、1896〜1912年。イギリス以外のベースマネーは現金。

の伸び以上に実質GNPが増大していた。

19世紀のデフレーションは、なんら神秘的な現象ではなく「マネーの伸びが財とサービスの供給量以下でしか伸びていなかったからである」という、単純な貨幣数量説で説明できる。では、マネーはなぜ伸びなかったのか。

当時、世界主要国は金本位制を採用していた。金本位制では、マネーのうち最も狭義のマネーであるマネタリーベースの量は金の保有量に結びつけられている。それゆえ、19世紀は自由にマネーを増やすことができなかった。

しかし、19世紀末、南アフリカとカナダで大規模な金鉱山が開発される。また鉱石から金の抽出率を高める青化法（鉱石に含まれる金・銀をシアン化ナトリウムなどの希薄水溶液に溶かし出して亜鉛粉末で置換沈殿させて回収する方法）が採用されるようになり、金の生産量が飛躍的に増えた。金の生産量が増大すれば、金本位制の下でマネタリーベースも増大する。その結果、デフレに終止符が打たれた。

デフレ終息がイギリスで遅れた背景

ただし、金生産の増大によるマネタリーベースの増大で、すべての国でただちにデフレが終わった訳ではない。確かに、1890年ごろから欧米のほとんどすべての国でマネタリーベースが増大した。ところが、ほとんどすべての国で、それが物価上昇に結びつくまでには時間がかかった。その理由としては、長い間デフレが続いていたので「デフレが終息した」ことを人々が認識するまでタイムラグがあったためだろう。

特に時間がかかったのはイギリスである。図８に見るように、イギリスでは１８９０年からマネタリーベースが増大しているが、物価が上昇しはじめるのは１８９７年からである。イギリスでデフレ終息まで時間がかかったのは、前述のタイムラグに加えて、信用不安の影響がある。１８９０年代のベアリング商会（マーチャント・バンク）の経営危機がイギリス経済に深刻な信用不安をもたらした。信用不安があれば、人々は手元に現金を置いておこうとする。当然、お金が経済全体に回らない。それでも最終的にデフレから脱却でき

図8　デフレ脱却時のマネタリーベースと物価（イギリス）

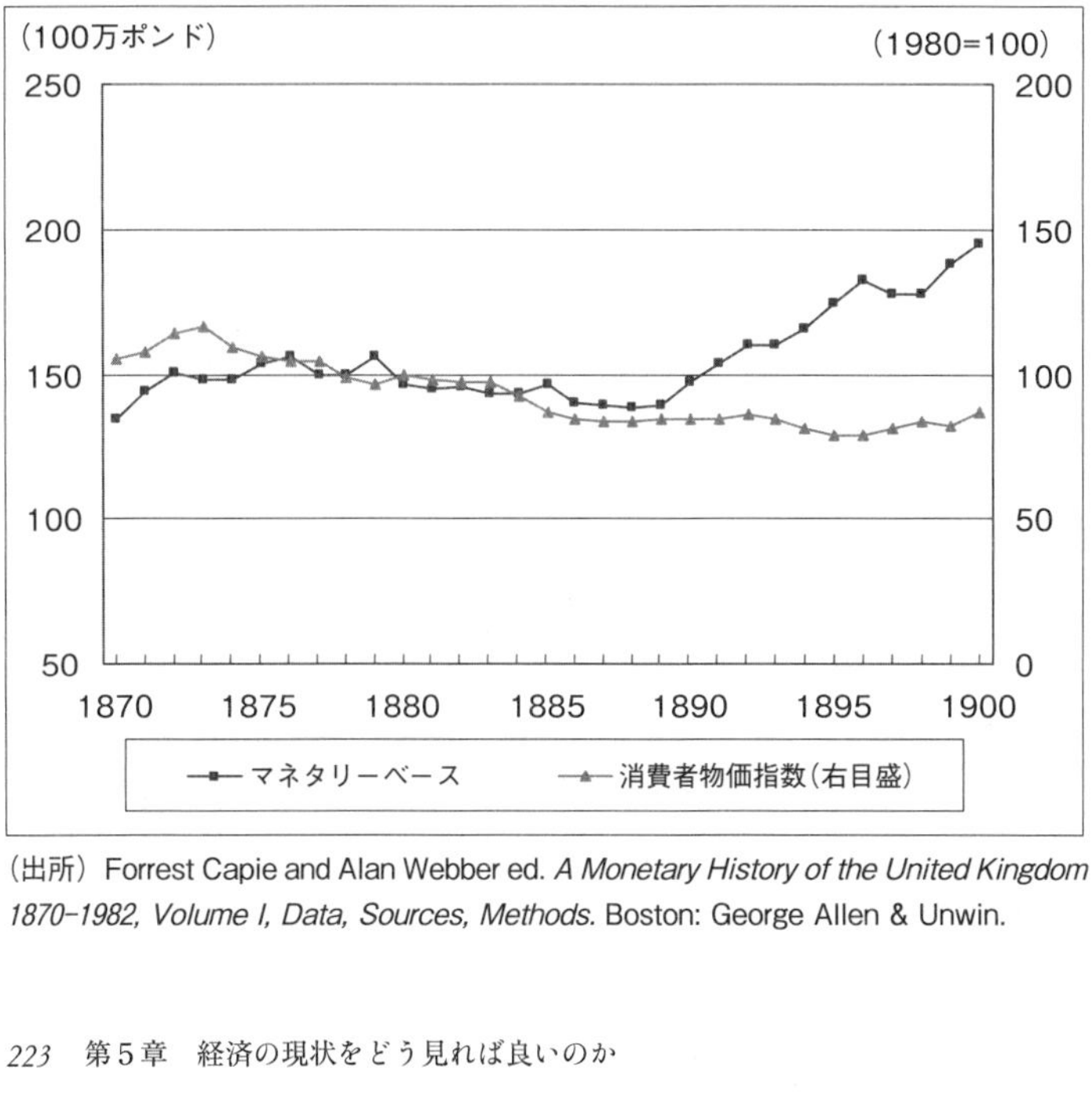

（出所）Forrest Capie and Alan Webber ed. *A Monetary History of the United Kingdom 1870-1982, Volume I, Data, Sources, Methods.* Boston: George Allen & Unwin.

たのは、イギリス政府がベアリング商会救済に乗り出すなどしたおかげで信用不安が収まり、マネタリーベースが継続的に増大していったからである。ただし、ベアリング商会を救済したことが、長期的に考えて、良かったどうかには疑問がある。日本でも金融機関救済の際に指摘されたように、モラル・ハザードを引き起こす政策であるからだ（その後身のベアリングス銀行は、ニック・リーソンというたった1人のトレーダーの取引失敗に伴う巨額損失で1995年に破産した）。

安定していたデフレ脱却後の経済状況

現在の日本では「デフレが終わると、すぐにインフレになるのではないか」「金利が急上昇するのではないか」などと懸念する向きがある。しかし、19世紀の世界経済のデフレ脱却の経験から言えば、そのような心配は杞憂《きゆう》に過ぎない。

欧米の主要国において、デフレから脱却した1896年から第1次世界大戦前の1913年までで、物価上昇率は年率2％以下だった。金利も安定していた。デフレからの脱却過程はとても安定しており、物価の急上昇や金利の乱高下などは観察されていない。金の増産ペースがゆるやかだったことで、マネタリーベースが安定して伸びたためだろう。

マネーの量を増やしても、デフレからの脱却には多少、時間がかかるだろう。しかし、マネーの伸びを安定させておけば、デフレから脱却できるだけでなく、物価の急上昇や金利の乱高下が避けられるというのは、19世紀のデフレ脱却から日本が得られる教訓である。

（本稿の議論のよりテクニカルな内容についてご関心をお持ちの方は、原田泰・中田一良・相樂惠美「19世紀のデフレーションはなぜ始まり、なぜ終わったのか」ESRIディスカッション・ペーパー・シリーズNo.62、経済社会総合研究所、２００３年９月を参照されたい。）

8．昭和恐慌の教訓は何か

日本経済の長期停滞の中で、この停滞と、昭和恐慌、すなわち日本における世界大恐慌とを比べる議論が盛んになった。昭和恐慌は、３四半世期以上も前の１９２９年に起こった出来事である。しかし、その教訓とされていることが今日の私たちの思考を縛っているとしたら、３四半世期以上も前の、今日に生きる私たちに無関係な出来事とは言っていられない。一般に、現在、昭和恐慌の教訓とされていることを取り上げて、その根拠が乏しいことを示したい。今日でもなお、以下の５つが昭和恐慌の教訓とされているように思われる。

通説１．昭和恐慌からの脱却において、財政支出の増大が決定的な役割を果たした。

通説２．銀行機能の低下とその回復が昭和恐慌の深化と脱却に大きな影響を与えていた。

通説３．金融緩和は、昭和恐慌からの脱出に一定の役割を果たしたが、その後のハイパーインフレーションにつながった。

通説4．金本位制への復帰は、日本経済の体質を強化するために必要なもので、それがむしろ30年代の長期的な成長につながった。
通説5．昭和恐慌というよりも世界大恐慌についての説と言うべきだろうが、大恐慌は様々な政策対応によっても解決できなかった。大恐慌を終わらせたのは第2次世界大戦である。

5つの通説の検証

これらの説が根拠のあるものかどうか、昭和恐慌前後の主要なデータを整理した図9で見てみたい。日本では、名目GNP（国民総生産）の落ち込みは大きかったが実質GNPの落ち込みは小さかった。これについては、実質GNPの推計に用いられた物価デフレーターが過小推計ではないかという説もあるので、真の実質GNPは、実質と名目のGNPの中間と考えた方が良いかもしれない。

まず、実質政府支出の対実質GNP比は1931年から33年にかけて1・1%ポイント上昇したにすぎず、大恐慌脱出の主要な要因だったとは考えられない。すなわち、通説1は怪しい。

銀行貸出は昭和恐慌以前の1926年をピークに減少しており、貸出が伸びたのは回復がずいぶんと続いた後の35年以降のことである。銀行機能の回復と低下は貸出の増減に反映されるだろうから、通説2も怪しい。

真の実質GNPを実質と名目の間と考えると、その動きはマネーサプライの動きと同じである。マネーの減少は物価を下落させ、物価の下落によって実質利子率は急上昇した。これが不況を深めたことは当然である。すなわち、通説３の前半は一般に考えられている以上に正しい。インフレ率は、図の実質ＧＮＰと名目ＧＮＰの乖《かい》離《り》で表されるが、その差は１９３６年まで一定である。よって通説３の後半は誤りである。

大不況からの生産の回復は急速で、実質ＧＮＰは１９３１年から33年にかけて15％も上昇した。これは、日本の大恐慌からの回復が決して構造問題を解決したがゆえになされたものではないことを示している。１年や２年で解決できるような構造問題があるはずがないからだ。したがって通説４も誤りである。

大恐慌を終わらせるのに第２次

図９　昭和恐慌前後の主要経済指標

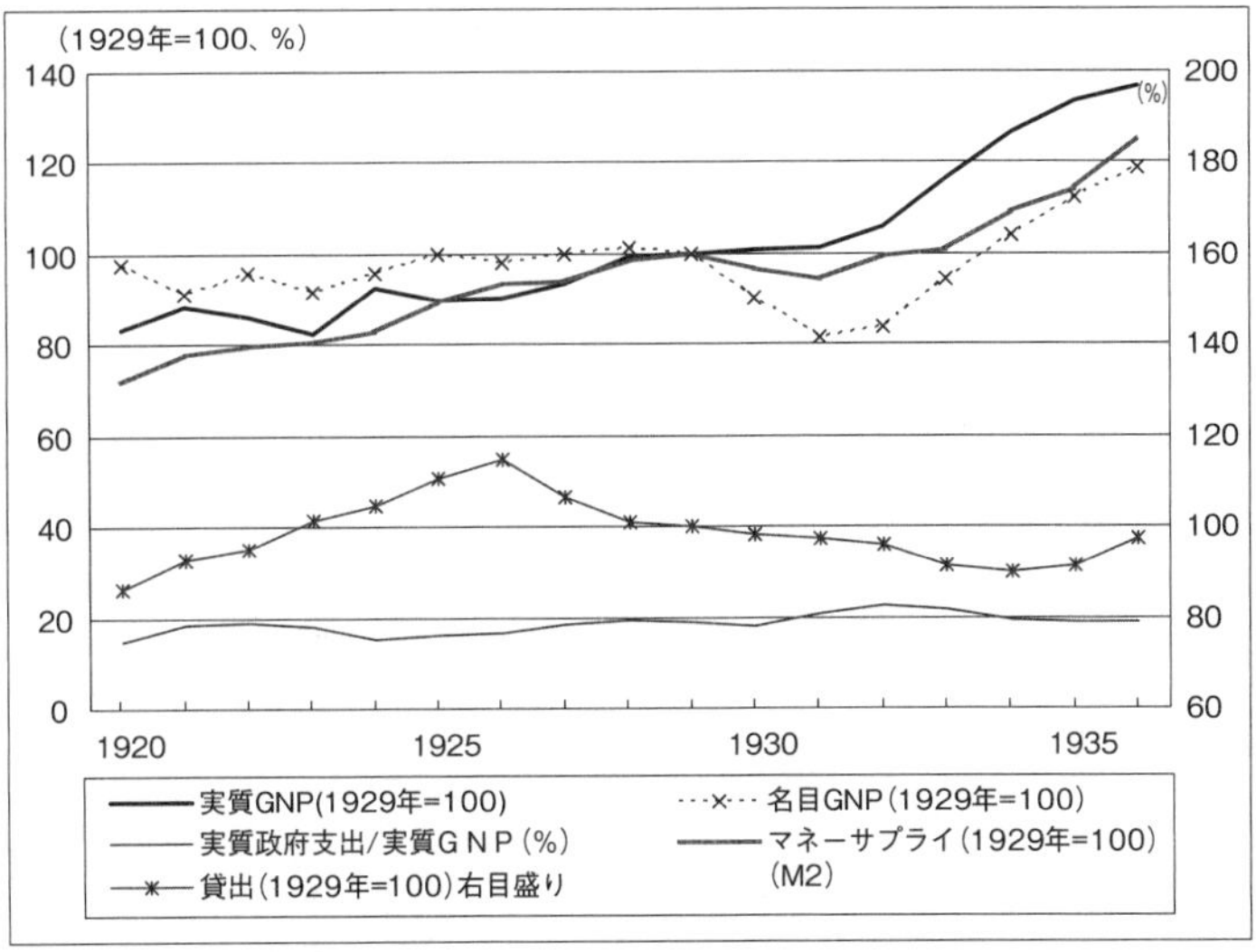

（出所）マネーは藤野正三郎『日本のマネーサプライ』（勁草書房、1994年）、GNP は大川一司他『長期経済統計Ｉ』（東洋経済新報社、1974年）、貸出は日本銀行統計局「明治以降本邦主要経済統計」

世界大戦は必要なかったという証拠は日本の経験から得られる。実質GNPは1935年には29年の水準を34%も上回っており、既に完全雇用水準となっていた。軍事予算が急増して本格的に戦争準備を始めるのは36年以降のことである。37年からはインフレーションが始まり、その後、軍備を増大させるためには、生活水準を低下させなければならなかった。すなわち、日本が太平洋戦争を始める4年以上も前に、日本の大恐慌は終わっていた。よって通説5も誤りである。

そもそも昭和恐慌の原因は、日本銀行が旧平価での金本位制に復帰するために、金融を引き締めたことにある。金融引締めの結果、マネーサプライは縮小し、GNPも連動して減少した。この不況によって、民衆はエスタブリッシュメントへ不信を抱くようになった。この機に乗じて影響力を増したのが軍部である。エリートの金融政策の失敗が、日本の軍国主義の跳梁を招くきっかけを作ったと言えるだろう。

9. アメリカの大恐慌を終わらせるのに世界大戦が必要だったか

前節でも述べたように、大恐慌は第2次大戦によるとてつもない物資の消耗によらなければ終わらなかったという説がある。この説は、いくつかのグループにとっては望ましい。

第1に、実際に大恐慌を起こした人々（それが誰であるかは後述する）にとっては都合が良い。

大恐慌が、何千万人もの人が死ななければならない大戦争によってしか終わらなかったほど大きな不況であるなら、それをうまく処理できなくても仕方がないということになるからである。第2に、資本主義を批判する左派にとっても都合が良い。資本主義が、大戦争によってしか終わらないほどの不況をもたらしたのなら、資本主義を廃棄して社会主義にするしかないということになる。第3に、日本の右派にとっても望ましい。大恐慌が第2次大戦によってしか終わらなかったのなら、いずれにしろ、アメリカは大恐慌を終わらせるために戦争をしたかったのであり、日本が戦争を主導したのではないと抗弁する材料を提供できることになる。

しかし、大恐慌が第2次大戦がなければ終わらなかったという主張は誤りである。そのことを、事実に即して見ていこう。

大恐慌時に何が起きていたか

図10は大恐慌前後の実質国民総生産（GNP）、卸売物価指数（WPI）、社債金利（BBB格）、マネーストック（M2）、実質政府支出の対実質GNP比を示したものである。

まず、マネーストックが、実質GNPとともに動いているのが注目される。GNPはマネーの収縮とともに減少し、増大したのである。なぜマネーが収縮したかと言えば、金融が引き締められたからである。特に1931年9月の引き締めはひどい。図に見るように、金利は6％程度から11％にまで上昇した。この間、物価は平均1割以上下落していたから、実質金利は2割以上になったことになる。不況のさなかにそんなことをすれば、普通の不況が大恐慌になってしまうのは当然である。

なぜ不況のさなか金利を引き上げたかというと、金本位制を守るためである。当時、アメリカが金本位制から離脱するのではないかといううわさが流れ、金が流出したので、それを抑えるために、金融引き締め政策を実施し、通貨供給を抑えたのだ。したがって、大恐慌の原因は金融収縮にあり、金融収縮の原因は金本位制にあるということになる。

ここで財政政策はどのような役割を果たしていただろうか。図に示すように、実質財政支出の対実質GNP比は、大恐慌直前の1929年第3四半期の12・7%から、33年第1四半期には20・6%まで

図10　1931年9月の金融引締め――金融政策と実質GNPの動き――

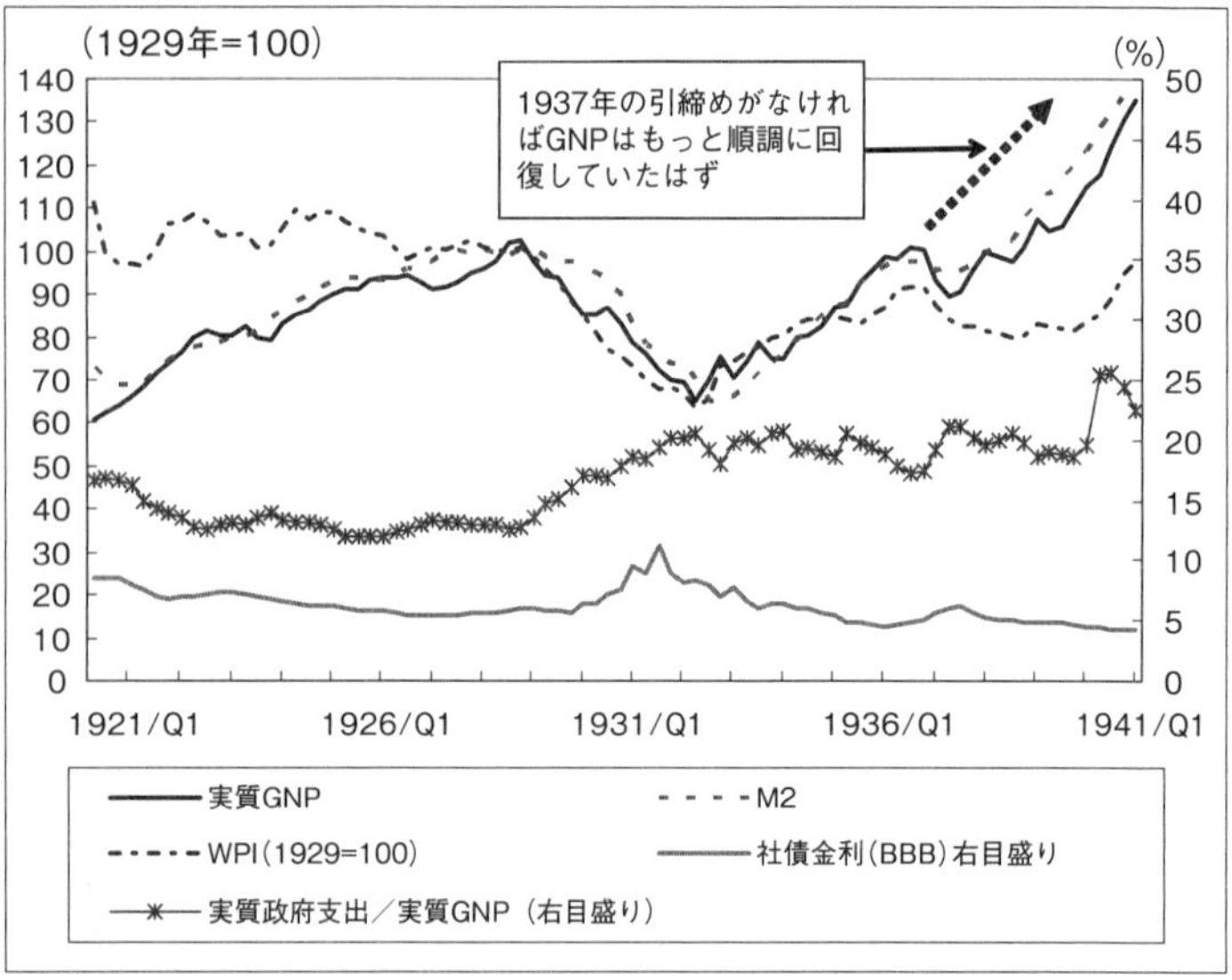

(出所) Robert J. Gordon, *The American Business Cycle* , The University of Chicago Press, 1986

上昇している。29年まで景気が良く税収は増大していたので、政府は30年度も税収が増加するという前提で予算を決めていた。その後も、ケインズ的政策が行われていたわけではないが、失業者が街にあふれる事態となれば、政府もまったく何もしないという訳にはいかず、31年まで政府支出はわずかだが増大し、32年、33年もあまり減少しなかった。

物価は急落し、実質ＧＮＰは１９２９年第３四半期から33年第１四半期にかけて36％も縮小していたので、結果的に、実質政府支出の実質ＧＮＰに対する比率は７・９％ポイントも上昇した。２００９年初頭に、オバマ大統領は、全世界に実質ＧＤＰの２％の財政拡大をするようにと訴えていたが、大恐慌当時、アメリカは対ＧＮＰ比７・９％の財政拡大で景気を支えていた。

ただし、政府支出は33年以降、やや縮小気味に動いていた。フーバー政権（１９２９〜33年）の時代に実質政府支出の対実質ＧＮＰ比は拡大し、むしろルーズベルト政権（１９３３〜45年）の第１期になって縮小したのだ（実質政府支出自体は増加していたが、実質ＧＮＰがそれを上回るペースで増加したために、その比率は小さくなった）。それにもかかわらず、実質ＧＮＰは33年第１四半期を底として急回復した。これはなぜだろうか。

金本位制からの離脱が回復をもたらした

１９３３年に新しく大統領に就任したルーズベルトは、３月（正式には４月）に金本位制から離脱した。その結果、アメリカは、金利を低下させ、マネーサプライを上昇させることができるようになった。それに伴って、実質ＧＮＰとマネーサプライが拡大しているのが分かる。

しかし、37年になって再び、GNPが低下する。このことをもって、アメリカは41年以降の軍事費の増大によらなければ、大恐慌から脱却できなかったという説が現れるのだが、それは違う。37年に再び金融を引き締めたことがGNPの減少の原因である（アメリカ大統領経済諮問委員会のクリスチーナ・ローマー委員長もそのことを指摘している。Christina Romer, "The lessons of 1937", *The Economist*, Jun 18 2009）。その証拠に、38年に再び金利を引き下げるとGNPはまた回復している。37年の引き締めがなければ、アメリカの実質GNPは33年第1四半期を底とするトレンドで伸び、第2次世界大戦以前に大恐慌から脱却することができただろう。

大恐慌はアメリカ連邦準備理事会（FRB）の誤った政策によって引き起こされ、長引いたのである。大恐慌を終わらせるために、第2次世界大戦は必要なかった。これが、大恐慌の研究から得られる最も重要な教訓である。

長期的な成長率の低下など、日本経済はいくつもの困難に遭遇してきた。この困難にどう対処するかが、日本の運命を大きく左右する。昭和恐慌を招いたエリートの失敗が、日本を軍国主義に追いやることになった。その時々の現状を解明することが、より良い未来を歩む上で必要だ。

昭和恐慌の失敗ほどの大問題でなくても、70年代以降の成長屈折、90年代以降の長期停滞、世界金融危機での日本経済の急激な落ち込みは、いずれも政策の失敗によるところが大きい。70年代もダイナミックな経済構造を維持していたら、90年代前後に金融政策を誤っていなかったら、日本はより高い成長で、世界一豊かな国になり、雇用の停滞に悩むこともない国になっていただろう。追加的な豊かさは、もちろん、奢侈的に使うこともできるが、年金や医療や教育などに使うこともできたのだ。

第6章　政府と中央銀行は何をしたら良いのか

日本経済は、2009年の中頃には危機的な状況からは回復したが、長期的な成長には不安が残っている。政府と中央銀行は、金融政策と財政政策によって、景気変動を和らげ、経済を安定的な軌道に乗せる力を持っている（誤った行動で、景気変動を大きくしてしまうこともある）。政府と中央銀行は何ができ、何をすべきなのだろうか。

政府には私たちのお金を賢く使ってもらわなければならないし、中央銀行には、物価の安定を通じて、経済を安定させてもらわないといけない。財政学の教科書には、政府の役割は景気安定、資源配分の適正化、所得分配の是正であると書いてある。景気安定は、何をどれだけするかが明白だが、資源配分の適正化、所得分配の是正は、どこまでするのが適正なのか、是正なのかが分からないことが多い。料金を取らない普通の道路は政府しか作れないから、必要な道路を作ることは資源配分の適正化につながる。しかし、車も走らない道路を作れば、それは無駄ということになる。憲法に明記されている「健康で文化的な最低限度の生活」を保障するのは当然だが、それをどのように、またどの程度まで行うかを判断するのは難しい（所得再分配政策については第2章も参照）。まず、何をするのかが明白な中央銀行について考えていこう。

1．日銀総裁のパフォーマンスはその出身によるのか

財務省出身者は日銀総裁にふさわしくないという民主党の主張で、2008年2月には、福井俊彦日銀総裁の後任人事が大もめにもめた。しかし、そもそも、財務省出身の日銀総裁と日銀出身の日銀総裁は、これまでどちらのパフォーマンスが良かったのだろうか。

物価を安定させ、長期的かつ最大限に成長を高める

日銀総裁のパフォーマンスをどう評価すべきだろうか。前米連邦準備理事会（FRB）議長で、マエストロ（巨匠）と呼ばれたアラン・グリーンスパン氏は、「成長と雇用を持続可能な範囲で長期的に最大限に高めるのに必要な金融状況を作りだすことが（中央銀行総裁の）任務だ。そして、FRBと大半の経済専門家の見方では、経済成長を持続可能な範囲で最大限に高めるために必要な条件は、物価の安定である」と述べている（『波乱の時代』上巻、160頁、日本経済新聞出版社、2007年）。つまり、成長率が高く、物価が安定している状況を作り出すことが、良い中央銀行総裁の条件ということになる。グリーンスパン前議長は、2000年代初期の過大な金融緩和で、世界金融危機の一因となるアメリカ住宅バブルを作ったとされて、今では評判が悪くなっているが、この条件自体に誤りはないだろう。

抽象的に評価基準を述べるのは簡単だが、具体的に評価するのは難しい。１９８０年代末のバブルの時のような短期の高い成長は、長期の持続的成長を犠牲にして得られたものだろう。総裁の任期が20年もあれば、長期的に誰のパフォーマンスが良かったかを確実に判定できるだろうが、実際の任期は日本では5年である。前任者のツケを後任者が支払うことは普通である。さらに、後任者が前任者に仕えた副総裁のこともある。これをどう考えるのかはますます難しい。しかも、日本の場合、成長率がトレンドとして低下している。このすべてが日銀総裁の責任ではないだろう。

そこで、特殊事情はその都度考えることとして、あっさりと、前任者に比べて、成長率が高まり、インフレ率が安定（インフレ率がマイナスになるデフレは安定と考えないことにする）すれば、パフォーマンスが良かったと考えることにしよう。

図1は、佐々木直（日銀１９６９年12月～74年12月）、森永貞一郎（大蔵74年12月～79年12月）、前川春

図1　財務出身と日銀出身のどちらの総裁のパフォーマンスが良かったか

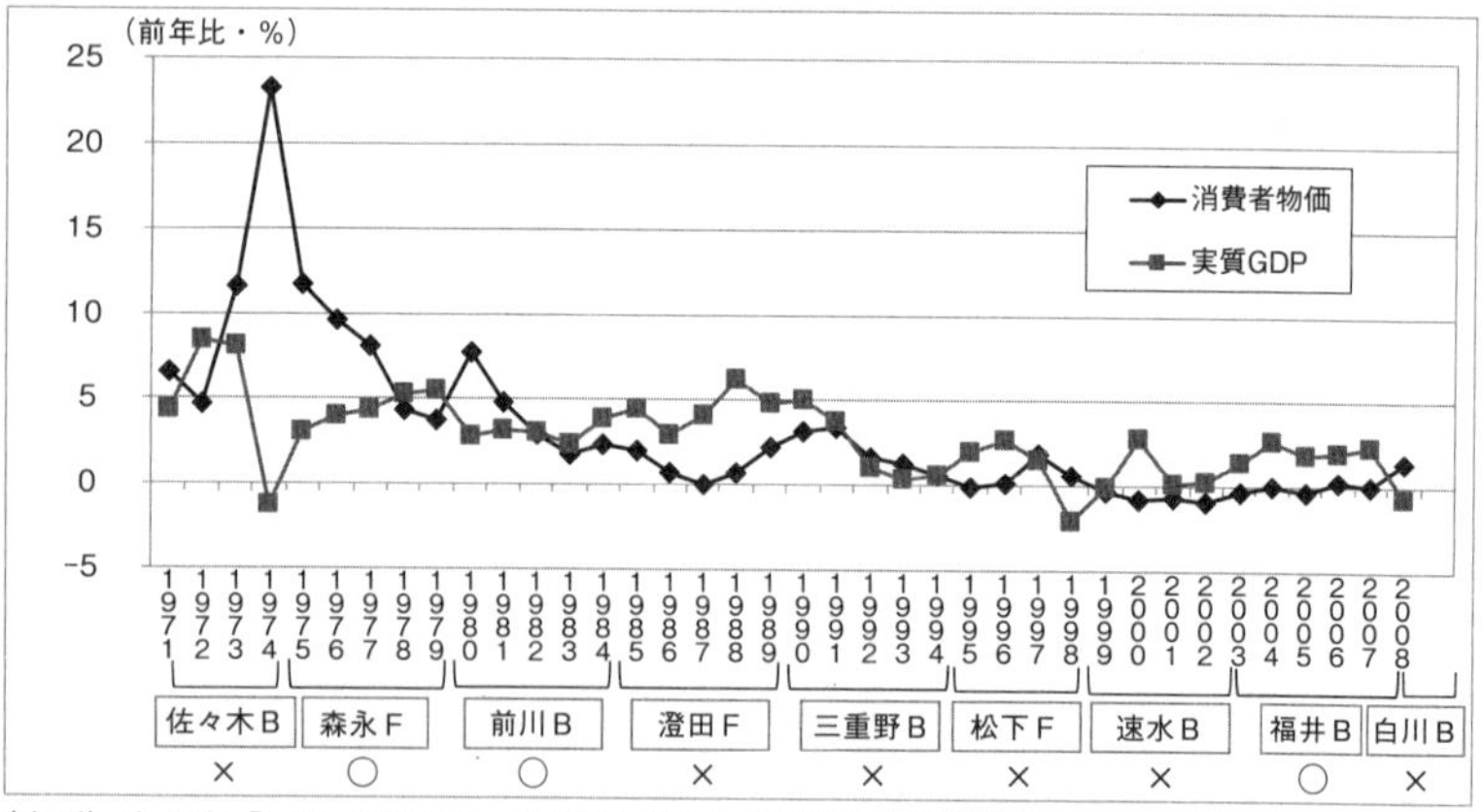

（出所）内閣府「国民経済計算」、総務省統計局「消費者物価指数」

（注）実質GDPは93年で、消費者物価指数は89年で、旧系列に接続している。89年と97年の消費税の物価に与える影響を調整していない。

雄（日銀79年12月～84年12月）、澄田智（大蔵84年12月～89年12月）、三重野康（日銀89年12月～94年12月）、松下康雄（大蔵94年12月～98年3月）、速水優（日銀98年3月～2003年3月）、福井俊彦（日銀03年3月～08年3月）、白川方明（日銀08年3月～、福井俊彦の任期満了までに後任総裁人事の国会同意が得られず総裁が空席となったため、副総裁である白川が総裁の職務を代行。4月9日、国会で同意を得られたため、日銀総裁に就任）各氏の、総裁時の実質国内総生産（GDP）成長率と消費者物価上昇率を見たものである。出身を表すために、日銀はB（Bank of Japan）、大蔵（財務省）はF（Ministry of Finance）と付記してある。

「誰が」ではなく、「何を」が大事

まず、佐々木B総裁時に成長率は低下し、大インフレとなっている。森永F総裁時と前川B総裁時には成長率は回復し、インフレ率も収まっている。澄田F総裁時には成長率が上昇し、インフレ率も低下しているが、これはバブルで、次の三重野B総裁時には成長率が低下し、インフレ率は低下しすぎた。三重野B総裁は、澄田F総裁時の副総裁でもあった。澄田F総裁、三重野B総裁を合わせてみれば、パフォーマンスが上がったとはいえないだろう。松下F総裁と速水B総裁時は、引き継ぎ直後にマイナス成長があるので評価が難しいが、合わせてみれば成長率は低下し、物価はデフレに陥った。福井B総裁時には、成長率は回復し、物価はマイナスからゼロに復帰した。白川B総裁はまだ任期が残っているが、成長率は低下し、物価は一時プラスになったが、またデフレになった。成長率の低下とデフレは、世界金融危機のためであり、物価がプラスになったのは2008年の原油価格高騰のためである。本人のせいとは必ずしも言えないが、パフォーマンスは低下している。

以上の観察から考えて、経済パフォーマンスが悪くなかったといえる総裁は、F総裁が1人、B総裁が2人であり、良くなかったといえる総裁は、F総裁が2人、B総裁が4人である。また、福井B総裁の評価は、前任の速水B総裁に比べて良くなったというものである。結論は、日銀総裁として成果を上げるかどうかは、その出身の如何《いかん》にはよらないということになる。

2008年春に、民主党が日銀総裁人事に抵抗したことに対して党利党略とする批判があるが、そもそも野党が与党に党利党略で攻撃をしかけるのは当然のことである。その攻撃が、国民生活を不安定にするものであれば批判されるべきであるが、F総裁もB総裁も、そのパフォーマンスに大して違いがない以上、国民生活に迷惑をかけない、正当な党利党略といえる。ただし、総裁が決まらないのは国民に迷惑をかける。決まらないかもしれないと思われたことだけでも迷惑をかけたことになるだろう。

むしろ今後は、日本経済のパフォーマンスを上げるために、政府も日銀も政党も、「誰が」でなく、「何を」したらよいのかを議論することが重要だ。

2. 日本銀行は何を目標としているのか

日本銀行が何をなすべきかを考える前に、日本銀行は何をしているかを考えよう。私の見るところ、日本銀行は物価上昇率をゼロ％にすることを目標にしている。日銀がゼロ％物価上昇率を目標とすると何が起きるのだろうか。

日銀は実質的にゼロ％物価目標政策を採用している

図2は、政府や日銀が重視している生鮮食品を除いた消費者物価の前年同月比上昇率と金融政策を示したものである（食料〈酒類除く〉エネルギーを除いた消費者物価も示している）。これを見ると、物価上昇率が少しでもゼロ％を上回れば、日銀が金融引き締めの方向に動いてきたことが分かる。

日銀は2003年から2004年1月にかけて量的緩和の誘導目標（日銀の当座預金残高）を上げていったが、このとき物価上昇率はほぼマイナスだった。2006年に入って物価がおおむねプラス基調に転じると、3月に量的緩和を解除し、さらに7月にはゼロ金利政策を解除した。2007年2月の追加利上げは特に積極的だった。2006年から物価が強含んだのは原油価格高騰の影響である。図に見るように、エネルギー価格を除いた消費者物価は一貫して前年同月比マイナスだった。原油価格の影響がなくなれば、消費者物価上昇率が水面下に沈むことは容易に予想できた。そのような時に日銀は金利引き上げに踏み切り、利上げ後、物価上昇率は再びマイナスになった。ただし、2007年末以降、石油価格の高騰により物価が上昇してきたときには、これ以上の金利引上げには踏み込まず、2008年後半、景気が悪化したのを見て金利を引き下げた。しかし、このときも、食料エネルギー価格を除く消費者物価は安定しており、石油価格の高騰が収まり、不況が深刻になるにつれて消費者物価が下落するであろうことは容易に予測できた。実際、09年の3月からは物価上昇率はマイナスになった。

　物価上昇率がほとんどゼロであり、今後上がる可能性ではなくて下がる可能性があるときに、日銀が金利を引き上げたということは、日銀の金融政策の目標が物価上昇率をゼロ％にする、すなわち、ゼロ％物価目標政策を採用しているということだ（ゼロ％を上限とする物価目標政策を採用していると言っていいかもしれない）。日銀はもちろん、物価目標政策など採用していないと主張するだろうが、その言葉でなく行動を見れば、ゼロ％物価目標政策を採用しているのは明らかだ。その結果どのようなことが起きるだろうか。

図２　日銀はゼロ％物価目標政策を採用している

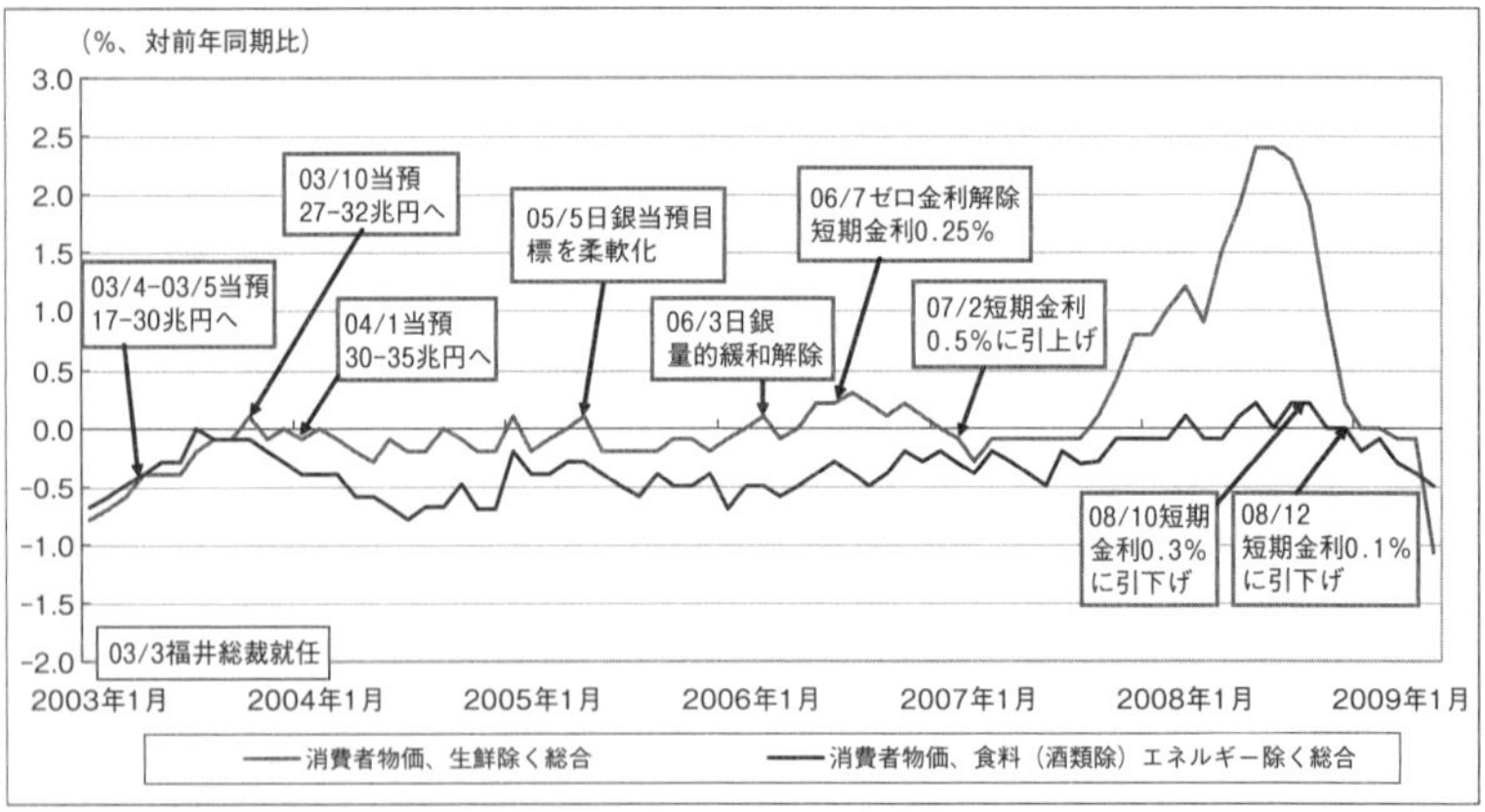

（出所）総務省統計局「消費者物価指数」

金利の正常化も財政再建もできない

日銀がゼロ％物価目標を採用していることは、中長期的には「金利正常化」という日銀の目標と矛盾する。

消費者物価上昇率がゼロ％であれば、物価の総合的な動きを示す国内総生産（ＧＤＰ）デフレーターはマイナス０・５％程度になるだろう。一方、向こう５年間の実質ＧＤＰの伸び率は、世界金融危機が予想できなかった時点で、弱気の人で１・５％、強気の人でも２・５％以下だった。日銀も、潜在成長率を１・５～２％程度とみていた。よって、物価上昇率がゼロであれば、中長期的な名目ＧＤＰの成長率は２％弱ということになる。

ここで、２００６年3月ごろ、経済財政諮問会議で繰り広げられた論争を思い出してほしい。長期金利は名目ＧＤＰの成長率よりも高いのか、低いのかという論争だ。論争の決着はつかなかったが、結果的に、長期金利は名目ＧＤＰの成長率とほぼ等しいという共通認識が得られたと思う。

長期金利≒名目ＧＤＰなら、長期金利は２％弱となる。長期金利の指標である10年物国債利回りが２００９年で１・５％前後だから、金利は永久に上がらないということだ。そもそも利上げの背景には、金利を「正常化する」という日銀の目標があったとみられている。しかし、正常化された金利とは、過去や海外との比較でも、２％ではなくて、４～５％だろう。ゼロ％物価目標政策の下では、金利は永久に正常化しない。逆に言えば、金利を正常化するためには、物価目標を２％程度にする必要がある（この場合、名目ＧＤＰの中長期的な成長率は、実質ＧＤＰの中長期的な成長率に2%を足して4%弱になる)。

さらにこれは政府の目標とも矛盾する。政府は名目GDP成長率を3%にするとしていた。しかし、ゼロ%物価目標の下では、先に述べたように名目GDP成長率は2%弱にとどまる。

2%の名目成長率では税収の増加も望めず、財政再建は難しくなるだろう。もちろん、国債の金利も2%弱のままなので、利払いが増えないという良い面もあり、財政を悪化させる効果がとてつもなく大きいというわけではない。だが、ゼロ%物価目標の下では、常にデフレに陥るリスクがあることを忘れてはならない。海外需要の急減、金融破綻、資産価格の急落などのショックがあった時には物価上昇率がマイナスになってしまい、名目GDP成長率もマイナスになる可能性が高い(実際にそうなっている)。金利はマイナスにはなりえないので、金利が低下しないまま、税収が急減するリスクがある。こうなると財政悪化の程度は甚だしい。

要するに、ゼロ%物価目標を続けている限り、日銀の目標とする金利の正常化も、政府の目標とする財政再建もできないということになる。

3. なぜ低金利が続いているのか

多くの人々が、金融緩和政策によって金利が低下し、金融引き締め政策によって金利が上がると考えているると思われるが、これは長期的には誤りである。日本銀行が金融緩和政策を行うとは、銀行間で短期の資金を貸し借りするコール市場を通じて資金を潤沢に供給することによって、コールレート（コール市場での金利）を低下させることである。コールレートが低下することによって、マネーストックも増加し、一般的に公社債金利、貸出金利、預金金利などの金利が低下する。すなわち、マネーストックが過剰になって、金利が低下する。確かに、短期的には金融緩和政策によって金利が低下する。

しかし、これは短期的な効果にすぎない。金利の低下は、設備投資、耐久消費財、不動産のような実物資産の購入を刺激する。このような刺激は、一部は実質所得の増加になって、また一部は物価の上昇となって表れる。実質所得の増加は貨幣需要の増加をもたらし、また物価水準の上昇は実質貨幣残高を減少させる。したがって金利は上昇することになる。

さらに物価が上昇すれば名目金利が上昇するというフィッシャー効果がある。金融緩和によって物価が上昇すれば、予想物価上昇率も上昇し、名目金利が上昇する。物価が上昇する中では、資金の貸し手はより高い金利を要求し、借り手もまた、その生産物の価格が上昇する中では、その要求を受け入れるからである。

すなわち、マネーストック増加率の上昇は、長期的には名目の金利（本節で金利と言っているのはすべて名目の金利である）を上昇させ、マネーストック増加率の減少は金利を低下させる。これを、金利に着目して表現すれば、低金利政策がマネーストック増加率を上昇させることを通じて高金利をもたらし、高金利政策がマネーストック増加率の低下を通じて低金利を招くことになる。

マネーストックの縮小が低金利の理由

以上述べたことが、現実に成立しているかどうかを見てみよう。図3は、マネーストック（M2）、物価の対前年同月比と金利を比較したものである。マネーストック、物価の伸び率が低下すれば、利子率が低下するという関係が見出せる。消費者物価は消費税の影響によって1989年と97年にコブがあるが、これを除けば、マネーストック、物価の伸び率が低下すれば、利子率が低下することがより明らかだ。

多くの人々が現在の金利が低すぎると考えているようだ。しかし、金利を〝正常な〟水準に上げるために（何が正常であるのか、思い込み以外の基準は何もないのだが）、デフレ脱却が確かでない時点で金融を引き締めるのは、ゼロでない金利をもたらそうという目的と整合的で

図3　マネーの減少が物価と金利を低下させる

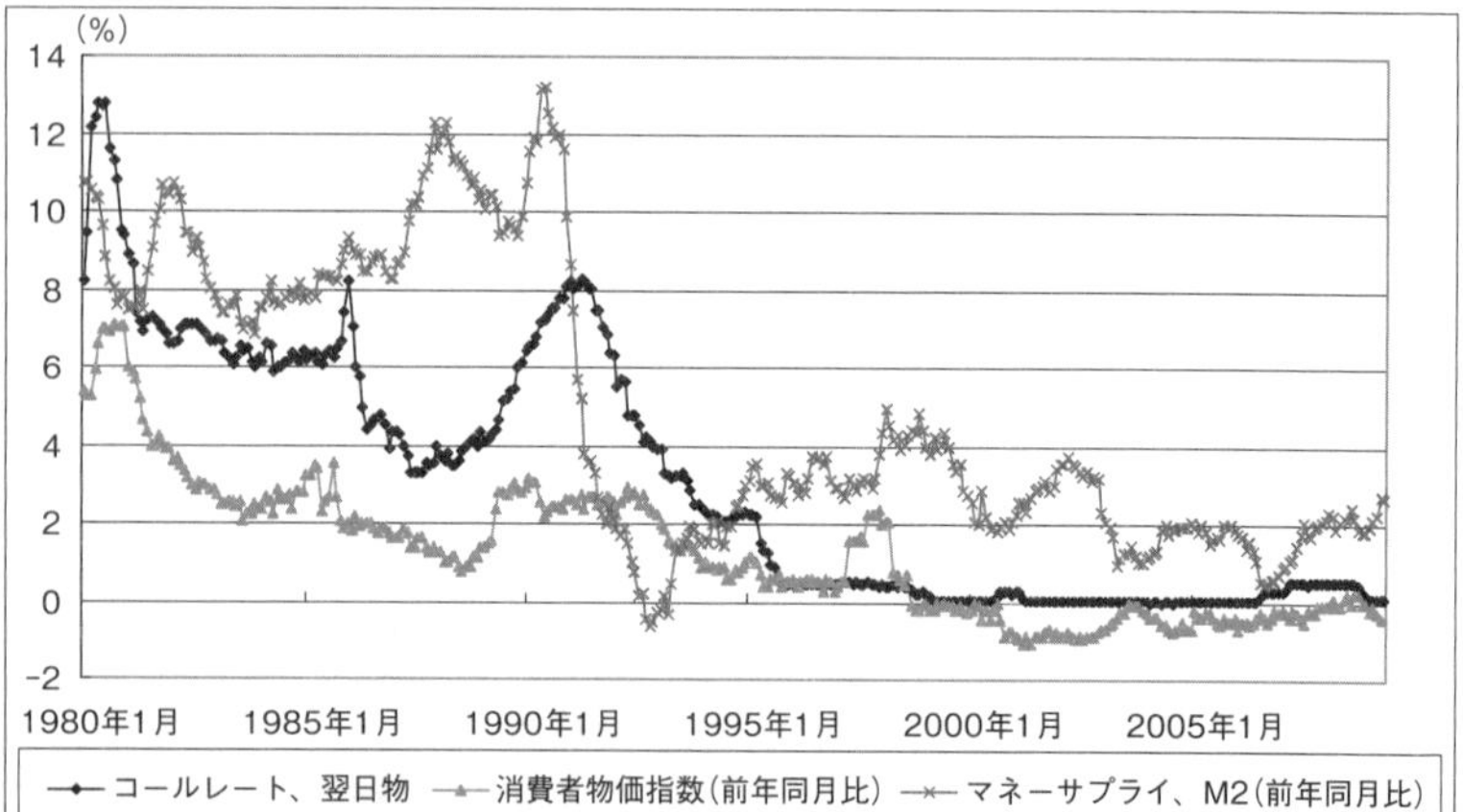

（出所）日本銀行、総務省、IMF、IFS

（注）M2は日本銀行のデータでは2004年3月以前には遡れないのでIMF、IFSによる。1985年6月以前のコールレートは有担保。消費者物価指数は、食料（酒類除く）エネルギー除く総合。

はない。期待物価上昇率の低い不況期に利子率を上げれば、実質利子率は上昇し、利子反応的な設備投資、住宅投資、耐久消費財などの需要が減少することによって期待物価上昇率はますます下がり、実質利子率がさらに上昇する結果、不況はますます深刻になり、金利はさらにゼロに張り付くことになる。90年代末の日本において世界史的低金利が生まれたのは、90年代末に金利を引き下げたことによってではなくて、90年代の前半において金融緩和が遅れ、実質利子率が高くなりすぎたことによって生じたのである。

現在の状況を考えれば、むしろ逆に、金融緩和政策を続けることによって、需要の増大と期待物価上昇率の上昇によって、金利が上昇する。ゼロでない正常な金利が望ましいとしたら、それは継続的な金融緩和政策によってもたらされる。金融緩和政策の中断は、需要の減少とデフレ期待を復活させることによって、金利の正常化をむしろ阻害する。それは、2000年8月のゼロ金利の解除（すなわち金融引締め）の後、長期金利がさらに低下し、2001年3月に量的緩和政策を導入した後上昇したことで明らかである。

4. 日本の物価はなぜ上がらないのか

エネルギーなどの資源価格や食糧価格が、2007年の後半から08年の夏まで世界的に高騰した。しかし、それが日本全体の物価を大きく押し上げたようには見えない。世界は、インフレと不況が同時発生するスタグフレーションを心配していたが、日本はデフレの再来と不況を恐れていただけのようだった。なぜ、日本の物価は上がらないのだろうか。

物価は3つの要素に分けられる

消費者物価は主に、食料も含めた資源価格、サービス価格、ハイテク価格という3つの要素で構成されている。このうち資源価格は新興国の需要拡大などを背景に上がっているが、家電製品などの耐久消費財や通信料のようなハイテク価格は、技術進歩に伴って傾向的に低下している。サービス価格は結局人件費だが、後述するように、賃金は上昇していない。

図4は、消費者物価を、食料（全体を10000としたウエイト2586。以下同じ）、エネルギー（740）、サービス（3641）、耐久消費財（547）、情報通信費（452）に分けて示したものである。それによると、エネルギーは上がっているが、食料の上昇は限定的である。これは、食料に占める原料費の割合が限定されていることによる。耐久消費財、情報通信費は、技術進歩によって低下している。サービス価格は、賃金が上がっていないので、上がっていない。

このように、消費者物価は、上がらない要素のウエイトのほうが大きい。さらに、エネルギー価格も、原油価格が2008年に100ドルになったから、次の年には200ドル、その次の年には300ドルへと上がっていくわけではない。原油価格は100ドルを大きく超えた後、下落している。原油価格のインフレ効果はなくなっている。食料価格の上昇もいつまでも続かなかった。消費者物価の上昇率（前年同月比）は２００８年後半に２％を超えたが、09年にはマイナスになっている。

　消費者物価のなかで、ウエイトの一番大きなものはサービスで、サービス価格のうちもっとも大きなコストは人件費（賃金）である。賃金は、それ以外にも、すべての物価の中にコストとして入っている。賃金はまた、所得でもある。所得が増えれば需要が増え、需要が増えれば物価も上がりやすくなる。物価が上がれば、賃金も上がりやすくなる。物価が上がった時に、賃金が上がらなければ利潤は増える。物価と利潤が上がっているのに、いつまでも賃金を抑えておくことはできない。しかし、現実に物価は上がっていない。となると、物価が上がらないから賃金

図４　物価の種類ごとの動き

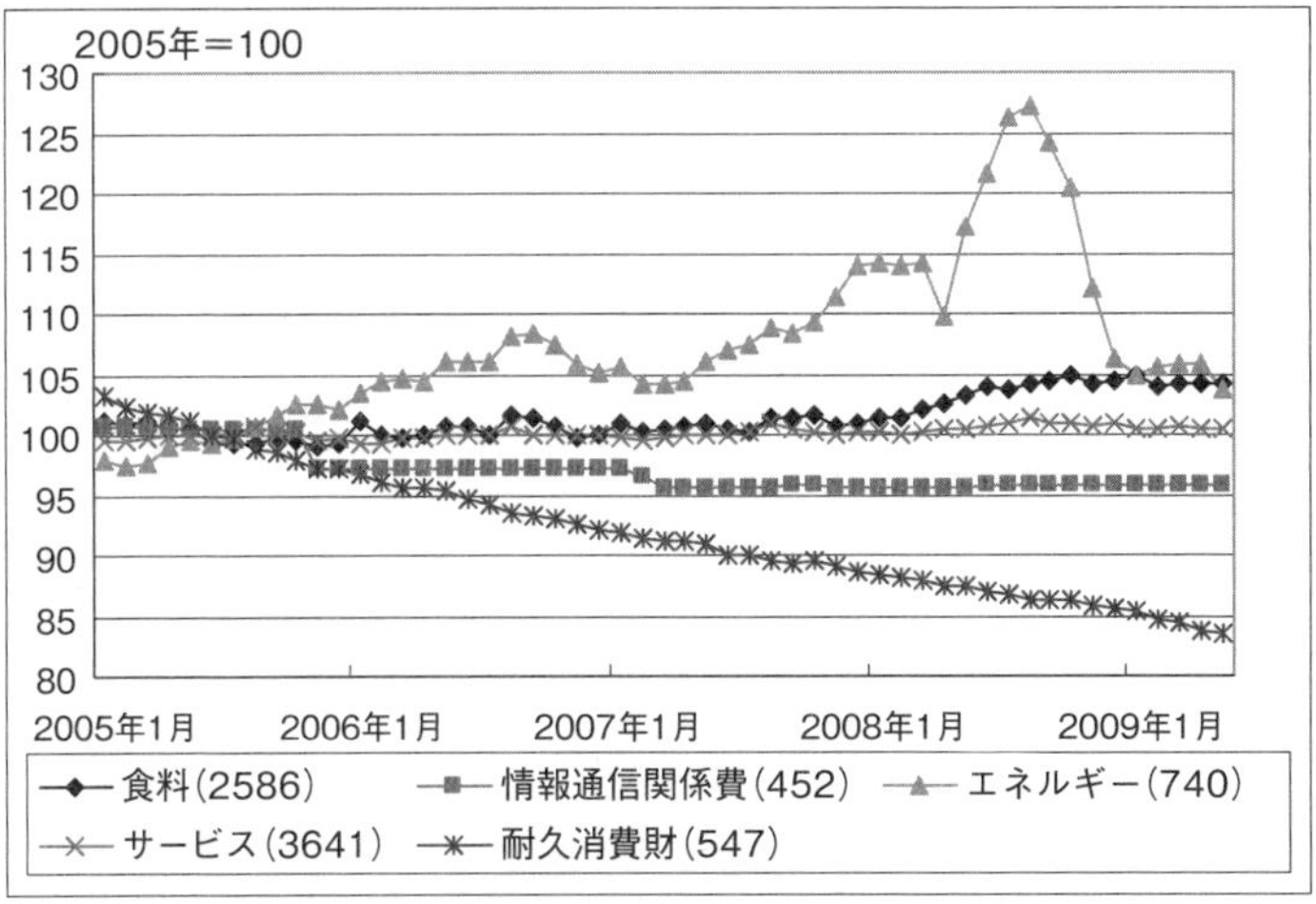

（出所）総務省統計局「消費者物価指数」

（注）かっこ内の数字は全体を10000としたウエイト。

サービスは帰属家賃を除く。食料は外食を含むが、外食のウエイトは555である。

が上がらず、賃金が上がらないから物価も上がらないということになる。

循環論法を断ち切るには

だが、これでは循環論法で、なぜ物価が上がらないかを説明することはできない。循環論法を断ち切るためには、本章「2. 日本銀行は何を目標としているのか」に戻る必要がある。そこで述べたように、日銀は、消費者物価の前年同月比上昇率が少しでもゼロ%を上回れば、金融を引き締めてきた。物価上昇率がほとんどゼロであり、今後上がる可能性ではなくて下がる可能性があるときに金融を引き締めれば、景気は悪くなる。景気が悪くなれば、企業利潤は削減され、賃金も上がらなくなる。その結果、物価も上がらなくなる。すなわち、日銀が実質的にゼロ%物価目標政策を採用しているから、物価が上がらないことになる。

個々の物価を議論するだけでは全体の物価は分からない。物価を決めているのは金融政策である。日本銀行が、実質的な物価上昇率目標をいくつにするかで、物価上昇率が決まる。

5. 資本注入は経済を救えるか

二〇〇八年以降の世界金融危機で、この危機を救うには、金融機関に資本注入するしかないという議論が高まっている。金融機関が破産しそうだということは、債務が資本に対して多すぎるということだから、資本を増やせば破産の危機は遠ざかる。しかし、それで商売がうまくいくかは別の話だ。資本を増やしても、毎年の収益がなければ、新しい資本を食いつぶして終わりになる。

金融危機とは、銀行がいつ破綻するか分からないから、お金を預けておけないし、預金を使って決済することもできないということだ。ここで銀行に資本を注入して、債務に対して資本が十分にあると分かれば、人々は安心して、危機はとりあえず遠ざかる。金融危機の時に、銀行に資本注入してくれる民間の投資家はいない。だから、公的資金で資本注入するしかないという。確かに、資本注入には、金融危機を救う力がある。しかし、それと経済を救うこととは分けて考える必要がある。

公的資金を注入しても貸出は伸びなかった

公的資金での資本注入の必要性を唱える人々の主張は、それが金融危機を遠ざけることとともに、銀行が資本不足のままでは、自己資本の12・5倍しか貸出ができないという国際決済銀行(BIS)規制の下では貸出が増やせないことを問題にする。貸出が増えなければ、景気は回復しない。だから、銀行を救うことは、経済全体を救うことになるという。これは正しいだろうか。

この主張が正しいかどうかは、簡単に調べることができる。銀行に資本注入した後で、貸出が伸び、それに応じて生産が増加しているかどうかを見ればよい。日本では、1998年3月に

1・8兆円が21行に、99年3月に8・6兆円が32行に、2003年6月に2兆円がりそな銀行に注入された。さらに、それらに比べれば少額だが、2003年9月に60億円が関東つくば銀行に、2006年11月と12月には405億円が紀陽ホールディングスと豊和銀行に注入された。

図5は、これらの資本注入と銀行貸出、鉱工業生産指数、株式時価総額、銀行株時価総額（いずれも東証1部）を示したものである。98年3月に資本注入した後の日本は大不況で、資本を注入しても、銀行株を含め株価も生産も銀行貸出も低下した。99年3月に注入した後は、生産も株価も回復した。しかし、これはITバブルのおかげで、資本注入が経済を救ったのではないだろう。その証拠に貸出は低下を続けていた。2003年6月、9月、2006年11月、

図5　資本注入と銀行貸出、株価、生産

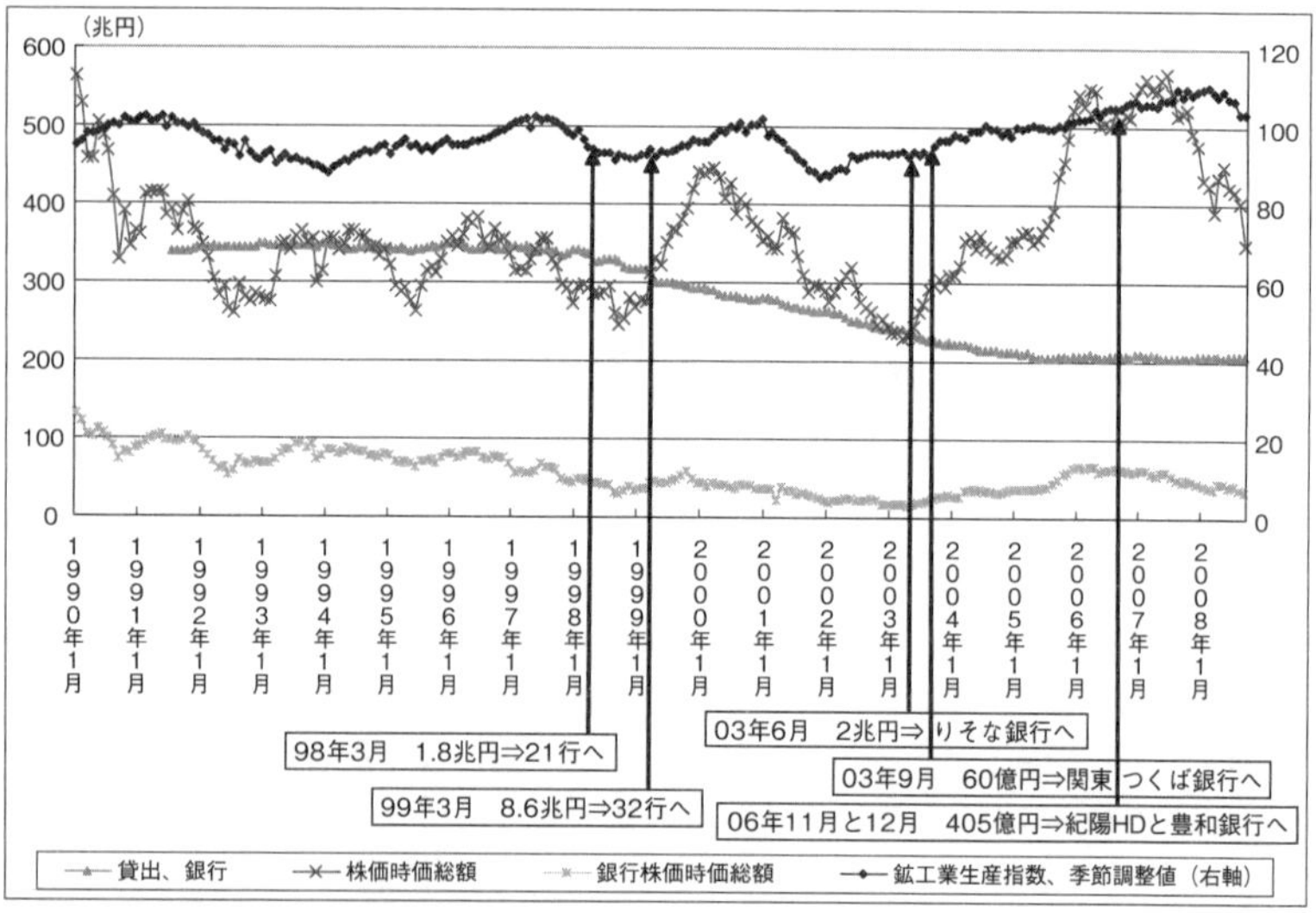

（出所）経済産業省、日本銀行、東京証券取引所、金融庁

12月の資本注入は、２００2年を底とする景気回復の後だった。株価は回復しているが、それは生産が回復して1年もたってからのことである。

費用対効果を考えると……

注目すべきは、銀行貸出がまったく伸びていないことである。貸出が伸びたのは、生産が回復してから3年後のことである。少なくともマクロでみる限り、資本注入は、銀行貸出を拡大するのにまったく役に立たなかったということになる。そして銀行貸出も生産を拡大するのに役に立たなかったようだ。したがって、資本注入に景気を回復させる効果があったか疑わしい。

これに対して、資本注入された銀行とそうでない銀行を比べて、それぞれ貸出が伸びているかどうかを確認すべきだという反論があるだろう。だが、そもそも、これは資本注入が有効だと主張する人々がすべきことだ。また、仮にそうであったとしても、全体として伸びていないのなら、効果は小さいということになるだろう。(注)

税金を使えと主張する人々にはより高いレベルの証明を求め、使わなくても良いと主張する人々にはより低いレベルの証明で良しとすべきだ。そうしないから、財政赤字が増えてしまう。ではどうすれば良いのかという反論が当然にあるだろう。金融緩和、預金保証の限度額の引き上げ、決済性預金の全額保護などが考えられる。こちらの方が、より少ない税金で、よりモラル・ハザードの問題を引き起こすことなく、危機を乗り切ることができるのではないだろうか。

（注）

本書の校正時点で、資本注入が行われた銀行とそうでない銀行を比べて、資本注入された銀行の貸出が伸びているという論文があることを知った。この論文（Heather Montgomery and Satoshi Shimizutani, "The effectiveness of bank recapitalization policies in Japan", *Japan and the World Economy*, 2009 January）は、銀行資産に占める資本注入の割合が1％上昇すると貸出が2％から4％と伸びると分析している。

すると、1998年の銀行資産は780兆円、貸出は490兆円であるので（日本銀行統計）、7・8兆円の資本注入をすると貸出が490兆円×2〜4％＝9・8兆円から19・6兆円増えるということになる。しかし、この分析は、資本注入を受けた銀行と受けていない銀行を比較しているわけだから、資本注入を受けた銀行の貸出が増加したのではなくて、資本注入を受けていない銀行の貸出が減少したのかもしれない。「日本の失われた十年」の時代に、債務を削減された（資本注入を受けたのと同じである）建設会社が、価格攻勢で仕事を増やしたといわれている。資本注入を受けた銀行が貸出金利を下げてシェアを奪い、受けなかった銀行がシェアを減らしただけかもしれない。

6. 金融機関の破綻は負の乗数効果を持つのか

2008年9月のリーマン・ブラザーズなどの破綻を契機に、アメリカでは、金融安定化のために7000億ドルにも及ぶ公的資金が投入されている。金融機関が破綻すれば、その経営者や従業員や株主や債権者は損失を被る。だから、景気が悪化するのは当然だ。しかし、その悪化の程度はどのくらいなのだろうか。同じ規模の事業会社が破綻するのと比べて何倍もの景気悪化効果があるのだろうか。

この問いに答えるために、「日本の失われた十年」の経験ほど役に立つものはない。アカデミックな研究によると、銀行経営が悪化したことによって貸し渋りがあったという研究はあるが、それが実質成長率を目に見えるほど低下させたという研究はないようだ。むしろ、銀行が不良債権処理を嫌い、破綻しそうな企業に追い貸しをしていたことが、長期的には経済全体の効率性を低下させたという研究がある（浜田宏一・堀内昭義・内閣府経済社会総合研究所編『論争 日本の経済危機』第7章、第8章、日本経済新聞社、2004年）。いずれにしても、ここでは、金融機関破綻の短期的な景気悪化効果に話を絞りたい。

日本には、極めて分かりやすい例がある。1997年11月の北海道拓殖銀行の破綻の事例である。拓銀の貸出残高は96年度末で3・7兆円、北海道における貸出全体は19・8兆円であったから、全貸出の2割を占めていたことになる。これは、日本全体で考えれば、当時もっとも規模の大きかった上位3行が破綻しても少し足りないという規模になる。拓銀の破綻は、銀行破綻がどれほど景気を悪化させるかを分析する上で、極めて重要な事例である。では、拓銀破綻のショックはどのくらいの大きさだったのだろうか。

北海道は拓銀破綻後、全国並みの不況に「回復した」

図6は、当時の北海道と全国の鉱工業生産指数の前年同期比を示したものである。図に見るように、97年11月に拓銀が破綻した後、北海道の生産は低下しているが、全国もまた低下している。拓銀の破綻が全国に影響を与えたとは思えないから、全国の景気悪化の影響を受けて北海道も停滞していたということだろう。低下は98年の夏まで続くが、その後の回復は、北海道のほうがむしろ順調に見える。

全国でも、97年11月に三洋証券と山一證券、98年10月に日本長期信用銀行、98年12月に日本債券信用銀行などが破綻したから、やはり不況は銀行破綻の

図6　拓銀破綻後も全国と比べれば悪くない北海道経済（全国と北海道の鉱工業生産指数）

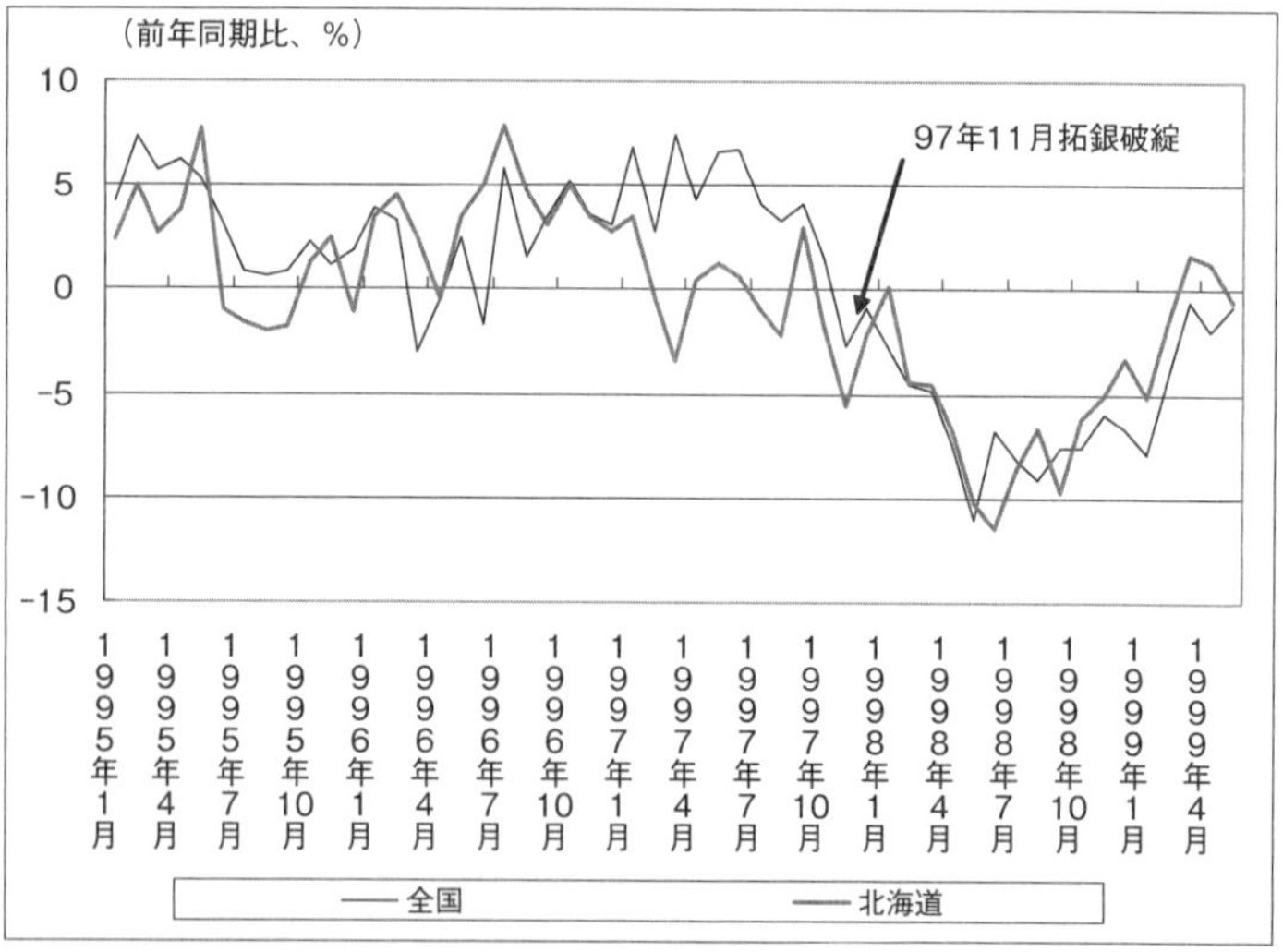

（出所）通商産業省及び北海道通産局「鉱工業生産動向」

せいだという反論があるかもしれない。しかし、これら破綻した金融機関の日本経済全体に占める規模は、拓銀が北海道経済に占める規模に比べてずっと小さい。経済に占める規模の小さな金融機関の破綻が、大きな金融機関の破綻よりも影響が大きいとは信じられないことである。

さらに、98年の大不況には、消費税と社会保険料引き上げ・公共事業削減の財政ショック、アジア通貨危機による日本の輸出の落ち込み、金融システム不安があったにもかかわらず金融緩和が遅れたことなどの、他の説明要因もある。98年の北海道の不況は、拓銀破綻の影響ではなくて、別の要因での全国の不況の余波を受けたものだと理解した方が良いのではないだろうか。

拓銀破綻の事例が示唆すること

この議論に対しても、まだ反論があるかもしれない。図から分かるように、97年11月に拓銀が本当に破綻する前に、北海道経済は全国に比べて大きく停滞していた。これは拓銀の経営状況がおかしくなったためであるというものである。

私は、拓銀について真偽を判断する材料を持っていないが、経営状況が悪化した銀行は、金のあるところには貸し渋りや貸しはがしを行い、金のないところには追い貸しをするという説がある。銀行は、キャッシュがあれば、しばらくは破綻しなくてもすむから、必死にキャッシュを集めるために、相対的には金を持っている（これは経営状態が良いということである）貸出先から資金を回収するというのである。こんなことが起きれば、当然不況になる。しかし、北海道の場合、拓銀破綻前には全国よりひどい不況で、破綻後に全国並みの不況に「回復した」という事実から判断すると、破綻によって貸しはがしがなくなって、むしろ良かったということになる。

金融機関の破綻が乗数的に経済全体を悪化させるという説が強いが、「日本の失われた十年」の経験からすると、そのような主張の根拠は乏しいようだ。もちろん、個別金融機関の破綻の経済全体への影響が大きくないとしても、金融システムを守ることが大前提なのは言うまでもない。金融緩和や流動性の供給、預金と決済性口座の保護などの対応は必要だ。疑心暗鬼で預金が流出したり、銀行を通じた支払いができなくなっては困るだろう。日本の拓銀の破綻への対応では、この点に関しては問題がなかった。だからこそ、拓銀破綻が大きな悪影響を与えなかったのだろうとも言える。

政府は何をするべきか

これからは、政府は何をするべきかを考えていこう。前述の銀行への資本注入や銀行の破綻処理も政府の役割だが、中央銀行も関与する必要があることなので、中央銀行の役割のところで記述した。現在、日本の財政赤字はとんでもない額になっている。だから増税するしかないという意見が強力になっているのだが、本当にそうなのだろうか。

7. 最後の日本人にとって国債とは何か

2004年の1億2779万人が日本の人口のピークで、2005年から日本の人口は減少に転じている（総務省統計局「日本の統計」）。その後も合計特殊出生率が1・3前後のレベルで続いていくとすれば、図7に見るように、2975年に最後の日本人が生まれることになる。そんなことはありえない話だが、このありえないことを考えることが財政赤字問題の本質を理解するために有益である。

最後の日本人は、すべての負債と資産の相続人

最後の日本人は、日本のすべての資産と負債の相続人である。国債は政府からみれば「国民に負った債務」であるが、国債を保有している国民にとっては「政府に貸し付けた資産」である。1億2740万人の国民がいる2009年では、政府と国民は異なるものと理解されるが、日本人がただ1人となる2975年では、政府と国民は一体である。

すると、最後の日本人は、政府としては巨額の負債を抱えているが、国民としては巨額の国債という資産を保有していることになる。負債の額と資産の額は同じであるから、全体としてはチャラである。2975年では、国債のことなど何も心配することはないということになる。

国債は、何に使ったかが重要

本当にそう考えていいのだろうか。そもそも、国債は何のために発行されていたのだろうか。

もちろん、公共事業のためにだ。すなわち、2975年では「政府の債務」「国債という国民の資産」と「公共事業によって作られた社会インフラ」が残っているはずだ。

この社会インフラが有益なものであれば、最後の日本人にとって、政府の債務と国債という国民の資産は、全体としてはチャラだが、社会インフラの相続人として利益を得ていることになる（もちろん「1人ではどんな社会インフラも使いこなせないから無駄である」というツッコミが入るだろうが、それは考えないでおこう）。

しかし、このインフラが車の走らない道路、船の来ない港、飛行機の飛ばない空港、客の来ない厚生施設、第3セクターのテナントの入らない商業施設であれば、最後の日本人はなんの利益も得られないことになる。

では、増税が行われて国債は発行されていなかったが、政府の支出構造になんの変化もなかったと仮定したらどうだろうか。国債はないが、増税によって無駄なインフラが作られていたと考える訳だ。そのときには、政府の債務も国債という国民の資産もないが、無駄なインフラだけがあることになる。国債という「政府の債務」であって、「国民の資産」であるものは、合わせればチャラであるから、最後の日本人にとっては、あってもなくても同じである。つまり最後の日本人は、無駄なインフラを相続するだけである。

無駄な支出をしないこと

ポイントは、無駄な支出をしないことだ。すべての公共事業が無駄だというつもりはないが、国債の発行も増税も難しければ、お金がないので、必要性の低い公共事業から順番に減らしていくだろう。

そうすれば、最後の日本人は無駄なインフラではなくて、もっと有益な資本設備を相続することになるに違いない。もちろん、国債が発行されていなければ、国民は、投資ではなくて消費をしていたかもしれない。この場合には最後の日本人には何も残らないが、ご先祖様は消費を楽しんだ訳だ。

無駄な投資では、それによって仕事を与えられた人しか楽しめない。同じショッピングセンターへの投資でも、政府ではなく民間が投資したのなら、よりテナントが入っているだろう（もちろん、「1人ではショッピングセンターは使えない」というツッコミが入るかもしれないが、それは考えないことにしよう）。外国企業に投資して

図7　最後の日本人はいつ生まれるか――出生数の長期予測

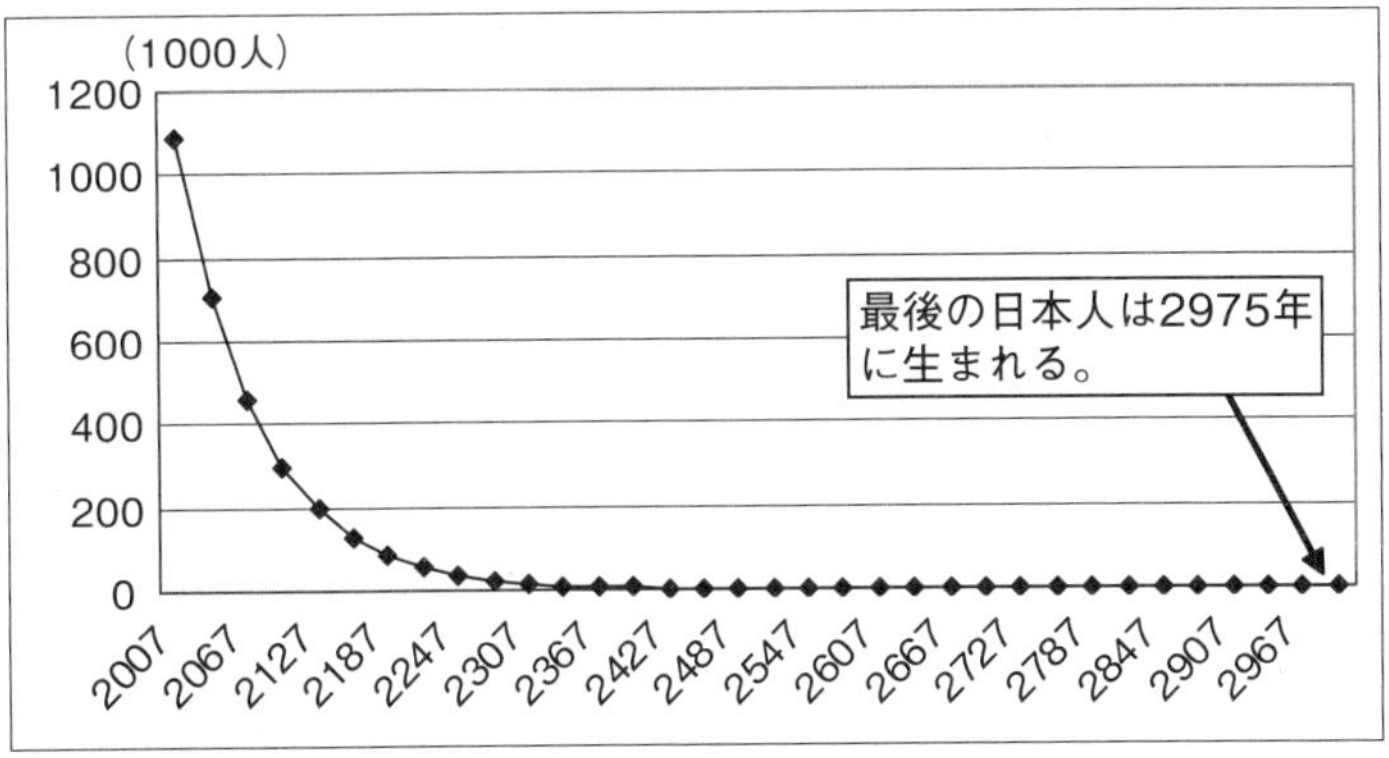

（出所）2007年の出生数は、厚生労働省統計情報部「人口動態統計」

（注）合計特殊出生率は1999年に1.3を下回った後、直近、1.3を上回っているが1.3とした。女性が1.3人しか産まないとすれば、世代の交代（30年とした）ごとに1.3÷2ずつ出生数が減少することになる。以上を前提として出生数を計算した。

いれば、配当収入が得られる。

肝心なのは、無駄な支出をしないということで、国債発行の額ではない。増税して国債発行額を減らしても、無駄な支出が減らなければなんの意味もない。

郵政民営化を実行しなければならない理由の一つは、郵貯や簡保が集めたお金が無駄な支出に回ってしまうということだった。お金があれば無駄に使われるのであれば、国債発行であろうが、郵貯・簡保が集めたお金であろうが、税金で集めたお金であろうが、お金を集めるかぎり同じことだ。過去のすべてを相続する最後の日本人の立場から見れば、お金をどう集めるかは問題でなくて、集めたお金をどう使うかが重要だ。

8．どの都知事が財政家だったのか

東京都の知事には、1967年4月から、美濃部亮吉知事（1967～79年）、鈴木俊一知事（79～95年）、青島幸男知事（95～99年）、石原慎太郎知事（99年～現在）と4人の知事が就任している。この中で一番古い美濃部都知事となると、もう30年以上も前のことだから、どういう人だったか、知らない世代も多くなっているだろう。一般のイメージでは、福祉の美濃部として名を上げたが、石油ショック後の不況によって財政が破綻し、手堅い自治官僚出身の鈴木知事に代われたというところだろうか。

しかし、その鈴木知事もバブル崩壊後の不況期には財政を悪化させ、青島知事に代わられた。青島知事も成果を上げられないまま、1期で石原知事に代わられた。その後、現在まで、石原知事が続いている。

4人の知事のうち、東京都の財政を健全にするという意味で、誰が一番の財政家だっただろうか。

健全財政の指標で見ると……

財政が健全であるかを、一般会計の歳出のうちどれだけ地方税で賄っているかという指標で見てみよう。図8は、東京都の歳出、地方税収入、地方税収入で歳出を賄えない額（歳出額－地方税収入額＝地方税収不足額）が歳出額に占める比率を表したものである。

これを見ると、美濃部都政の終盤に財政が悪化したが、さらに末期になると少し改善していることが分かる。このトレンドは86年まで続き、鈴木知事は財政家であると目された。ただし、よく見ると財政改善のトレンドは、美濃部都知事の時代とあまり変わらない。むしろ、交代期のトレンドが弱まったと言えるかもしれない。80年代の後半には、改善傾向が強まる局面も見られたが、これは80年代後半のバブル景気による税収増大のおかげである。

だが、80年代末からは、一転して急激な財政悪化が進む。この理由は、バブル期の税収増大を見て新都庁舎の建設など支出を膨らましたところ、バブルが崩壊して税収が激減したからだろう。

さすがに90年代の中ごろには財政悪化の勢いは収まったが、改善はしていない。

青島知事になって、財政悪化のトレンドは収まり、改善に向かった。この改善のトレンドは石原知事になっても続いていたが、急速に改善し始めたのは2004年以降である。これは、図から明らかなように、税収の急増のおかげである。今後の動向を予算で見ると、税収の急増によって再び支出を増やそうという動きがあるようだ。しかし、世界経済危機の影響で、税収が見積もり通り伸びるとは考えられず、都の財政は再び悪化するだろう。

税収があれば使ってしまう

これまでの観察から次のようなこと

図8　どの都知事が財政家だったのか？

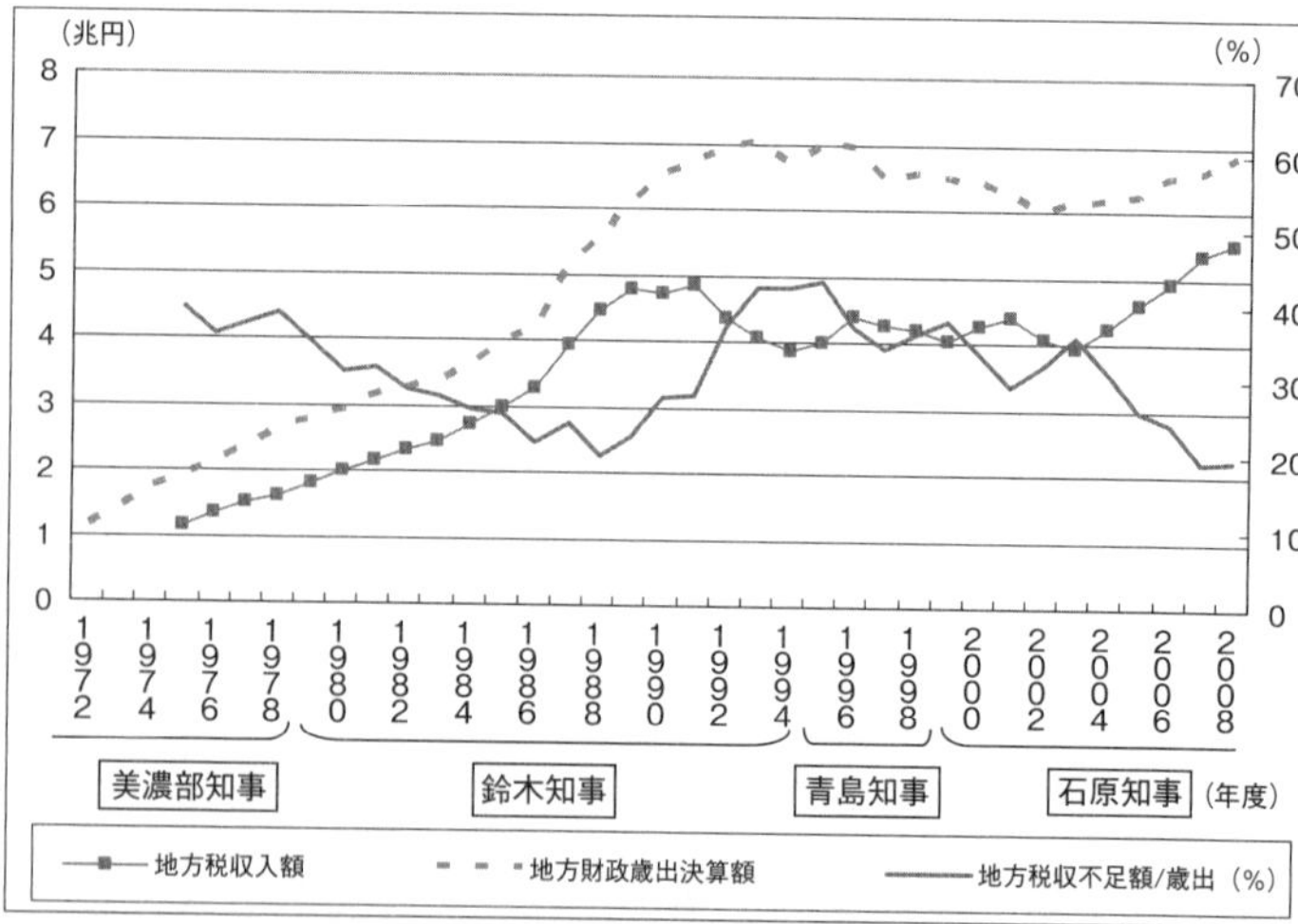

（出所）自治省財政局指導課「都道府県決算状況調」、東京都財務局「平成18年度　東京都年次財務報告書」、「平成20年度　東京都予算（原案）の概要」

が分かる。第1に、税収が増えればどの知事も支出を拡大する。第2に、財政悪化は、支出を増やした後に税収が減少したことの結果である。第3に、財政赤字が拡大すれば、どの知事も支出を絞る。

結論として言えることは、誰が財政家ということではなくて、どの知事も税収が増えれば使ってしまい、赤字が増えれば支出を絞るということだ。以上の事実は、東京都のみならず、国についても当てはまるだろう。増税して税収が増えれば使ってしまい、増税で財政赤字を削減することはできないだろうということだ。

9. 大阪府はなぜ財政再建できたのか

10年連続で赤字だった大阪府の一般会計が、2009年度には黒字に転じるという(2009年2月10日付各紙)。黒字に転じるのは、一般会計、特別会計、企業会計に分かれている大阪の財政のうちの、一般会計の部分だけだが、それにしてもこれは08年2月6日に就任した橋下徹知事が、わずか1年で達成した〝快挙〟と言ってよいだろう。なぜ、わずか1年で、このようなことが可能になったのだろうか。

黒字に転じたと言っても、財政のどの部分の黒字なのか、報道や大阪府のデータでは分かりにくい。しかし、一般会計部分の府債残高のデータは示されており、これが2008年度に減少に転じているので、財政が再建に向かっていることは確かである。府債残高が減少しているとは、過去の府債が新規に発行された以上に償還された訳で、財政が再建できたことを意味する。ただし、府債残高は09年度には再び増加すると見込まれており、報道とはちぐはぐな結果となっている。

さらに大阪府の資料によると、09年度は歳入が増大することになっている。現下の経済情勢を考えると、府の税収が1年前の所得に依存するといっても、本当にこのように歳入が伸びるのかに疑問はある。しかし、世界経済危機も不況も、大阪単独ではほとんど対処できないもので、知事がコントロールできるのは歳出だけだ。だから、どのように歳出を削減したかが、知事の手腕と言えるだろう。

橋下知事は何を削減したのか

橋下知事は、08年2月に就任した直後、前任者の時代にほぼ固まっていた08年度予算を削減した。そこで、橋下知事と関わりのなかった07年度の歳出と08年度、09年度の歳出とを比べることにしよう。

図9は、大阪府一般会計歳出の項目ごとの動きを見たものである。図にみるように、人件費は、2007年度の9194億円から2008年度には8736億円と5・1%低下しているが、09年度にはさらに1・7%低下して8586億円となっている。

公債費（利払い費と償還費）は絶対に払わなければならない項目で、歳入と歳出の差として結果的に決まるものだから、議論しても仕方がない。ちなみに、公債費には利払い費と償還費の両方が含まれているが、大阪府のデータでは内訳が長期的には整理されていない。

生活保護費などの扶助費はむしろ増えている。しかし、そもそも、扶助費はわずかであり、府の財政に大きな影響は与えない。ただし、大阪府が直接生活保護行政を行っている訳ではなく、府の補助費が市や町の行政を支えている。補助費は、行政機関以外の団体にも支出されている。その補助費は減少している。

建設事業費は08年度に大きく減少したのち、増加している。

貸付金は増大している。貸付金とは、

図9　大阪府の財政支出とその内訳

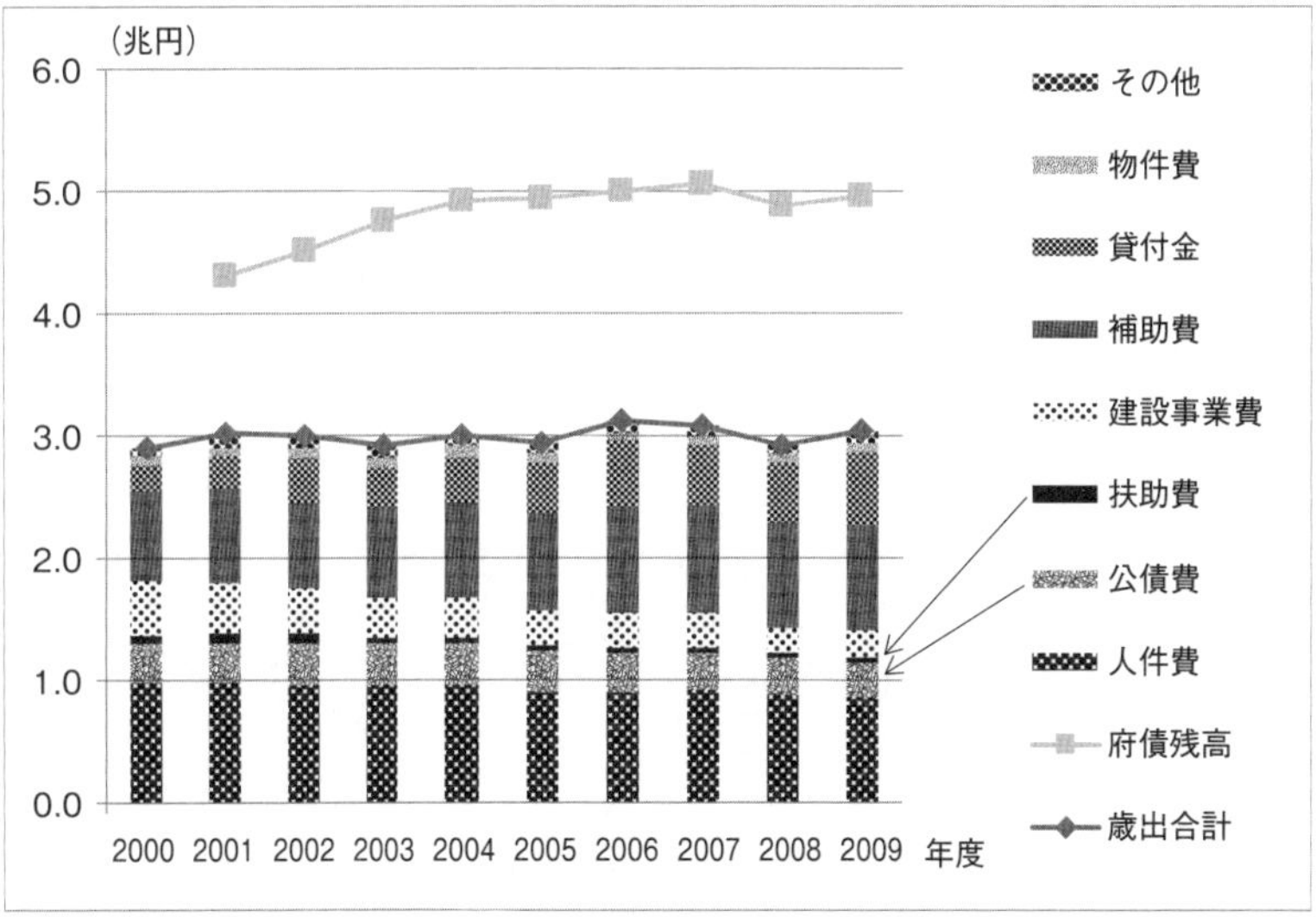

（出所）大阪府「財政のあらまし」2009年６月、「大阪府予算の概要」平成21年２月17日

空港会社、住宅公社、鉄道会社など府の関係会社や関係団体に対する貸付金だ。貸付金はかなり大きい。07年度で5048億円と、公債費の3116億円よりも大きい。すると、府は、一方で多額の借金があると同時に、多額の財産を持っていることにもなる。ただし、この財産のかなりの部分は目減りしているのではないかと思われる。

「走ってから考える」のが橋下流

では結局のところ、なぜ大阪府は財政再建に成功したのだろうか。08年度の方が、09年度よりも、むしろ07年度と比べた歳出の削減額は大きい。そこで07年度と08年度を比較しよう。歳出全体では、1568億円、5・1％減少したが、そのうち、人件費が458億円、建設事業費が853億円である。他に、補助費443億円、貸付金220億円、物件費73億円を減額している。減額率でみると、人件費が5・0％、建設事業費が30・9％、補助費が5・1％、貸付金が4・4％、物件費が9・4％である。

2009年度予算では、人件費はさらに減額しているが、建設事業費と貸付金は増やしている。要するに、人件費と建設事業費を大きく減らし、それ以外のものもまんべんなく減らし、減らしすぎたと、おそらく思いなおしたものは回復させている。大きな項目を思い切って減らし、それからまた考え直すというのが、地方財政再建の要諦《ようてい》ということになるのかもしれない。

10. 日本は本当に省エネ大国なのか

日本は省エネ先進国で、産業全体のエネルギー効率が高いと言われている。しかし、必ずしもそうではないようである。図10は、同じエネルギーを投入した場合、為替レートと購買力平価で換算したGDPを何ドル生産できるかを示したものである。

まず、為替レートで換算したGDPでエネルギー効率を見ると、図の左側の棒グラフの列にあるように、日本は、アメリカや中国よりも格段に高いが、ヨーロッパの国と比べるとそれほどでもない。ドイツ、フランスよりもわずかに高いが、イギリスと比べると、エネルギー効率が低くなっている。

次に、購買力平価で表したGDPでエネルギー効率を見てみると、図の右側の棒グラフが示すように、アメリカや中国よりはかなり高いものの、イギリス、ドイツよりも低くなる。広大な国土にまばらに人が住んでいるアメリカと比べてエネルギー効率が高いと言っても、そもそもあまり意味はないのではないか。むしろ日本と地理条件が似ている欧州諸国との比較の方が意味があると考えれば、日本のエネルギー効率はそれほど高いとは言えない。

ここで購買力平価と為替レートで表したGDPの違いをどう考えたら良いのだろうか。よく知られているように、為替レートは、日本の産業の中では〝例外的に効率の良い〟輸出製造業が生み出す高品質で安価な製品価格を反映して過大に評価されている。「日本の物価は高い」「内外価格差が大きい」と言われているように、為替レートで計算したGDPは、日本全体の平均的な物価水準を反映していないため、実際より高く計算されていることになる。

日本のエネルギー効率は(1)為替レートを基準にしたGDPではアメリカよりはるかに高いが、ヨーロッパ諸国とは大きな差はない、(2)購買力平価に基づくGDPでは、アメリカよりも高いが欧州諸国よりむしろ低い――ということだ。これらは何を意味するのだろうか。

図10　エネルギー生産性の国際比較（2005年）

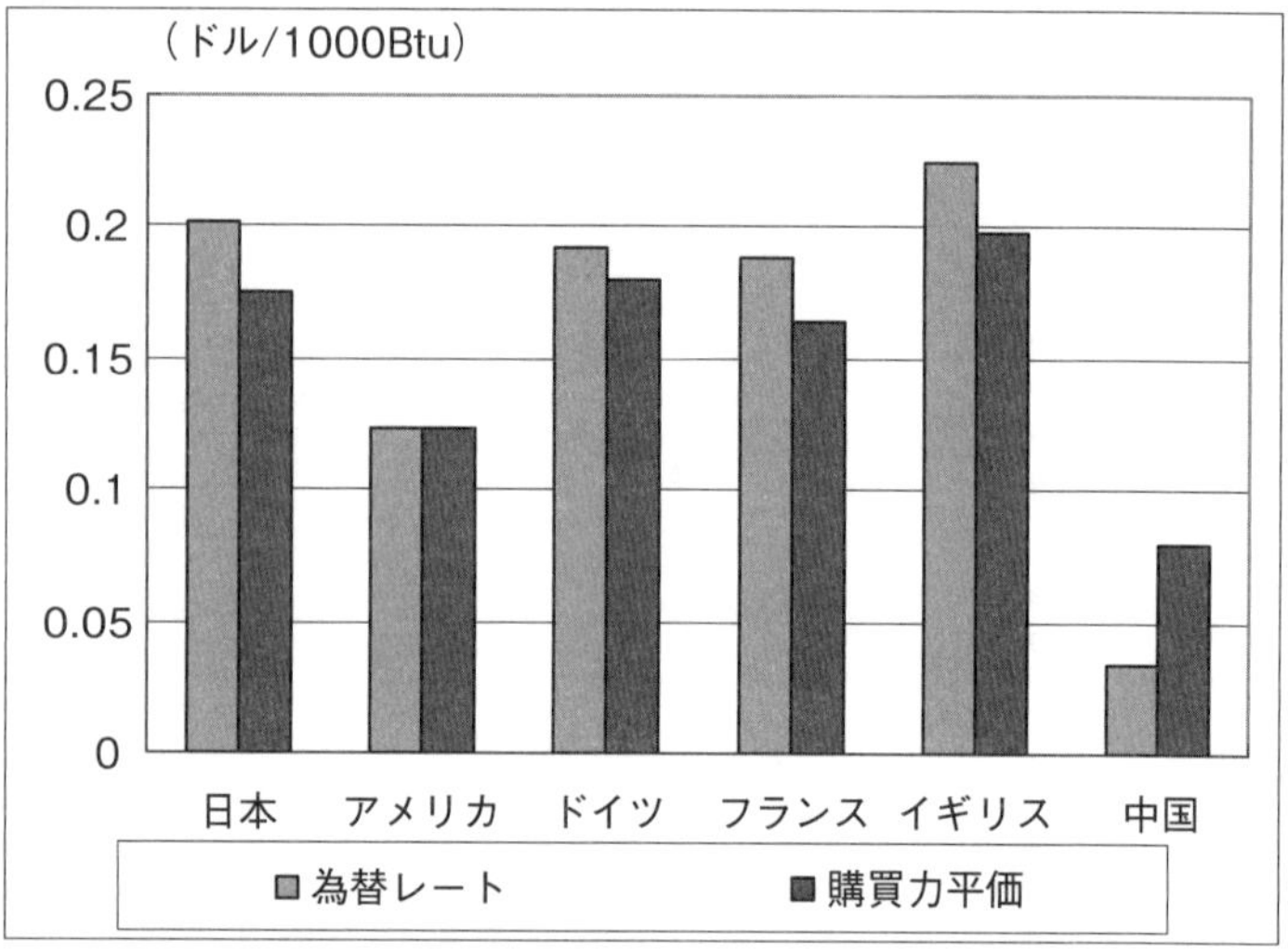

（出所）米エネルギー省、*Annual Energy Review 2007*、World Bank, *World Development Indicators*

（注）単位はエネルギー消費量当たりGDP（ドル／1000Btu）。GDPは、為替レートまたは購買力平価換算。Btuは British thermal unit の略。

「国際競争なし」非効率部門の効率を上げるには

エネルギーを投入して得るべきものは、国民の高い生活水準である。より高い生活水準を、より低いエネルギー投入で実現できて初めてエネルギー効率が高いと言える。購買力平価GDPは為替レートGDPよりも正確に生活水準を表している。ある産業の生産性が高いために、その国の経済全体を反映しにくくなる為替レートで換算したGDPでは、何を計っているのか分からない。

中国のエネルギー効率を見ると、為替レート換算によるGDPでは日本の6分の1と極端に低いが、購買力平価で換算した場合は半分弱となる。これは生活水準当たりのエネルギー効率はそう低くないということだ。

では、輸出産業に依存し、為替レート換算で〝水ぶくれ〟したGDPに慣れてしまった日本はどうすれば良いのだろうか。日本の購買力平価GDPを引き下げているのは、農業・建設・卸小売りなどの非輸出部門だ。これらの部門の生産性を引き上げるのに最も効果的なのは、規制緩和や構造改革だ。こうした部門は国内でしか通用しない優遇策やロジックに守られて、国際的な競争に巻き込まれてこなかった。いずれも生産性を上げるために大量のエネルギーを消費するような産業ではない。したがって、国民生活を向上させようとするなら、規制緩和や構造改革でこうした部門の効率を上げれば、生活水準当たりのエネルギー効率を大幅に引き上げられるだろう。

「エネルギー効率」というと、省エネ技術だけがスポットライトを浴びがちだ。テクノロジー面も大切だが、経済の仕組みや制度面での取り組みを省エネ対応にすることが、本当の意味でエネルギー効率を引き上げることを強調したい。

11. 官民賃金格差は地域に何をもたらしたのか

公務員の賃金水準が高い都道府県ほど、都道府県民の所得は低い傾向がある。縦軸に1人当たり県民所得、横軸にその地域の公務員賃金と民間賃金の差（公務員賃金が民間賃金を何％上回っているか）をとると、図11のように、公務員の賃金が民間に比べて高い都道府県ほど、1人当たりの所得が低いことが見てとれる。図では東京が突出しているが、東京を除いても、この傾向は変わらない。

所得の低い地域でも、公務員は高給

なぜこのような傾向があるのだろうか。所得の低い県では、公務員の他に仕事がないので、公務員の賃金が相対的に高くなるというのが、通常の答えだろう。

しかし、公務員のほかに仕事がないのであれば、公務員の賃金も安くて済むはずだ。ここで問題にしているのは、絶対的な公務員の賃金ではなくて、官民の賃金格差である。その地域に仕事が少なければ、有能な人間を安い賃金で公務員として雇えるはずだ。

そもそも、なぜ所得の低い地域でも、高い賃金で公務員を雇うことが可能なのだろうか。地域全体の賃金が安いとは、税収が上がらないということだ。税収が上がらない中で、なぜ公務員に高い賃金が払えるのか。その理由は、中央からの膨大な補助金を配る地方交付税制度があるからだ。連邦政府から州への補助がほとんどないアメリカでは、所得の低い地域ほど公務員賃金が相対的に高いというような傾向はないだろう。

もし地方で公務員の賃金を低くすれば、有能な人材は地方にとどまらず、それでは地

図11　公務員賃金が高いほど、地域の所得は低い？

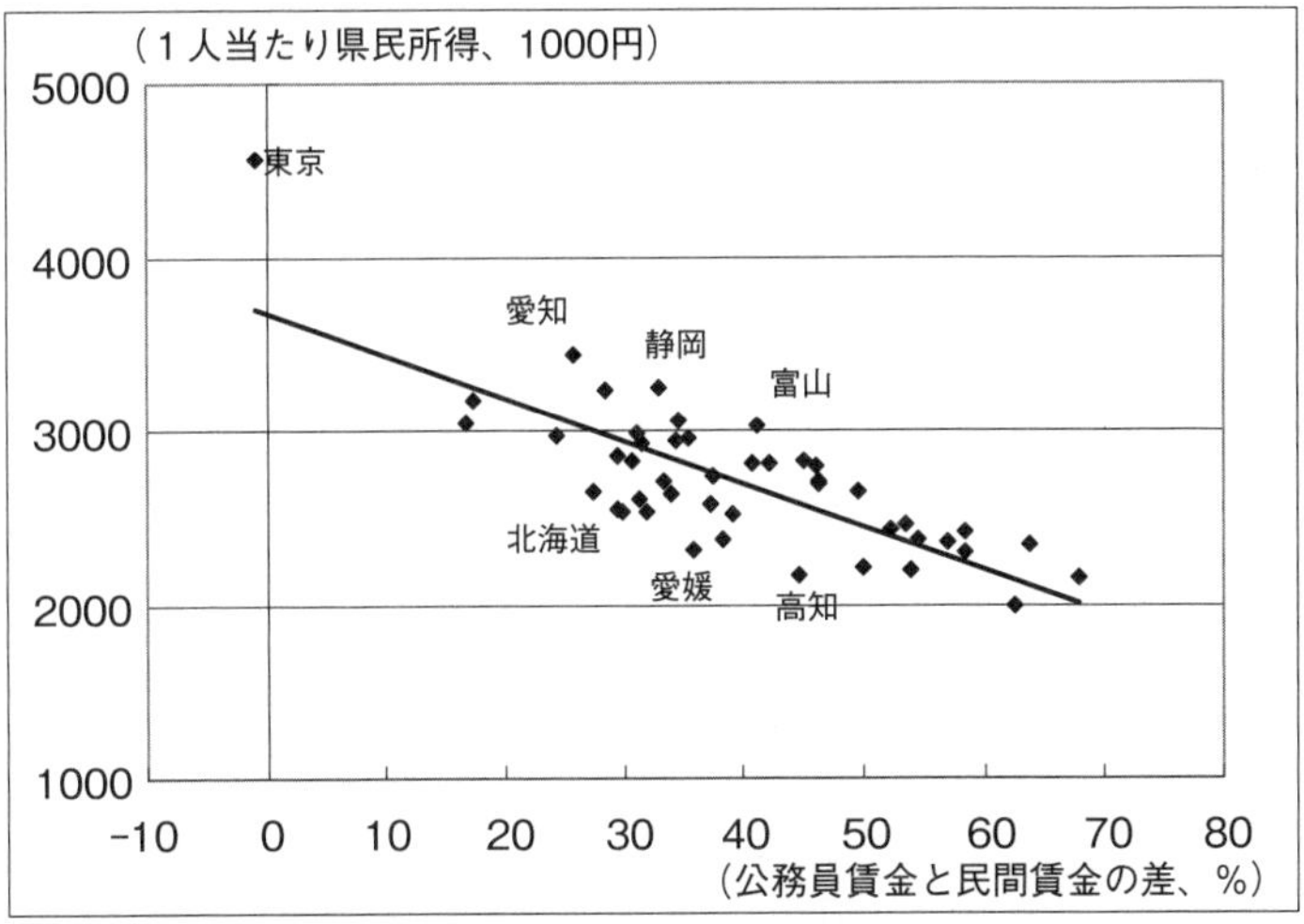

（出所）総務省「平成18年　地方公務員給与の実態（別冊）」（2007年）、内閣府「県民経済計算」（2004年度）、厚生労働省「賃金構造基本調査」（2006年度）

（注）1．地方公務員給与は全職員の月額給料。民間賃金は都道府県の10人以上事業所の平均賃金。

2．傾向線の式は　$y = -24.60x + 3673.9$　$R^2 = 0.6042$

3．東京を除いた傾向線の式は　$y = -19.28x + 3441.2$　$R^2 = 0.5122$

方は発展しないという反論があるかもしれない。しかし、中央からの補助金で雇われた地方公務員は何をしているのだろうか。彼らは、地域の発展ではなく、中央からの補助金を得ることにその有能さを使っているのではないか。これでは、地域はいつまでたっても発展しないし、自立しない。

公務員の相対賃金が高ければ、ビジネスに人材が集まらない

むしろ、因果関係を逆にして考えるべきではないか。公務員の賃金が地域の賃金水準よりも高ければ、有能な人材が公務員になり、ビジネスには集まらない。だから、地域の経済発展が遅れるのではないか。

かつての中国には科挙制度（官僚登用試験）があり、それゆえ、有能な人間がこぞって役人になろうとした。中国では、商人になったり、技術者になったりすべき有能な人間が皆役人になったので、経済発展も技術進歩も遅れた。共産中国になっても、有能な人間は党官僚になることを望み、ビジネスや技術開発に向かわなかった。

１９７０年代末に改革開放路線が採用され、有能な人間が党官僚になるだけでなく、ビジネスや技術開発にも携わるようになった。そうなって初めて、中国は発展を始めた。

日本の中で、改革開放路線以前の共産主義のようなことを実施していれば、発展するはずがない。日本の地方も、改革開放路線に転換し、有能な人間にもっとビジネスや技術開発に向かってもらえば、展望が開けるのではないだろうか。

12. 離婚と地方の自立はどこが似ているのか

国の財政が厳しいから、国と地方の税財政改革（三位一体改革）を進め、地方への補助金や地方交付税交付金を減額しようという動きがある。地方としては減額に反対だろうが、これだけ国の赤字が増えてしまってはどうしようもない。

私は、たとえ補助金などが減っても、国から地方への税源移譲などによって自由に使えるようになるのであれば、減額の程度にもよるが、それほど悪くないのではないかと思う。これまで国の指示で「これに使え」「あれに使ってはいかん」と言われていたよりも、ずっとましという可能性は十分に考えられるのではないか。

もちろん、中央官庁が、補助金や交付税を削りながら、地方に指示する権限は手放さないということも考えられる。しかし、ここでは、国から地方に回すお金は減るが、その使い道はまったく自由になると仮定しよう。

自由はどのくらい価値のあるものなのか

離婚すると女性は経済的に苦しくなる。しかし、離婚した女性の支出の満足度は、むしろ上がるという研究がある。少ないお金でも、自分勝手な夫の指図によることなく、自由に使えるからだ。

家計経済研究所の坂口尚文研究員の研究（「結婚、離婚に伴う女性の所得、支出変化」『ESP』2006年4月号）によれば、離婚によって女性1人当たりの所得は、年収で252万円から160万円へと36・5％も減少してしまう。

もちろん、夫婦2人と子供から、女性だけないしは女性と子供というように世帯の人数が変化するので、所得の変化をどうとらえるかという問題がある。このような場合に、世帯当たりの所得を1人当たりに変換する国際的に確立された方法がある。世帯員数の平方根で世帯の所得を割って、1人当たり所得を算出するという方法だ。2人なら2ではなくルート2、すなわち1・414で割るという方法だ。生計を共にしていれば規模の経済が働き、1人当たりの生計費も少なくてすむ（使えるお金が増える）ため、人数ではなくて、その平方根で割れば良いという考えによる。前述の数字は、こうして作った1人当たりの所得である。

所得が36・5％も減少すれば、支出の満足度も低下すると思われるが、むしろ図12のように、支出の満足度インデックスは18％ポイントから22％ポイントへと上昇している。ここで満足度インデックスとは、「とても満足」「ほぼ満足」と答えた人の比率の和から「やや不満」「とても不満」と答えた人の比率の和を引いたものである。この値に、さらに50を足してあるのは、インデックスがマイナスになるとグラフを描きにくいので、プラスにするためである。重要なのは満足度インデックスの差であって、絶対値ではない。

お金がなくても幸せになれる

要するに、離婚後の女性は経済的には貧しくなったのに、その支出に対する満足度は上昇している。自由に、自分の使いたいようにお金を使うことができるようになったからである。

同じことが、地方と国の関係についても言えないだろうか。すなわち、地方分権、独立の志ある自治体の場合、使途が自由になるのであれば、補助金や交付税が多少削られても、満足度は低下しないのではないか。地方自治体が、国からのお金を引き出すために有能な人を雇うことなど必要ない。

図12　離婚後の所得と支出の満足度の変化

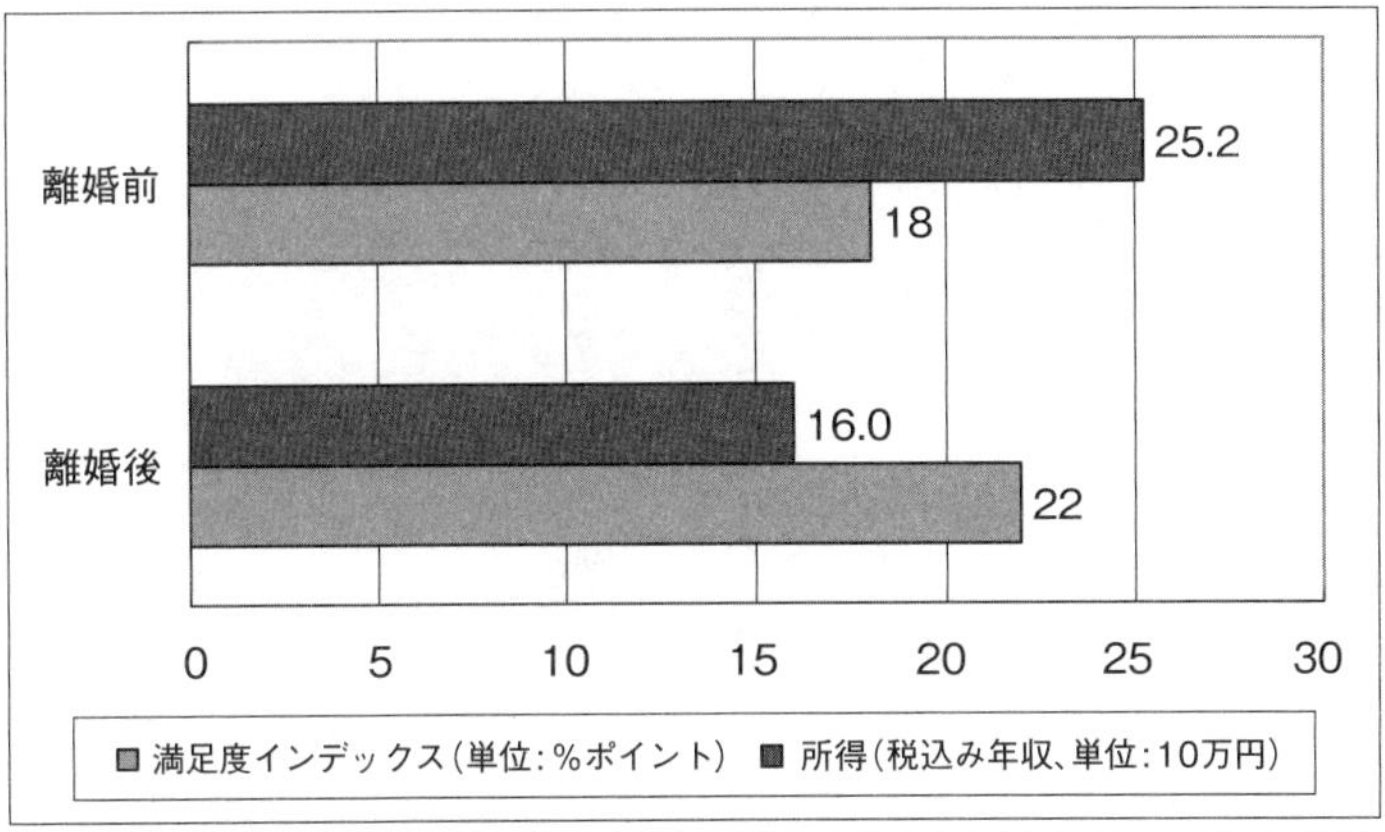

(出所) 坂口尚文「結婚、離婚に伴う女性の所得、支出変化」(『ESP』2006年４月号)の図表４、６。なお図表６のデータには誤りがあったので、著者の了解を得て訂正している。

(注) １. 所得は本文中に示した方法により、１人当たりに調整している。

２. 満足度インデックス＝50＋とても満足＋ほぼ満足－やや不満－とても不満

中央銀行の役割は、物価の安定を通じて、経済を安定させることだが、日本の中央銀行は、実際上、物価が少しでも上がれば金融を引き締めるというゼロ％物価目標を維持していることからも明らかなようにデフレ的バイアスを持っている。物価が下がっても経済は成長するという経済学者もいるが、常識では、物価や資産価格が下がる中で成長することは難しそうだ。

破綻しそうな銀行に税金で資本を補ってやれば経済が回復するという議論があるが（この経験を世界に輸出しようという人もいる）、本当にそうなるのかは怪しげである。

政府には私たちのお金を賢く使ってもらわなければならないが、何が賢いことかを判断するのは難しい。しかし、政府にお金がないということは、政府に、無駄を減らし、賢く使おうというインセンティブを与えることになりそうだ。

おわりに

本書は、私が過去に書いた論文を再構成したものである。論文の中には5年前に書いたものもある。データを最新のものに更新し、その後得られた知見も加えているので、最初の原稿とは大きく変っているものが多い。ただし、データを更新しても、基本的な主張を変える必要がほとんどなかった。事実について人々が誤った認識を抱き続けているのは残念だが、私が書いたことが5年たっても間違っていなかったのは幸いだった。

私のこれまでの本と同じように、多くの人々の協力で完成させることができた。本書は、NIKKEI NET BIZ+PLUSコラム「経済学で考える」と『エコノミスト』の連載コラム「俗論解剖」「危機の深層」の一部をまとめたものである。連載時に編集を担当していただいた日本経済新聞社の定本周子氏、太田盛明氏、小松野義博氏、『エコノミスト』編集部の若島正浩氏、南敦子氏には、最初の原稿に貴重なコメントをいただいた。

本書の元となった原稿を最初に書いたときにも、またそれらの原稿を本書に書き直すにあたっても多くの人々の助力を得た。アジア経済研究所の熊谷聡氏には、第4章3、9、第5章1で貴重な分析をしていただいた。駒澤大学の村松幹二氏には第1章6に貴重なコメントをいただいた。大和総研の鈴木準氏には第1章8、第3章5、8で、同取越達哉氏は第1章3で、同橋本政彦氏には第5章2で助力していただいた。

早稲田大学大学院の松田慎一氏は本書の原稿を読んでいただき貴重なコメントを下さった。

最後になってしまったが、新潮社の庄司一郎氏には本書の企画から完成までのすべての段階で適切なアイデアを提供し、丁寧なコメントをいただいた。以上の人々に心からお礼申し上げる。

初出一覧

特にことわりがないものは、NIKKEI NET BIZ＋PLUS「経済学で考える」より。

第1章　日本は大丈夫なのか
1．第63回「アメリカではなぜ地方にも豪邸が多いのか」２００７／09／13
2．第47回「ストライカー産業をどう育てるか」２００６／07／11
3．第51回「所得分配の不平等な国はサッカーが強い？」２００６／09／22
4．第38回「日本は投資しすぎなのか」２００６／02／20
5．第14回「日本の労働生産性は低下していない」２００５／01／17
6．第48回「少年犯罪は増加しているのか」２００６／07／27
7．第57回「給食費不払いはモラルの低下を意味するのか」２００７／03／08
8．第39回「なぜ〝新しい世代〟ほど貯蓄率が高いのか」２００６／03／03
9．第40回「若年失業は本当に構造問題なのか」２００６／03／22
10．第67回「『信念の吐露』にすり替わる日本の教育論議の不思議」２００８／01／15
11．第21回「教育論議は必要について語ることから」２００５／05／23
12．「子供の学力格差をどう克服するか」『エコノミスト』２００８年11月18日号

第2章　格差の何が問題なのか
1．第72回「世界はいつ不平等になったのか」２００８／06／09
2．第43回「格差問題の本質は何か」２００６／05／09
3．「グローバル化が先進国に所得格差をもたらす？」『エコノミスト』２００８年12月2日号
4．第60回「均等法格差の誕生」２００７／06／14

5．第53回「地域間の所得格差は拡大したのか・PART1」2006／11／09
6．第54回「地域間の所得格差は拡大したのか・PART2」2006／12／14
7．第50回「外車販売台数から地域格差を考える」2006／09／05
8．第65回「日本の奇妙な生活保護制度」2007／11／08
9．「格差危機」『エコノミスト』2009年6月16日号

第3章　人口減少は恐いのか
1．第36回「人口減少問題、別の切り口で考える必要も」2006／01／20
2．第31回「成長のためには『人口増』よりも『就業者増』の方が重要」2005／10／28
3．第42回「日本の就業率を押し上げる女性の社会進出」2006／04／19
4．5．第26回「子供の方程式」2005／08／08および第28回「エコノミストはなぜ愛について語らないのか」2005／09／05および第7回「最後の日本人」2004／09／17および第15回「最後の日本人再説『豊かさを維持するには』」2005／02／09
6．第24回「『人口が増加する国ほど豊かになった国』の事情とは」2005／07／08
7．第6回「人口減少社会と年金の選択」2004／09／08および第5回「人口減少は日本のチャンス」2004／08／20
8．第62回「高齢者はいつ豊かになったのか」2007／08／09
9．第61回「『高齢化で医療費増』は本当か」2007／07／12
10．第56回「日本は良い方向に向かっている」2007／02／08
11．第78回「増税するなら子供のために使うべき」2008／12／08

第4章　世界に開かれることは厄介なのか
1．第75回「中国のGDPは、本当はいくらなのか」2008／09／08
2．第13回「中国の成長は『長い猶予期間』からの回復」2004／12／16

3. 第1回「1000年前、宋の時代を考えてみれば」2004/06/18
4. 第12回「雇用と成長の矛盾」2004/12/01
5. 第71回「円は安すぎるのか」2008/05/12
6. 第41回「『経常黒字をため込むことは必ず損』なのか」2006/04/04
7. 第25回「経常黒字が為替レートに及ぼす影響」2005/07/22
8. 第64回「輸入拡大こそ人口減少対策の妙案」2007/10/11
9. 第27回「『国際競争力』に一喜一憂する必要はあるのか?」2005/08/19

第5章 経済の現状をどう見れば良いのか

1. 第79回「世界経済危機で日本のダメージが大きい理由」2009/01/13、および「日本は輸出依存だから金融危機の影響大なのか」『エコノミスト』2009年3月3日号
2. 第80回「資本市場と銀行の両方を破壊した今回の金融危機」2009/02/09
3. 第49回「日本企業はなぜ復活したのか」2006/08/17
4. 第16回「『大停滞』の犯人は実質賃金上昇」2005/02/25
5. 第10回「1970年代に成長率はなぜ低下したのか」2004/11/05
6. 第44回「米国のニューエコノミーは本物か」2006/05/24
7. 第22回「19世紀の世界経済はなぜデフレになったのか」2005/06/07および第23回「19世紀の世界デフレ脱却に貢献した金精錬技術」2005/06/27
8. 第3回「大停滞と昭和恐慌」2004/07/16
9. 第82回「大恐慌を終わらせるのに世界大戦は必要なかった」2009/04/13

第6章 政府と中央銀行は何をしたら良いのか

1. 第69回「日銀総裁のパフォーマンスはその出身によるのか」2008/03/10
2. 第59回「〝ゼロ%物価目標政策〟の帰結」2007/05/10

3.第8回「低金利は金融引締めの結果」2004／10／08
4.第70回「日本の物価はなぜ上がらないのか」2008／04／14
5.第77回「資本注入は経済を救えるか」2008／11／10
6.第76回「金融機関の破綻は負の乗数効果を持つのか」2008／10／14
7.第35回「最後の日本人の視点から考える国債累積問題」2005／12／26
8.第68回「どの都知事が財政家だったのか」2008／02／12
9.第81回「大阪府はなぜ財政再建できたのか」2009／03／09
10.第34回「省エネ大国のためにも必要な規制緩和・構造改革」2005／12／16
11.第66回「官民賃金格差と地域の発展」2007／12／10
12.第45回「離婚と地方の自立、共通点は〝支出満足度の上昇〟」2006／06／09

新潮選書

日本《にほん》はなぜ貧《まず》しい人《ひと》が多《おお》いのか
——「意外《いがい》な事実《じじつ》」の経済学《けいざいがく》

著　者………………原田《はらだ》　泰《ゆたか》

発　行………………2009年９月20日
９　刷………………2010年１月15日

発行者………………佐藤隆信
発行所………………株式会社新潮社
〒162-8711 東京都新宿区矢来町71
電話　編集部 03-3266-5411
読者係 03-3266-5111
http://www.shinchosha.co.jp
印刷所………………錦明印刷株式会社
製本所………………株式会社植木製本所

乱丁・落丁本は、ご面倒ですが小社読者係宛お送り下さい。送料小社負担にてお取替えいたします。
価格はカバーに表示してあります。

ISBN978-4-10-603648-4 C0333

検察VS.小沢一郎　産経新聞司法クラブ
「政治と金」の30年戦争

特捜部に勝算はあるのか。対する小沢の自信の源は――。検察と剛腕政治家が水面下で繰り広げてきた積年の暗闘。知られざるその詳細を追う、深層ドキュメント。

輿《よ》論《ろん》と世《せ》論《ろん》　佐藤卓己
日本的民意の系譜学

戦後日本を変えたのはヨロン（公的意見）かセロン（世間の空気）か？　転換点の報道や世論調査を分析、メディアの大衆操作を喝破する。刺激的な日本論！　《新潮選書》

渋滞学　西成活裕

新学問「渋滞学」が、さまざまな渋滞の謎を解明する。人混みや車、インターネットから、駅張り広告やお金まで。渋滞を避けたい人、停滞がほしい人、必読の書！　《新潮選書》

無駄学　西成活裕

トヨタ生産方式の「カイゼン現場」訪問などをヒントに、社会や企業、家庭にはびこる無駄を徹底検証し、省き方を伝授。ポスト自由主義経済のための新学問。　《新潮選書》

モサド　小谷賢
暗躍と抗争の六十年史

四方を敵国に囲まれたイスラエル。その安全保障に貢献してきた超一流インテリジェンスの素顔を、中東情勢と他の情報機関との関係から明らかにする。　《新潮選書》

サルコジ　国末憲人
マーケティングで政治を変えた大統領

東欧移民二世の小男。離婚二回で現妻はスーパーモデル――。型破りなフランス大統領の政治手法を、マーケティング戦略の観点から解き明かす。　《新潮選書》